우리말 이야기

우리말 이야기

임용빈 지음

소리에는 부드러움이 있고, 의미에는 배려가 담긴
아름답고 정감 어린 언어

다산글방

> 들어가며

우리말의 아름다움과 재미
그리고 감동

　우리가 매일 같이 쓰는 '말'은 단지 소통을 위한 도구에 머무르지 않습니다. 말은 생각을 표현하고, 감정을 전달하며, 문화를 공유하는 가장 본질적인 수단입니다. 특히 우리말은 그 어휘 하나하나에 조상의 삶과 자연, 감성, 공동체의 가치가 켜켜이 쌓여 있어, 그 안을 들여다보면 단어 이상의 깊이를 느낄 수 있습니다.

　어느 민족이든 고유의 언어를 가지고 있지만, 그 언어 속에 담긴 미묘한 정서와 어감은 각기 다르며, 바로 그 차이가 '우리말'을 특별하게 만들어 줍니다.

　우리말은 본디 아름답고 정감 어린 언어입니다. 소리에는 부드러움이 있고, 의미에는 배려가 담겨 있습니다. 어머니의 품처럼 따뜻한 말, 벗과의 모임에서 유쾌한 말, 사랑의 시작처럼 설레는 말이 가득한 언어입니다.

　"정겹다", "설레다", "그립다", "아련하다"와 같은 단어들은 다른 언어로는 완벽히 옮길 수 없는 우리말 특유의 감성을 품고 있습니다. 어떤 단어는 말하는 것만으로도 마음에 잔잔한 울림을 주고, 어떤 표현은 일상의 작은 순간을 더욱 특별하게 만들어 줍니다.

『우리말 이야기』는 그런 우리말의 가치와 깊이를 독자와 함께 나누고자 기획하였습니다. 이 책은 우리말의 다양한 얼굴을 주제별로 소개하며, 단어 하나하나에 숨겨진 이야기와 정서를 살펴보는 데 중점을 두었습니다. 단순한 단어 해설이 아니라, 그 말이 생겨난 배경, 사람들이 어떻게 사용해 왔는지, 그리고 그 속에 어떤 삶의 풍경이 담겨 있는지를 함께 풀어내고자 하였습니다.

우리는 누군가를 만나면 자연스럽게 "안녕하세요"라고 인사를 건넵니다. 이 평범한 인사말 속에는 단지 만남을 알리는 기능을 넘어서, 상대의 안녕을 바라는 따뜻한 마음이 담겨 있습니다. "수고하세요", "고생 많으셨습니다"처럼 일상 속에서 자주 쓰는 말들에는 한국 사회의 정서와 인간관계의 문화가 고스란히 녹아 있습니다.

이 책은 그 첫 장에서 인사말에 담긴 따뜻한 정서와 배려의 문화를 살펴보며 시작합니다. 이어서 소리나 모양을 생생하게 표현하는 말들, 예를 들어 "우당탕탕", "보글보글", "찰랑찰랑" 같은 의성어·의태어를 통해 우리말이 얼마나 감각적이고 생동감 있는 언어인지를 확인할 수 있습니다. 또, 자연과 계절을 표현하는 말에서는 우리말이 얼마나 환경과 조화를 이루며 발달했는지를 느낄 수 있습니다. "볕뉘", "노을빛", "물비늘" 같은 말들은 단어 하나로 계절의 기운과 시간의 흐름까지 담아닙니다.

　우리말은 사람의 성격과 태도를 드러내는 데도 매우 섬세합니다. "무던하다", "쌀쌀맞다", "까칠하다", "느긋하다" 같은 표현들은 단지 겉모습이 아니라 그 사람의 내면까지 묘사합니다. 이런 말들은 대화 속에서 상대를 더 깊이 이해하고, 관계를 더 풍성하게 만들어 줍니다. 감정이나 태도를 그저 드러내는 것을 넘어, 말하는 사람의 시선과 가치관까지 드러내는 것이지요.

　맛을 표현하는 우리말도 예외는 아닙니다. "감칠맛나다", "칼칼하다", "구수하다" 같은 표현은 단순히 맛의 종류를 구분하는 것을 넘어, 그 느낌과 여운까지 함께 전달합니다. 한 단어 안에 혀끝의 감각뿐 아니라, 먹는 상황과 분위기까지 떠오르게 하는 힘이 있습니다. 이런 점에서 우리말은 오감의 언어이며, 감성의 언어라고 할 수 있습니다.

　이 책은 또한 한자어 속에 숨어 있는 우리말의 흔적, 고사성어에 담긴 삶의 지혜, 지명에 녹아 있는 역사와 풍속 등 말과 문화가 함께 어우러진 풍경을 보여줍니다. 우리가 흔히 쓰는 한자어 표현들도 자세히 들여다보면 한국적인 감성과 현실을 반영하는 방식으로 변형되고 정착한 경우가 많습니다. "별안간", "도대체", "어차피"처럼 일상적으로 쓰이는 한자어 속에는 시대와 사람의 이야기가 녹아 있습니다.

　지역마다 독특하게 쓰이는 사투리 역시 우리말의 다양성과 풍요로움을 보여줍니다. '이쁘다', '긍까', '욜리', '저그' 같은 사투리는 말맛을 더할 뿐 아니라, 각 지역의 역사와 문화적 특성을 잘 드러내 줍니다. 사투리는 단지 지역의 말이 아니라, 그 지역 사람들의 삶과 정서를 담은 또 하나의 문화입니다. 또한 이 책은 북한에서 쓰이는 말들을 통해 같은 뿌리에서 갈라진 언어의 모습도 함께 살펴봅니다. 분단 이후 달라진 표현들을 비교하며 언어가 사회와 얼마나 밀접한 관련을 맺고 있는지도 생각해 보게 합니다.

오늘날, 외래어와 신조어가 넘쳐나는 디지털 시대 속에서 우리말은 점점 변하고 있습니다. 언어의 변화는 자연스러운 일이지만, 그 속에서도 우리가 지켜야 할 말, 다시 꺼내 쓰고 싶은 말들이 분명히 존재합니다. "애면글면", "에멜무지로", "느루" 같은 옛말이 지닌 아름다움과 정서는 지금도 여전히 이어오며 우리 사회에 더욱 절실한 울림을 줍니다.

『우리말 이야기』는 단지 말에 대한 정보만을 담은 책이 아닙니다. 말 속에 담긴 삶의 풍경, 사람들의 태도, 시대의 숨결을 함께 담으려는 시도입니다. 한 단어, 한 표현 속에 깃든 이야기를 따라가다 보면, 우리가 얼마나 풍요롭고 정감 있는 언어를 쓰고 있는지를 새삼 느끼게 될 것입니다.

이 책이 독자 여러분께 단어 하나하나의 재미를 넘어, 우리말이 품은 깊이와 따뜻함을 느끼게 해주는 시간이 되기를 바랍니다. 사라져가는 말을 되살리고, 잊혀진 정서를 되찾는 이 여정을 통해, 우리말의 힘과 품격을 떠올리게 되기를 소망합니다.

  부디 이 책이 우리말을 사랑하는 모두에게 작은 위로와 큰 영감을 안겨 주는 벗이 되기를 바랍니다. 고맙습니다.

2025년 어느 따뜻한 날에
임용빈

차례

들어가며 – 우리말의 아름다움과 재미 그리고 감동 ······ 005

1장 인사말에 담긴 우리말 ······ 013
2장 알수록 재미있는 우리말 ······ 025
3장 자연과 관련된 우리말 ······ 045
4장 소리나 모양을 나타내는 우리말 ······ 065
5장 성격을 나타내는 우리말 ······ 087
6장 태도를 나타내는 우리말 ······ 105
7장 맛과 관련된 우리말 ······ 131
8장 한자어 속 우리말 1 ······ 151
9장 한자어 속 우리말 2 ······ 173
10장 고사성어로 만나는 우리말 ······ 195
11장 지명 속에 숨겨진 우리말 ······ 217
12장 사투리에 담긴 우리말 ······ 245
13장 시공간을 나타내는 우리말 ······ 267
14장 살려 쓰고 싶은 우리말 ······ 285
15장 속담으로 보는 우리말 ······ 307
16장 북한에서 쓰이는 우리말 ······ 329

나가며 – 사라져가는 아름다운 우리말을 되새기며 ······ 350

1장

인사말에 담긴
우리말

01 "안녕하세요?" – 인사말에 담긴 평화의 언어
02 "고맙습니다" – 마음을 담은 우리말 인사
03 "반갑습니다" – 말에 담긴 존귀한 인사
04 "덕분입니다" – 감사의 말에 담긴 따뜻한 원인
05 "들어가세요" – 헤어짐 속에 담긴 다정한 배려

01

"안녕하세요?"
— 인사말에 담긴 평화의 언어

하루의 시작, 누군가와 마주칠 때 자연스레 입에서 나오는 인사말, "안녕하세요?" 이 짧은 말 한마디는 단순한 인사의 기능을 넘어, 우리말과 우리의 철학, 그리고 언어문화의 깊은 뿌리를 보여주는 중요한 표현입니다. 국어학적으로도, 인문학적으로도 이 말은 곱씹을수록 의미가 더 깊어집니다.

'안녕(安寧)'이라는 말은, 중국의 고전인 『사기』와 『시경』 등에 나오는 말로, 국가나 사회가 어지러운 상태를 벗어나 평화롭고 안정된 상태를 뜻하는 말입니다. '안녕(安寧)'은 문자 그대로 '아무 일도 없이 편안한 상태'를 뜻하는데, 이는 단순히 개인의 안위와 평온한 상태를 넘어, 공동체 전체가 무탈한 상태를 표현하고 바라는 말이었습니다.

재미있는 점은, 중국에서도 인사말로 쓰지 않는 이 말이 우리나라에서 가장 일반적인 인사말로 자리 잡았다는 것입니다. 이는 한국인의 고유한 정서, 즉 타인의 안위를 챙기며 사회적 관계를 맺으려는 마음이 언어 속에 깊이 자리 잡고 있음을 보여줍니다.

'안녕하세요?'는 문법적으로는 의문문이지만, 실제로는 질문이라기보다 관계를 여는 화용적 표현입니다. 즉, 답을 기대하지 않더라도 상대방의 평안을 빌며 말을 거는 방식입니다. 여기에는 상대에 대한 배려와 존중, 그리고 무언의 공감이 녹아 있습니다. 또한 '-세요'는 상대를 높이는 상대높임법의 어미로, 일상 속 인사에서도 예의를 갖추려는 우리말의 특성이 잘 드러나 있습니다.

과거에는 주로 '그간 평안하였는지요?', '밤새 안녕하셨어요?' 등으로 쓰이던 이 표현이 지금처럼 널리 퍼진 것은 광복 이후 방송 언어와 공공 언어에서 표준 인사말로 자리 잡은 것이 계기였습니다. 특히 1960~70년대 라디오와 TV 방송에서 '안녕하세요'가 반복적으로 사용되면서, 국민적 인사말로 자리매김하게 되었죠. 이는 현대사적 새로운 사회 질서 속에서 생겨난 '표준 인사말'의 탄생이기도 합니다.

이처럼 "안녕하세요?"라는 말에는 과거 사회에서의 질서와 평화를 향한 염원, 한국인들의 관계 형성 문화, 국어의 문법적 특성, 그리고 현대 사회의 정서적 변화까지 담겨 있습니다. 그저 입에 맴도는 흔한 인사말 한마디 같지만, 실은 오래된 철학과 언어의 결이 녹아 있는 문화적 산물인 셈입니다.

그러니 다음에 누군가에게 '안녕하세요?'라고 인사할 때, 그 말 속에는 단순한 습관을 넘어 '당신이 평안하길 바라는 마음'과 '우리 둘 사이의 관계를 이어가고 싶은 따뜻한 의지'가 담겨 있다는 것을 떠올려 보면 어떨까요? 말은 마음이고, 인사말은 그 마음의 시작입니다.

02

"고맙습니다"
― 마음을 담은 우리말 인사

우리가 누군가에게 정중하게 감사의 뜻을 전할 때 자연스레 입에 담는 말, "고맙습니다". 이 짧은 말 한마디에는 그저 예의 이상의 것, 진심과 역사, 그리고 우리말의 아름다움이 고스란히 담겨 있습니다. 실생활 속에서는 하루에도 몇 번씩 쓰게 되지만, 그 말의 뿌리를 알고 나면 훨씬 더 따뜻하게 느껴지는 말이기도 합니다.

'고맙습니다'는 순우리말입니다. 한자어인 '감사(感謝)합니다'와는 달리, 우리 조상들이 오랜 세월 삶 속에서 다듬어 온 고유한 표현이죠. 국어학적으로 보면, 이 말은 원래 형용사인 "고맙다"의 높임 표현으로, '상대방의 호의로 인해 마음이 기쁘고 흐뭇한 상태'를 나타냅니다. 말 그대로 '기쁨과 흐뭇함'을 느끼게 하는 사람에게 바치는 마음의 표현인 셈입니다.

흥미롭게도, '고맙다'의 어근으로 알려진 '고마'는 예로부터 '신(神)' 또는 '존귀한 존재'를 뜻하는 말로, 단군신화에 나오는 신성한 '곰'으로 해석하기도 합니다. 즉, '고맙습니다'는 "당신은 신처럼 고귀한 존재입니다"라는 깊은 의미를 품고 있는 셈이죠.

다시 말해 '고맙습니다'는 관계 중심적 사고와 정서 중심의 소통 문화가 녹아 있습니다. 누군가 나를 도와주었을 때, 그 행위 자체보다는 그 사람이 내게 마음을 써준 것에 대해 감사를 표하는 것이지요. 감정에 초점을 맞춘 우리말 특유의 표현 방식이라 할 수 있습니다. 여기서 우리는 우리말이 단순히 기능적 의사소통을 넘어서 정서적 울림을 중시한다는 특성을 엿볼 수 있습니다.

한편, '감사합니다'와 '고맙습니다'는 둘 다 널리 쓰이는 감사 표현이지만, 문법적으로는 약간의 차이가 있습니다. '감사하다'는 형용사이자 동사로 기능할 수 있어 "그의 도움에 감사한다", "그는 감사하는 마음을 표현했다"와 같은 다양한 용법이 가능합니다. 반면, '고맙다'는 형용사로만 쓰이기에, 일반적으로 감정 상태나 평가를 나타낼 때 더 자연스럽습니다. 예컨대 "정말 고맙다", "진심으로 고맙습니다"처럼 사용합니다.

결국 '고맙습니다'는 단순한 예절 이상의 말입니다. 그 말에는 존경, 감동, 배려, 인정이 모두 담겨 있습니다. 오래도록 우리 입에 붙어 있었고, 앞으로도 사라지지 않을, 우리말 고유의 감사 표현이자, 사람과 사람 사이를 부드럽게 이어주는 다정한 다리인 셈입니다. 그러니 오늘 하루도 누군가에게 마음을 담아 "고맙습니다"라고 건네보세요. 말은 짧지만, 그 울림은 길게 남을 것입니다.

03

"반갑습니다"
— 말에 담긴 존귀한 인사

처음 만난 사람과 마주했을 때, 우리는 자연스럽게 이렇게 인사합니다. "반갑습니다."

이 짧고도 정중한 말 속에는 단순한 환영의 뜻을 넘어, 상대방을 깊이 존중하고 환대하려는 우리말 고유의 정서와 역사가 숨어 있습니다. 실생활에서는 너무나도 일상적인 표현이지만, 국어학적으로 들여다보면 '반갑습니다'는 참으로 소중하고 깊은 뜻을 가진 말입니다.

'반갑습니다'는 기본적으로 형용사 '반갑다'의 높임 표현입니다. 오늘날에는 '마음이 기쁘다', '만나서 좋다'는 의미로 쓰이지만, 그 어원을 들여다보면 더 흥미로운 뜻이 드러납니다. 이 표현은 본래 "당신은 '반'과 같습니다", 즉 "당신은 신과 같은 존재와 같습니다"라는 뜻에서 비롯되었습니다.

여기서 핵심인 '반(班 또는 般)'이라는 단어는 단지 반쪽, 절반을 뜻하는 것이 아니라, 하늘에서 내려온 고귀한 존재, 혹은 완전한 인간상을 의미했습니다. 이는 고대 몽골어, 만주어, 터키어 등 알타이계 언어권에서도 유사하게 사용된 것으로, 한민족의 정신과도 닿아 있는 개념이었죠. 고대부터 이어져 온 '반'이라는 개념은 단순한 지칭이 아니라 존경과 신성함의 상징이었던 것입니다.

　이런 어원을 바탕으로 볼 때, '반갑습니다'는 단순히 "만나서 기뻐요"가 아니라, "당신은 고귀한 분이며, 만나게 되어 제 마음이 한껏 기쁩니다"라는 존중의 감정이 담긴 인사말입니다. 한마디로 상대를 신과 같이 귀하게 여기는 마음의 표현이었던 것이죠. 과거에는 처음 만나는 손님에게, 혹은 오랜만에 만난 벗에게 이 말을 쓰며 정중한 환대와 기쁨을 함께 전달했습니다.

　실제 한글 문헌상으로 '반갑다'라는 단어는 18세기경 문집과 편지글 등에서 사용된 것이 확인되며, 현재까지 이어져 오고 있습니다. 당시에도 그 뜻은 지금과 마찬가지로 만남에 대한 기쁨을 담고 있었지만, 특히나 존경과 애정을 담아 상대를 높이는 표현으로 기능했음을 엿볼 수 있습니다.

　현대 사회에서도 '반갑습니다'는 중요한 의미를 담고 있습니다. 소개팅 자리에서, 업무 미팅에서, 혹은 SNS에서 처음 인사할 때까지—이 말 한마디가 만들어 내는 첫인상의 온도는 생각보다 큽니다. 단순한 인사를 넘어, "나는 당신을 귀하게 여깁니다"라는 메시지가 담겨 있기 때문이죠. 결국, '반갑습니다'는 우리말이 가진 관계의 언어, 존중의 말씨를 오롯이 담아낸 인사말입니다. 다음에 누군가에게 '반갑습니다'라고 말할 때, 그 속에 깃든 고대인의 정성과 마음까지 함께 전해지길 바랍니다. 말 한마디로 사람을 신처럼 귀하게 여기는 문화—그것이 바로 우리말의 품격 아닐까요?

04

"덕분입니다"
— 감사의 말에 담긴 따뜻한 원인

우리가 좋은 일이 생겼을 때 가장 먼저 떠올리는 말, 바로 "덕분입니다"입니다. 시험에 붙었을 때, 일이 잘 풀렸을 때, 몸이 회복되었을 때, 우리는 자연스럽게 주변 사람들에게 "정말 덕분이에요"라고 말하죠. 이 짧은 말 한마디에는 감사, 겸손, 그리고 관계를 잇는 따뜻한 언어의 힘이 담겨 있습니다.

'덕분입니다'는 문법적으로 긍정적인 결과에 대한 원인을 표현하는 감사 문형입니다. 그 중심에 있는 말이 바로 '덕분(德分)'이죠. 이 말은 한자로 '덕(德)' — 베푸는 행위, 은혜, 인격적 영향력과 '분(分)' — 나누어 받는 몫이라는 뜻을 가진 글자가 합쳐져 만들어졌습니다. 말 그대로 풀이하면 "당신의 덕을 내가 나누어 받았습니다"라는 의미가 되는 셈이지요.

이 말이 가지는 깊은 의미는 단순히 '감사합니다'와는 또 다른 결을 보여줍니다. '덕분입니다'는 자신이 누린 좋은 결과의 원인을 스스로가 아닌, 타인에게 돌리는 겸손한 태도가 내포되어 있습니다. 한국인들이 중요한 가치로 여기는 관계 중심적 사고, 겸양의 미덕, 공동체적 언어의식과 맞닿아 있습니다.

　우리말에는 원인을 나타내는 다양한 표현이 있는데, 그중에서도 '덕분'과 '탓'은 특히 대조적으로 사용됩니다. '덕분'은 긍정적인 원인을, '탓'은 부정적인 원인을 나타낼 때 쓰이죠. 예를 들어, "건강이 좋아진 건 당신 덕분이에요"라고 하면 따뜻하고 훈훈한 분위기가 되지만, "다 당신 탓이에요"라고 하면 책임을 묻는 말이 됩니다. 이런 언어적 차이는 단어 하나에도 화자의 태도와 감정, 상황에 대한 해석이 달라진다는 것을 보여줍니다. 또한, '덕분입니다'는 공손한 높임 표현 '-입니다'를 통해 상대에 대한 존중의 뜻을 더합니다. 그 말 속에는 "당신이 아니었다면 나는 이런 결과를 얻지 못했을 것입니다"라는 존중과 감사의 복합 메시지가 담겨 있죠. 바로 이 점이 '감사합니다'와는 또 다른 '덕분입니다'만의 감성적 깊이를 만들어냅니다.

　실생활에서 이 표현은 무수히 많은 상황에서 쓰입니다. 상사가 "수고했어요"라고 할 때, "덕분입니다"라고 대답하면 공손하면서도 팀워크를 중시하는 태도를 보여줄 수 있고, 병문안을 온 지인에게 "덕분에 많이 나아졌어요"라고 말하면, 단순한 상태 설명이 아니라 관계를 회복하고 정서를 나누는 말이 됩니다. 결국 "덕분입니다"는 내가 잘된 것은 당신의 선한 영향력 덕분이라는 말이자, 타인의 가치를 인정하고 관계의 온기를 이어가는 우리말 특유의 인사말입니다.

　다음에 좋은 일이 생기면, "잘됐어!"라고만 말하기보다 "덕분이야" 한마디를 더해보세요. 그 말에는 당신의 겸손한 마음, 상대에 대한 존경, 그리고 말로 전하는 따뜻한 연결이 담겨 있을 테니까요.

05

"들어가세요"
— 헤어짐 속에 담긴 다정한 배려

지인들과 늦은 밤 헤어지며 인사를 건넵니다. "잘 들어가세요~"
별생각 없이 자주 쓰는 말이지만, 가만히 들여다보면 이 짧은 인사 속에는 한국인의 정서와 문화가 고스란히 담겨 있습니다.

'들어가세요'는 집이나 실내로 들어가는 사람에게 건네는 인사말입니다. 특히 밤늦게 만남을 마치고 헤어질 때, 혹은 밖에서 만나 실내로 돌아가는 상황에서 자연스럽게 사용되지요. 겉으로 보면 단순히 '이제 집에 들어가라'는 말처럼 들리지만, 그 이면에는 무사히, 편안히, 조심해서 돌아가라는 따뜻한 배려가 숨어 있습니다.

이 표현이 일상 속 인사말로 자리 잡게 된 배경은 우리의 공동체 중심 문화와 깊은 관련이 있습니다. 과거에는 한 마을, 한 골목에서 모두가 서로 알고 지내며 살았기 때문에, 누구든 밖에 나가면 '조심히 다녀오세요', 돌아오면 '어서 들어가세요' 같은 말이 자연스럽게 오갔습니다. '들어가세요'는 단순한 통행 인사가 아닌, 돌아갈 집이 있다는 것, 그리고 그 집에 무사히 도착하기를 바라는 마음을 담은 말이었던 것이죠.

또한 밤이 되면 어두운 길, 위험한 요소들이 많던 시절, 누군가에게 "들어가세요"라고 말하는 것은 '이제 그만 밖에서 헤매지 말고, 안전한 당신의 공간으로 돌아가라'는 일종의 보호 본능이 반영된 말이기도 했습니다. 현대의 감각으로 보면 그저 평범한 작별 인사 같지만, 사실은 돌봄과 안부의 정서가 배인 표현입니다.

또한, 이 말은 상황에 따라 다른 의미로 사용됩니다. 예를 들어, 병원에서 환자에게 "들어가세요"라고 하면 진료실로 들어가라는 뜻이 되고, 식당 입구에서 종업원이 "들어가세요"라고 말하면 자리를 안내하는 표현이 됩니다. 하지만 유독 헤어질 때의 '들어가세요'는 어느 상황이든 마무리 한다는 의미와 따뜻한 작별과 안전 귀가의 의미를 담고 있습니다.

오늘날에도 우리는 회식이 끝난 후, 친구와 카페에서 나올 때, 심지어 문자나 메시지로 인사를 전할 때도 "들어가세요"라는 말을 빼놓지 않습니다. 말 한마디로 안부를 전하고, 걱정을 덜며, 따뜻함을 남기는 표현이기 때문입니다.

그러니 다음에 누군가가 "들어가세요"라고 말하거든,

그 안에 담긴 마음을 생각해 보세요.

"무사히 가요, 잘 쉬어요, 오늘 만나서 반가웠어요."

이 모든 말을 담아 건네는 한국어만의 다정한 작별 인사. 그게 바로, "들어가세요"입니다.

2장

알수록 재미있는 우리말

01 '오손도손' - 정겹게 모여 나누는 이야기의 즐거움
02 '꼬깃꼬깃' - 손끝에 담긴 소중한 순간들
03 '방긋방긋' - 미소가 전하는 따뜻한 순간
04 '싱숭생숭' - 마음이 흔들리는 순간들
05 '새록새록' - 기억과 감정이 피어나는 순간
06 '알록달록' - 다채로운 색이 만들어 내는 아름다움
07 '아름아름' - 사람과 사람 사이를 잇는 은근한 연결
08 '낭창낭창' - 부드러움과 유연함이 주는 매력
09 '뜬금없다' - 쌀값에서 튀어나온 엉뚱함의 말

01

'오손도손'
— 정겹게 모여 나누는 이야기의 즐거움

  '오손도손'이라는 단어는 사람들이 정겹게 모여 도란도란 이야기를 나누며 따뜻한 시간을 보내는 모습을 뜻합니다. 단순한 대화가 아니라, 서로의 일상을 공유하고 정을 나누는 소중한 순간을 떠올리게 하는 말이죠. 바쁜 일상 속에서도 가족, 친구, 이웃과 함께 오손도손 모여 시간을 보내는 일은 우리에게 소소하지만 확실한 행복을 선물합니다.
  예를 들어, 겨울밤 따뜻한 간식을 먹으며 가족이 거실에 둘러앉아 이야기를 나누는 모습을 상상해 보세요. 할머니, 할아버지는 옛날이야기를 들려주시고, 부모님은 하루 동안 있었던 일들을 나누며, 아이들은 웃음 가득한 목소리로 재잘거립니다. 이처럼 특별한 일이 없어도, 하루의 끝을 함께하며 나누는 이야기만으로도 우리는 오손도손한 분위기를 느낄 수 있습니다. 때로는 저녁 식탁에서, 때로는 안방에서, 자연스럽게 이어지는 대화 속에서 가족 간의 정이 깊어지는 순간이 만들어집니다.
  친구들과의 모임에서도 오손도손한 분위기를 쉽게 찾을 수 있습니다. 오랜만에 만난 친구들과 작은 카페에 앉아 근황을 묻고, 추억을 떠올리며 웃다 보면 시간 가는 줄 모르죠. 또, 공원 벤치에 앉거나 가벼운 산책을 하며 담소를 나누는 순간 역시 마음을 따뜻하게 만들어 줍니다. 소소한 일상 속 대화가 큰 위로와 재미가 되고, 함께하는 시간이 더욱 의미 있게 느껴지는 것이 바로 오손도손의 매력입니다.

이런 정겨운 분위기는 가족이나 친구뿐만 아니라 다양한 공동체에서도 나타납니다. 동네 주민들이 모여 함께 음식을 나누거나, 회사 동료들과 점심을 먹으며 소소한 대화를 나누는 순간도 오손도손한 정취를 만들어 냅니다. 바쁜 현대 사회에서도 이런 소통의 순간들은 우리에게 소속감과 안정감을 주는 중요한 역할을 합니다. 때로는 사소한 이야기라도 서로의 하루를 공유하고 공감하는 과정에서 관계가 더욱 돈독해지는 법이죠.

결국, '오손도손'은 단순히 함께 있는 것이 아니라, 마음을 나누고 따뜻한 정을 느낄 수 있는 순간을 의미합니다. 우리는 이러한 시간 속에서 사랑과 배려를 배우고, 소중한 관계의 의미를 깨닫게 됩니다. 바쁜 하루 속에서도 잠시 시간을 내어 가족과 친구, 이웃과 오손도손한 순간을 만들어 보는 것은 어떨까요? 그런 작은 순간들이 모여 우리의 삶을 더욱 따뜻하고 행복하게 만들어 줄 테니까요.

02

'꼬깃꼬깃'
— 손끝에 담긴 소중한 순간들

'꼬깃꼬깃'이라는 단어를 들으면 어떤 이미지가 떠오르나요? 주머니 속에 아무렇게나 넣어둔 지폐, 책갈피 사이에 숨겨둔 메모지, 또는 어린 시절 썼던 편지를 떠올릴 수도 있습니다. '꼬깃꼬깃'은 물건이 구겨지거나 작게 접힌 모습을 표현하는 말이지만, 이 단어 속에는 따뜻한 정서가 담겨 있습니다. 무심코 구겨 넣은 것 같지만, 그 속에는 추억과 감정이 숨어 있기 때문이죠.

철 지난 옷을 찾다가 우연히 주머니 속에서 꼬깃꼬깃 접힌 천 원짜리 한 장을 발견했을 때의 기분을 떠올려 보세요. 예상치 못한 작은 행운이 찾아온 듯 기분이 좋아지곤 합니다. 혹은 어릴 적 친구가 건넸던 조그마한 쪽지를 생각해 볼 수도 있습니다. 수업 시간 선생님 몰래 주고받던 그 종이쪽지는 비록 꼬깃꼬깃 접혀 있었지만, 그 안에는 친구와의 비밀스러운 대화와 웃음이 가득 담겨 있었죠.

'꼬깃꼬깃'한 것들은 단순히 구겨진 것이 아니라, 소중한 순간들을 품고 있는 경우가 많습니다. 오래된 편지를 꺼내 펼쳐 보면, 접힌 자국마다 과거의 감정이 스며 있는 것 같고, 오래 보관해 둔 영화 티켓 한 장에서도 그날의 기억이 떠오릅니다. 구김 속에는 그때의 설렘과 감동이 남아 있는 셈입니다.

또한, 꼬깃꼬깃한 돈은 특별한 의미를 가지기도 합니다. 부모님이 어린 시절 용돈을 쥐어 주실 때, 혹은 할머니가 손주 손에 몰래 넣어주신 용돈이 주름진 손에서 전해지던 순간을 떠올려 보면 따뜻한 정이 느껴집니다. 단순한 지폐 한 장이 아니라, 사랑과 배려가 담긴 마음이 함께 전해지는 것이죠.

일상에서도 '꼬깃꼬깃'은 자주 등장합니다. 서랍을 정리하다가 한쪽에 구겨진 채 남아 있는 옛 사진을 발견할 때, 혹은 오랜만에 꺼낸 가방 속에서 접힌 채 남아 있던 메모지를 발견할 때, 우리는 잠시 멈춰서 그때의 감정을 떠올리게 됩니다. 구김이 있다고 해서 가치가 사라지는 것이 아니라, 오히려 그 주름 하나하나에 이야기가 담겨 있는 셈입니다.

'꼬깃꼬깃'은 단순히 구겨진 상태를 의미하는 것이 아니라, 시간이 지나도 변하지 않는 소중한 기억과 감정을 품고 있는 단어입니다. 우리는 살면서 수많은 순간들을 지나쳐 가지만, 문득 발견한 꼬깃꼬깃한 종잇조각 하나가 그때의 감정을 고스란히 되살려 주기도 합니다. 그러니 다음에 우연히 꼬깃꼬깃 접힌 무언가를 발견하게 된다면, 그 속에 담긴 이야기에 잠시 귀 기울여 보는 건 어떨까요?

03

'방긋방긋'
— 미소가 전하는 따뜻한 순간

　'방긋방긋'이라는 단어를 들으면 어떤 이미지가 떠오르나요? 갓난아이가 엄마를 보고 지어 보이는 사랑스러운 미소, 오랜만에 만난 친구와 눈이 마주치며 번지는 웃음, 혹은 길을 걷다가 우연히 마주친 이웃의 환한 얼굴일 수도 있습니다. '방긋방긋'은 입가를 살짝 올리며 부드럽고 기분 좋은 미소를 짓는 모습을 표현하는 단어지만, 그 속에는 따뜻한 감정과 정서가 담겨 있습니다.

　아침 출근길, 엘리베이터에서 이웃집 아이와 가볍게 눈을 마주치며 방긋 웃어 보이는 순간을 떠올려 보세요. 짧은 순간이지만 하루를 기분 좋게 시작할 수 있는 작은 인사가 됩니다. 또는 카페에서 주문을 받을 때 직원이 방긋 웃으며 인사해 줄 때, 나도 모르게 기분이 좋아지곤 합니다. 미소 하나가 사람의 마음을 움직이고 분위기를 환하게 밝혀 주는 힘을 가졌다는 걸 느끼는 순간이죠.

　아이들은 '방긋방긋'의 대표적인 존재입니다. 처음으로 뒤집기를 성공한 아기가 엄마를 보며 방긋 웃는 순간, 부모의 얼굴에도 저절로 미소가 번집니다. 유치원 아이들이 선생님을 보며 방긋 웃는 모습, 친구와 장난을 치며 깔깔 웃다가 문득 서로를 보고 방긋 웃는 장면은 보는 것만으로도 행복을 전해 줍니다. 아이들의 순수한 웃음 속에는 꾸밈없는 기쁨과 사랑이 담겨 있습니다.

'방긋방긋'한 미소는 말보다 더 강한 메시지를 전하기도 합니다. 시험이 끝난 후 친구와 눈이 마주쳤을 때의 안도감 어린 미소, 오랜만에 만난 친구를 바라보며 짓는 반가운 웃음, 그리고 사랑하는 사람이 무심코 내게 건네는 따뜻한 미소까지—짧은 순간이지만 마음을 전하는 데는 충분합니다. 때로는 말보다 더 큰 위로와 격려가 되는 순간이 바로 이런 '방긋방긋'한 미소가 오가는 때가 아닐까요?

우리는 바쁜 일상 속에서 보통은 표정 없이 하루를 보내곤 합니다. 하지만 문득 누군가의 방긋 웃는 얼굴을 마주하면 그 순간만큼은 마음이 환해지고 따뜻해집니다. 작은 미소가 큰 행복을 만들고, 방긋 웃는 한 번의 인사가 하루를 더 밝고 긍정적으로 바꿔 줄 수 있습니다.

결국, '방긋방긋'은 단순한 웃음을 넘어, 따뜻한 감정과 사람 사이의 소중한 연결을 의미하는 단어입니다. 오늘 하루, 혹시 주변 사람에게 방긋 웃어 보인 적이 있나요? 혹은 누군가의 방긋한 미소 덕분에 기분이 좋아진 순간이 있었나요? 우리가 조금 더 자주 방긋 웃을 수 있다면, 세상은 더 따뜻하고 아름다워질 것입니다.

04

'싱숭생숭'
— 마음이 흔들리는 순간들

'싱숭생숭'이라는 단어를 들으면 어떤 느낌이 떠오르나요? '싱숭생숭'은 마치 가을바람이 불어올 때처럼, 이유 없이 마음이 들뜨고 차분해지지 않는 상태를 표현하는 말입니다. 괜히 불안하기도 하고 설레기도 하며, 무언가를 해야 할 것 같은데도 쉽게 집중이 되지 않는 기분. 이러한 감정을 한 단어로 표현하는 것이 바로 '싱숭생숭'입니다.

'싱숭생숭'은 의태어·의성어의 성격을 가진 말로, 비슷한 소리를 반복하여 감정을 강조하는 형태입니다. '싱숭'과 '생숭'이 결합된 단어로, 개별적인 뜻이 명확하진 않지만 전체적으로 마음이 들떠서 가라앉지 않는 상태를 나타냅니다. 우리말에는 이런 반복적인 어휘 구조가 많은데, '뒤숭숭(마음이 불안한 상태)'과 비슷한 느낌을 주지만 '싱숭생숭'은 보다 가벼운 감정을 표현하는 경우가 많습니다.

사람들은 계절이 바뀔 때 싱숭생숭한 기분을 자주 경험합니다. 특히 가을이 오면 괜히 생각이 많아지고, 감성에 젖는 일이 많죠. '가을 타나 봐'라는 말을 자주 하게 되는 것도 이 때문입니다. 창밖을 보며 괜히 음악을 듣고 싶고, 어디론가 떠나고 싶은 기분이 들기도 합니다.

또한, 중요한 결정을 앞두고 있을 때도 마음이 싱숭생숭해지기 마련입니다. 새롭게 직장을 옮기거나, 새로운 일을 맡아 해야 할 때 사람의 마음은 흔들리기 쉽습니다. 집중하려 해도 다른 생각이 떠오르고, 설렘과 불안이 교차하면서 마음이 쉽게 가라앉지 않습니다.

그렇다면 이런 싱숭생숭한 마음을 어떻게 다스릴 수 있을까요? 때로는 조용히 산책을 하거나, 좋아하는 음악을 들으며 마음을 정리하는 것도 좋은 방법입니다. 글을 쓰거나, 친구와 대화를 나누면서 감정을 정리해 보는 것도 도움이 됩니다. 중요한 것은 이 감정이 자연스러운 것임을 인정하고, 억누르기보다는 있는 그대로 받아들이는 것입니다.

'싱숭생숭'은 우리의 삶 속에서 자주 찾아오는 감정입니다. 변화의 시기에 흔들리는 마음, 가을처럼 감성이 풍부해질 때 찾아오는 감정, 그리고 새로운 사업이나 일을 시작할 때의 설렘과 불안이 뒤섞인 기분. 우리는 이 모든 감정을 경험하며 살아갑니다. 때로는 싱숭생숭한 기분에 휩싸여도 괜찮습니다. 그 감정이 지나가고 나면, 우리는 한층 더 성숙해진 자신을 발견할 수 있을 테니까요.

05

'새록새록'
── 기억과 감정이 피어나는 순간

'새록새록'이라는 단어를 들으면 어떤 장면이 떠오르나요? 잊고 있던 기억이 문득 떠오를 때, 혹은 처음에는 희미했지만 점점 더 선명해지는 감정이 차오를 때 우리는 '새록새록'이라는 표현을 씁니다. 이 단어는 단순한 반복이 아니라, 시간이 지날수록 점점 더 뚜렷하게 떠오르는 느낌을 담고 있습니다.

'새록새록'은 의태어로, 유사한 소리를 반복하여 그 의미를 강조하는 형태입니다. 여기서 '새록'은 새롭게 떠오르는 느낌을 나타내며, 반복하여 사용함으로써 점점 강해지는 감정을 표현합니다. 이는 마치 물결이 밀려오듯 한 번에 확 떠오르는 것이 아니라, 차츰차츰 조금씩 선명해지는 기억과 감정을 묘사하는 데 적합한 단어입니다.

우리는 종종 오랜 사진을 보거나, 익숙한 음악을 들을 때 '새록새록' 한 감정을 경험합니다. 예를 들어, 어릴 적 가족여행 사진을 우연히 발견했을 때, 그날의 따뜻한 분위기와 부모님의 미소, 그리고 어린 시절의 순수했던 감정이 새록새록 떠오르죠. 또, 오랜만에 들은 노래가 학창 시절 친구들과 함께 웃던 기억을 되살려 주기도 합니다. 아니면 아이가 걸음마를 시작하고 함께 갔던 장소를 다시 방문하거나, 좋아하던 사람과 함께 거닐던 길을 다시 갔을 때 등 우리 삶에는 과거의 감정이 다시금 피어나는 순간이 많습니다. 이러한 기억들은 단순한 회상이 아니라, 감정이 함께 살아나는 경험이기 때문에 더욱 특별하게 다가옵니다.

기억은 시간이 지나면서 희미해지지만, 특정한 계기로 인해 다시 '새록새록' 떠오를 수 있습니다. 그렇다면 이런 소중한 순간들을 어떻게 잘 간직할 수 있을까요? 사진을 찍어 남기거나, 일기를 쓰면서 당시의 감정을 기록하는 것도 좋은 방법입니다. 또한, 소중한 사람들과 자주 만나 이야기를 나누면서 추억을 되새기는 것도 기억을 오래 간직하는 데 도움이 됩니다.

'새록새록'이라는 단어는 단순히 기억이 떠오르는 것을 넘어서, 점점 선명해지고 감정이 되살아나는 순간을 의미합니다. 우리가 살아가면서 수많은 순간을 지나쳐 가지만, 어떤 기억들은 시간이 흐를수록 더 깊이 새겨지고 따뜻하게 남아 있습니다. 때로는 우연히 찾아오는 '새록새록'한 감정에 잠시 몸을 맡기고, 그 순간의 감정을 온전히 느껴보는 것은 어떨까요? 지나간 시간 속에서도 우리는 새로운 의미를 발견하고, 더욱 풍부한 감정을 간직할 수 있을 테니까요.

06

'알록달록'
— 다채로운 색이 만들어 내는 아름다움

'알록달록'이라는 단어를 들으면 어떤 장면이 떠오르나요? 형형색색의 꽃이 만개한 봄날의 정원, 무지개가 하늘을 수놓는 순간, 혹은 어린아이의 그림 속에 가득한 다채로운 색깔들이 떠오를지도 모릅니다. '알록달록'은 색이 고르게 섞이지 않고 여러 가지가 뒤섞여 있는 모습을 표현하는 말로, 시각적으로도 생동감과 활력을 불어넣어 줍니다.

'알록달록'은 의태어로, '알록'과 '달록'이 반복되는 구조를 가집니다. '알록'은 밝고 뚜렷한 색의 대비를 의미하며, '달록'은 이에 어울려 색깔이 고르지 않게 섞여 있는 느낌을 더합니다. 이처럼 반복적인 발음은 색채가 다채롭게 조화를 이루는 모습을 강조하는 역할을 합니다. '알록달록'은 원래 '알로록달로록'의 준말이지만 '알록달록'이 가장 친숙하고 널리 쓰이고 있습니다.

우리 주변에는 '알록달록'한 풍경이 가득합니다. 가을이 되면 단풍잎이 붉고 노랗게 물들어 거리마다 알록달록한 색의 향연이 펼쳐집니다. 벚꽃이 피어나는 봄날에는 연분홍, 하얀 꽃잎들이 거리 곳곳을 수놓으며 생동감을 더해줍니다. 또한, 축제나 행사에서 흔히 볼 수 있는 색색의 풍선과 깃발도 '알록달록'이라는 단어를 떠올리게 합니다.

　아이들의 세상 역시 알록달록합니다. 어린아이들은 원색이 가득한 장난감을 가지고 놀며, 크레파스로 형형색색의 그림을 그려냅니다. 무지개색으로 꾸며진 놀이공원, 알록달록한 색감의 동화책 속 삽화들도 아이들에게 꿈과 상상력을 심어줍니다. 어른들에게는 무채색 색감에 익숙하지만, 어린아이들에게는 '알록달록'한 세상이 더욱 매력적이고 흥미롭게 다가옵니다.

　색은 사람의 감정에 큰 영향을 미칩니다. 알록달록한 색깔은 기분을 상쾌하게 만들고, 활력을 불어넣어 줍니다. 연구에 따르면, 다채로운 색을 접할수록 창의력이 높아지고 스트레스가 줄어든다고 합니다. 그래서 미술 치료에서는 알록달록한 색깔을 활용하여 심리적 안정을 돕는 기법이 사용되기도 합니다.

　'알록달록'이라는 단어는 단순히 여러 색이 섞여 있는 상태를 넘어, 삶의 생동감과 다채로운 매력을 표현하는 말입니다. 우리는 자연 속에서, 일상 속에서, 그리고 어린 시절의 추억 속에서 수많은 알록달록한 순간들을 경험하며 살아갑니다. 때로는 차분한 색감도 좋지만, 가끔은 알록달록한 무언가를 통해 기분을 전환해 보는 것은 어떨까요? 색깔이 주는 작은 행복이 우리의 하루를 더 밝고 경쾌하게 만들어 줄지도 모르니까요.

07

'아름아름'
— 사람과 사람 사이를 잇는 은근한 연결

'아름아름'이라는 말, 혹시 들어본 적 있나요?
 이 단어는 공식적인 절차나 소통 창구 없이, 간접적으로 조금씩 전해지는 소식이나 정보를 뜻합니다. 예를 들어, 친구에게 누군가의 안부를 듣는다든가, 지인을 통해 좋은 기회를 알게 되는 상황이 바로 그런 경우입니다.
 '아름아름'은 순우리말입니다. 여기서 '아름'은 두 팔을 벌린 길이를 가리키는 말에서 유래했다고도 하며, 무언가가 손에서 손으로 전해지는 모습을 나타낸다고도 합니다. 즉, 직접적이지는 않지만 자연스럽고 은근하게 이어지는 관계나 흐름을 담고 있는 단어입니다. 단어 자체에 따뜻함과 유연함이 함께 담겨 있어, 듣는 이로 하여금 친숙한 느낌을 갖게 합니다.
 예를 들어, 어떤 회사 채용 공고를 보고 지원하는 것이 아니라, 지인을 통해 "거기 채용 중이래"라는 얘기를 듣고 관심을 갖게 되는 것이 바로 '아름아름'의 전형적인 모습입니다.
 우리는 생각보다 자주 '아름아름'한 순간을 마주합니다. 새로 생긴 맛집을 찾을 때도 광고보다 "야, 거기 진짜 괜찮대!" 같은 가족이나 지인의 추천이 더 믿음이 갑니다. 공식적인 광고나 정보보다 내가 신뢰할 수 있는 사람으로부터 얻은 간접적인 정보는 더 따뜻하고 생생하게 다가오는 경우가 많습니다. 이는 정보에 대한 신뢰도뿐만 아니라, 그 사람과의 관계가 정보의 가치를 더욱 높여 주기 때문입니다.

사실 우리 사회는 예전부터 '아름아름'한 방식에 익숙했습니다. 과거에는 종이나 책보다 구전(口傳)이 정보 전달의 주된 수단이었습니다. 그러다 보니 지금도 공식 자료 못지않게 사람들의 경험과 추천이 중요한 역할을 합니다. 식당 예약, 병원 후기, 취업 기회까지도 '아름아름한' 방식으로 공유되며, 이는 여전히 사회적 신뢰망과 기반을 형성하는 중요한 요소로 작용하고 있습니다.

'아름아름'은 단순한 소문이나 정보 공유를 넘어서, 사람과 사람 사이를 부드럽게 이어주는 다리와 같습니다. 때로는 예상하지 못한 좋은 기회를 만나게 해주기도 하며, 우리의 삶을 한층 풍성하게 만들어 줍니다. 직접 연결되지 않은 사람들 사이에서도 정보와 정서가 전해지며 관계의 폭을 넓히는 데 기여합니다.

그러므로 누군가 '아름아름' 전해준 이야기나 조언은 그냥 흘려듣지 말고, 소중히 여기는 것이 좋습니다. 그리고 우리도 그런 좋은 연결을 전해 주는 사람이 되어보는 것은 어떨까요?

서로가 좋은 영향을 나누는 사회는 그렇게 한 사람 한 사람의 따뜻한 연결에서 시작됩니다.

08

'낭창낭창'
— 부드러움과 유연함이 주는 매력

'낭창낭창'이라는 단어를 들으면 어떤 느낌이 떠오르나요? 부드럽고 탄력 있게 휘어지는 나뭇가지, 바람에 따라 유연하게 흔들리는 갈대, 혹은 몸이 유연한 사람이 가볍게 움직이는 모습이 떠오를지도 모릅니다. '낭창낭창'은 단순히 물리적인 움직임을 뜻하는 것이 아니라, 부드러움과 유연함이 주는 독특한 감각을 표현하는 말이기도 합니다.

'낭창낭창'은 의태어로, '낭창'이라는 말이 반복되면서 그 의미를 강조하는 구조를 가집니다. '낭창'이라는 단어 자체가 부드럽게 휘어지거나 탄력 있게 움직이는 상태를 의미하며, 단어를 반복함으로써 더욱 생동감 있고 자연스러운 움직임을 강조합니다.

이와 비슷한 표현으로 '나긋나긋', '휘청휘청' 등이 있지만, '낭창낭창'은 특히 가볍고 탄력 있는 느낌을 강하게 줍니다. 마치 어떤 것이 유연하게 움직이면서도 탄력을 잃지 않는 상태를 묘사하는 데 가장 적합한 표현이라고 할 수 있습니다.

우리 주변에는 '낭창낭창'한 것들이 많습니다. 예를 들어, 버드나무 가지가 바람에 흔들리는 모습을 보면 강한 바람에도 꺾이지 않고 유연하게 움직이는 낭창낭창한 매력을 느낄 수 있습니다. 혹은 체조 선수나 무용수가 유연한 동작을 선보일 때, 몸이 낭창낭창하게 휘어지며 아름다운 곡선을 만들어내죠.

'낭창낭창'이라는 단어는 단순히 물리적인 움직임뿐만 아니라, 삶에서 유연함이 필요한 순간들을 상징하기도 합니다. 경직된 사고방식보다는 유연한 태도로 상황에 적응하는 것이 중요하다는 점을 떠올려 보세요.

예를 들어, 직장에서 예상치 못한 문제가 발생했을 때, 고집스럽게 한 가지 방법만 고수하는 것보다는 다양한 해결책을 찾아보는 유연성이 필요합니다. 인간관계에서도 마찬가지입니다. 때때로 상대방의 의견을 존중하고, 상황에 맞게 유연하게 대처하는 것이 더 좋은 결과를 가져오곤 합니다.

'낭창낭창'은 단순히 부드럽고 탄력 있는 움직임을 뜻하는 단어가 아니라, 유연함이 주는 아름다움과 강함을 함께 담고 있는 표현입니다. 나뭇가지처럼 바람에 휘어져도 꺾이지 않는 힘, 예상치 못한 상황에서도 유연하게 대처하는 태도, 그리고 삶의 흐름 속에서 자연스럽게 적응하는 능력— '낭창낭창'. 이 단어가 주는 감각을 떠올리며, 오늘도 조금 더 유연하고 부드럽게, 그러나 탄력 있게 보내 보는 건 어떨까요?

09

'뜬금없다'
— 쌀값에서 튀어나온 엉뚱함의 말

"그 얘기가 왜 지금 나와? 뜬금없잖아."

우리는 흔히 어떤 말이나 행동이 맥락과 전혀 맞지 않을 때 "뜬금없다"고 말합니다. 아무 흐름도 없이 느닷없이 튀어나온 말이나 상황에 어울리는 표현이지요. 그런데 이 '뜬금'이라는 단어의 어원을 알고 나면, 이 말이 훨씬 더 흥미롭게 느껴집니다.

'뜬금'은 원래 농산물 거래에서 사용되던 말이었습니다. 쌀이나 보리 같은 곡식이 화폐 역할을 하던 옛날, 시장에서는 매일매일 곡식의 시세가 달라졌습니다. 농산물은 공산품처럼 가격이 일정하지 않아서 흥정으로 값을 매겨야 했고, 이때 흥정 끝에 정한 그날의 '시세'를 '뜬금'이라 불렀습니다. 쉽게 말해, '띄운 금[價]', 즉 값이 정해져 있지 않다가 이리저리 줄다리기 끝에 '띄운 값'이라는 뜻입니다. 그런데 여기서 중요한 건 바로 그 '갑작스럽고 예상치 못한 가격'입니다. 예를 들어 쌀 한 가마니에 열 냥 쯤 하리라 생각했는데 누군가 백 냥을 부른다면, 주변 사람들은 깜짝 놀라며 이렇게 말했을 겁니다. "그거 참 뜬금없네!"

이처럼 '뜬금'은 원래 가격에 대한 흥정의 결과로 생긴 말이지만, 그 과정에서 나타나는 엉뚱하고 비현실적인 요소 때문에 점점 '상황에 어울리지 않는 갑작스러운 말이나 행동'을 의미하게 되었습니다.

지금은 우리가 곡식을 가지고 직접 흥정할 일은 거의 없지만, '뜬금없다'는 표현은 오히려 더 자주 쓰입니다. 누군가 조용한 회의 시간에 갑자기 "근데, 점심 뭐 먹을래요?" 하고 말하면, "뜬금없네요"라는 말이 자동으로 튀어나오지요. SNS에서도, 드라마 대사에서도, 일상 대화 속에서도 '뜬금없다'는 말은 마치 말풍선처럼 톡 튀어나와 웃음을 주곤 합니다.

이 '뜬금'이라는 순우리말이 단순히 감정이나 상황을 설명하는 말로만 남은 것이 아니라, 그 안에 과거의 생활상과 시장의 활기, 그리고 사람들 간의 흥정과 감정이 함께 담겨 있다는 점입니다.

이제부터 누군가의 말이나 행동이 엉뚱하다고 느껴질 때, 그냥 웃고 넘기기보다 잠시 옛 시장 바닥을 떠올려 보세요. 오늘도 누군가는 느닷없이 엉뚱한 가격을 부르고, 또 누군가는 이렇게 말하겠지요.

"그거, 참 뜬금없네!"

3장

자연과 관련된 우리말

01 '노을빛' - 하루의 끝을 물들이는 따뜻한 빛
02 '달무리' - 밤하늘에 번지는 신비로운 빛
03 '물비늘' - 햇빛을 담은 잔잔한 물결
04 '작달비' - 하늘이 퍼붓는 감정의 소나기
05 '동살' - 새벽을 여는 첫 빛줄기
06 '미리내' - 밤하늘을 흐르는 신비로운 강
07 '여우별' - 예상치 못한 순간에 반짝이는 빛
08 '볕뉘' - 스며드는 한 줄기 햇살
09 '해미' - 바다가 숨을 고르는 시간

01

'노을빛'
— 하루의 끝을 물들이는 따뜻한 빛

노을빛을 보면 어떤 기분이 드나요? 하루를 마무리하는 아련한 감정, 따뜻한 빛이 온 하늘을 붉게 물들이는 장관, 혹은 한없이 넓은 자연 속에서 작은 존재로 느껴지는 순간일 수도 있습니다. 노을빛은 단순한 색이 아니라, 우리의 감정을 어루만지는 자연의 선물 같은 존재입니다.

'노을빛'은 '노을'과 '빛'이 결합된 합성어로, 해가 지면서 하늘을 물들이는 붉은 황금빛을 의미합니다. '노을'은 옛말 '놀'에서 비롯되었으며, 이는 '붉다' 또는 '햇빛이 퍼지는 현상'을 뜻합니다. 여기에 '빛'이 더해져, 해질녘 하늘이 붉게 타오르는 모습을 더욱 강조하는 표현이 된 것입니다.

'노을빛'은 단순히 시각적인 현상을 묘사하는 것이 아니라, 감성적인 의미를 담고 있습니다. 어린 시절 집으로 돌아가는 길에 보았던 노을, 여행지에서 우연히 마주한 황혼의 순간, 혹은 사랑하는 사람과 함께 걷던 길을 떠 올려보면 어떤 추억이든지 떠오른 것을 느낄 수 있습니다.

노을빛은 자연이 만들어 내는 가장 아름다운 장면 중 하나입니다. 강가나 바다 위로 노을이 물들 때, 잔잔한 물결이 빛을 반사하며 금빛으로 반짝입니다. 산속에서 맞이하는 노을은 능선을 따라 부드러운 붉은 빛을 퍼뜨리며, 바람이 스치는 소리와 어우러져 한 폭의 그림 같은 풍경을 만들어 냅니다.

　도시에서도 노을빛은 특별한 의미를 가집니다. 빌딩 숲 사이로 스며드는 주황빛 하늘은 하루의 끝을 알리면서도, 어딘가 아늑하고 포근한 느낌을 줍니다. 퇴근길에 노을을 보며 마음이 차분해지는 순간, 하루의 분주함이 잠시 잊히는 경험을 해본 적이 있을 것입니다.

　노을빛은 단순한 자연현상이 아니라, 우리의 감정을 움직이는 강한 힘을 가집니다. 많은 시와 노래에서 노을은 이별, 회상, 그리고 새로운 시작을 상징하는 중요한 요소로 등장합니다. '노을빛으로 물든 언덕', '붉게 타는 저녁노을' 같은 표현만 들어도 감성적인 장면이 떠오르지 않나요?

　'노을빛'은 하루를 마무리하며 자연이 우리에게 선물하는 가장 따뜻한 장면 중 하나입니다. 그것은 단순한 빛이 아니라, 기억을 떠올리게 하고, 감정을 물들이며, 하루의 끝에서 우리를 위로하는 존재입니다. 바쁜 일상 속에서도 가끔은 노을빛이 주는 잔잔한 감동을 느껴보는 것은 어떨까요? 어쩌면 그 속에서 잊고 있던 감성을 되찾을 수 있을지도 모릅니다.

02

'달무리'
― 밤하늘에 번지는 신비로운 빛

　달무리를 본 적이 있나요? 밤하늘을 올려다볼 때, 달 주변을 둥글게 감싸는 희미한 빛의 고리가 보일 때가 있습니다. 달무리는 단순한 빛의 현상이 아니라, 자연이 만들어 내는 신비로운 장면 중 하나입니다. 옛사람들은 달무리를 보며 날씨의 변화를 예측하고, 때로는 길조나 흉조로 해석하기도 했습니다. 오늘날에도 달무리를 통해 많은 작가들이 감정을 표현하거나 특정한 시적 분위기를 연출하기도 합니다.
　'달무리'는 '달'과 '무리'가 결합된 단어입니다. 여기서 '무리'는 '둥글게 둘러싸인 것' 또는 '무리 지어 있는 상태'를 뜻합니다. 즉, '달무리'는 달을 중심으로 주변에 퍼지는 둥근 빛의 고리를 가리킵니다. 이 단어는 자연 속에서 발생하는 빛의 확산을 표현한 말로, 밤하늘의 고요한 아름다움을 강조하는 요소로도 사용됩니다.
　농경사회에서는 달무리가 나타나면 비가 올 가능성이 높다고 믿었는데, 실제로도 달무리는 대기 중의 수증기와 관련이 있어 기후 변화의 신호로 작용할 때가 많습니다.
　달무리는 맑은 날보다 구름이 많고 대기에 수분이 포함된 날에 더욱 뚜렷하게 나타나는데, 이는 달빛이 공기 중의 작은 얼음 결정이나 미세한 입자에 의해 산란되면서 생기는 현상입니다. 이런 현상을 보고 있으면, 달 자체가 희미하지만 더욱 크고 웅장해 보이며, 마치 밤하늘이 숨 쉬는 듯한 느낌을 주기도 합니다.

특히 깊은 산속이나 바닷가에서 달무리를 보면 그 신비로운 분위기가 더욱 극대화됩니다. 어두운 밤, 조용한 바람이 부는 가운데 달무리가 퍼지는 장면을 마주하면, 자연의 경이로움 속에서 한없이 작은 존재로 느껴지기도 합니다. 이런 순간은 단순한 시각적 경험을 넘어, 깊은 사색과 감상의 시간을 선사합니다. 많은 시와 노래에서 달무리는 외롭거나 고요한 밤을 비추는 존재로 등장하였으며, 사람들에게 위로와 영감을 주고 있습니다.

'달무리'는 단순한 자연 현상이 아니라, 우리에게 다양한 감정을 불러일으키는 자연이 주는 특별한 빛의 장면입니다. 보름달이 뜬 밤하늘을 올려다볼 때, 혹시 달 주위에 둥근 무리가 퍼지고 있다면 잠시 그 순간을 즐겨보는 것은 어떨까요? 그 안에서 자연이 전하는 메시지를 느끼고, 자신만의 감성을 더해보는 것도 좋은 경험이 될 것입니다.

03

'물비늘'
— 햇빛을 담은 잔잔한 물결

 물가에 서서 수면을 바라볼 때, 반짝이는 작은 빛 조각들이 끊임없이 움직이는 것을 본 적이 있나요? 그 빛의 모습이 마치 물고기의 비늘처럼 보이기 때문에, 이를 '물비늘'이라고 부릅니다. 물비늘은 단순한 시각적 현상이 아니라, 바람과 빛, 물결이 어우러져 만들어 내는 자연의 섬세한 조화입니다.
 '물비늘'은 '물'과 '비늘'이 결합된 단어로, 햇빛이나 달빛이 물결 위에서 부서지며 반짝이는 모습을 가리킵니다. '비늘'은 원래 물고기의 몸을 덮고 있는 얇고 빛나는 조직을 의미하는데, 그 반짝이는 특성이 물 위의 반사광과 유사하기 때문에 '물비늘'이라는 표현이 생겨난 것으로 보입니다.
 이 단어는 단순히 물 위의 빛 반사를 묘사하는 것을 넘어, 자연의 섬세하고 고요한 아름다움을 상징하는 시적인 표현으로 자주 사용됩니다. 문학 작품 속에서 물비늘은 평온함과 사색의 순간을 표현하는 요소로 등장하며, 잔잔한 감성을 불러일으킵니다.
 물비늘은 바다, 호수, 강, 심지어 작은 연못에서도 볼 수 있습니다.

아침 햇살이 물 위에 닿을 때, 혹은 저녁노을이 수면을 붉게 물들일 때, 물비늘은 더욱 아름답게 반짝입니다. 바람이 불면 그 빛의 조각들은 끊임없이 변화하며 살아 있는 듯한 움직임을 보여줍니다. 특히 잔잔한 호숫가에서 일출이나 일몰을 볼 때, 멀리 퍼지는 빛과 함께 물비늘이 춤추는 광경은 마음을 평온하게 만들어줍니다. 물비늘을 가만히 들여다보면 물비늘이 우리 인생의 흐름과 닮아있다는 생각도 듭니다. 끊임없이 변화하고, 같은 모습으로 머물지 않는 물결처럼, 한 시도 고정된 실체 없이 변화하며 살아가는 무상감(無常感)을 찾아볼 수 있습니다.

　마음이 어지럽거나 생각이 정리되지 않는 날, 잔잔한 호숫가나 강변을 찾아보세요. 해 질 녘에 물가에 앉아 수면 위에 부서지는 빛을 바라보면, 하루의 소란스러움이 잦아들고 마음이 차분해지는 것을 느낄 수 있습니다. 물비늘을 보며 차를 마시거나, 짧은 글을 적어 보는 것도 감성을 더욱 풍부하게 해 줄 것입니다.

　'물비늘'은 단순한 자연현상이 아니라, 우리가 자연 속에서 발견할 수 있는 작은 아름다움 중 하나입니다. 그것은 물과 빛이 만나 만들어내는 순간적인 예술이며, 우리가 일상 속에서 잠시 멈춰 서서 바라볼 때 비로소 그 가치를 깨닫게 되는 존재입니다. 다음에 물가를 지날 때, 물 위에서 반짝이는 작은 빛의 조각들을 유심히 바라보는 것은 어떨까요? 그 안에서 자연이 들려주는 잔잔한 이야기를 발견할 수 있을지도 모릅니다.

04
'작달비'
— 하늘이 퍼붓는 감정의 소나기

'작달비'라는 단어를 들으면, 금세 한 장면이 떠오릅니다. 까맣게 뒤덮인 하늘, 우르릉 쾅쾅 천둥이 울리고, 잠시 뒤 하늘에 커다란 구멍이라도 난 듯 물줄기가 좍좍 쏟아지기 시작하는 장면. 이때 내리는 비가 바로 '작달비'입니다. 표준국어대사전에서는 "장대처럼 굵고 거세게 좍좍 내리는 비"라고 정의하고 있으며, 유의어로 '장대비'가 있으나 '작달비'는 그보다 조금 더 생생함과 현장감을 담고 있는 말입니다.

'작달비'라는 말의 어감에는 뭔가 시원하고 호쾌한 느낌이 있습니다. '작-'으로 시작되는 첫소리에서 이미 뭔가 쾅 하고 터질 것 같은 힘이 느껴지며, '-달비'라는 말꼬리는 마치 비가 달리는 듯 쏟아지는 인상을 줍니다. 실제로 "작달비가 쏟아진다"는 표현은 단순히 '비가 온다'는 설명을 넘어서, 비가 가진 폭발적인 에너지와 상황의 다급함까지 함께 담고 있습니다.

이 단어는 문학 작품 속에서도 인상 깊게 등장합니다. 이문구의 《산 너머 남촌》에서는 "비는 때아닌 큰물이라도 질 듯이 작달비로 쏟아지면서 천둥에 번개에 할 것은 다 하는 폭우였다"라고 표현했습니다. 여기서 작달비는 단순한 날씨 묘사를 넘어, 상황의 긴박함과 인물의 감정 상태까지 대변하고 있습니다.

　실생활에서도 우리는 종종 이런 작달비를 마주합니다. 갑작스레 쏟아지는 비에 우산 하나 없이 우두커니 서 있게 되면, 괜히 억울한 일들이 줄줄이 떠오르지요. "왜 하필 지금 비가 와?"라는 한탄이 절로 나옵니다. 하지만 또 어떤 날은, 작달비가 오히려 카타르시스를 안겨주기도 합니다. 울고 싶어도 울 수 없던 어느 날, 마침 쏟아지는 작달비 속을 걷다 보면, 눈물 대신 하늘이 대신 울어주는 듯한 느낌을 받기도 하지요. 어쩌면 작달비는 단순한 자연현상이 아니라, 삶의 흐름 속 한 장면, 하나의 사건으로 기억되는 것인지도 모릅니다.

　또한 '작달비'는 도시보다는 옛 시골 풍경과 잘 어울리는 말이기도 합니다. 논두렁에 앉아 하늘을 올려다보다가 갑자기 굵은 빗방울이 떨어지고, 금세 흙냄새와 풀내음이 섞인 물줄기가 좍좍 내리는 풍경. 그 속에서 비를 피하려 고무신을 들고 달려가는 아이들, 처마 밑에서 막걸리 한 잔 기울이며 "이놈의 작달비가 언제 그치려나" 하는 어르신의 투덜거림. 이 모든 장면들이 '작달비'라는 단어 하나에 고스란히 담겨 있습니다.

　'작달비'는 단순한 날씨 용어를 넘어, 감정과 기억, 그리고 삶의 순간들을 녹여낸 말입니다. 가끔은 마음속에 쌓인 복잡한 감정들을 모두 쓸어가는 작달비 한바탕이 필요할 때도 있습니다. 그러니 언젠가 갑작스런 폭우에 발이 묶이더라도, 이렇게 생각해 보시기 바랍니다. "오늘은 하늘이 나의 감정을 알아주는 날이구나."

05

'동살'
— 새벽을 여는 첫 빛줄기

새벽녘, 어둠이 걷히고 하늘이 서서히 밝아지는 순간, 그 경이로운 빛을 본 적이 있나요? 태양이 완전히 떠오르기 전, 미세하게 퍼져 나가는 부드러운 빛이 동쪽 하늘을 물들이며 새로운 하루의 시작을 알립니다. 우리는 이러한 빛을 '동살'이라고 부릅니다. 동살은 단순한 햇빛이 아니라, 어둠을 밀어내며 밝음을 가져오는 희망의 빛과도 같은 존재입니다.

'동살'은 '동(東, 동쪽)'과 '살(직진으로 퍼지는 모습)'이 결합된 단어로, 동쪽에서 날아오는 화살 같은 빛을 의미합니다. '살'이라는 표현은 우리말에서 직선으로 퍼져 나가는 것을 뜻하는데, 예를 들어 '창살', '빗살', '갈빗살' 등처럼 쓰이며 강한 인상을 주는 경우가 많습니다.

'동살'은 태양이 수평선 위로 떠오르기 전, 미리 퍼지는 빛을 가리키며, 이는 일출 직전의 희미하지만 강렬한 빛을 나타냅니다. 고대에는 이 동살을 희망과 새로운 시작의 신호로 여겼고, 농경 사회에서는 하루의 시작을 예고하는 중요한 순간으로 받아들였습니다.

동살은 그 자체로도 아름답지만, 자연 속에서 더욱 경이로운 풍경을 만들어 냅니다. 산 정상에서 맞이하는 동살은 안개 속을 뚫고 퍼져 나오며, 바닷가에서는 수평선을 따라 서서히 밝아지는 빛이 잔잔한 파도와 어우러져 환상적인 장면을 연출합니다. 새벽녘의 차가운 공기가 남아 있는 하늘에 동살이 스며들면, 붉은빛과 푸른빛이 어우러진 고요하고도 신비로운 색감이 펼쳐집니다. 이런 순간에는 마치 자연이 하루를 새롭게 창조하는 것 같은 느낌을 주기도 합니다.

동살은 단순한 빛이 아니라, 변화와 새로운 시작을 의미하는 상징적인 요소로도 쓰입니다. 어두운 밤이 지나고 처음으로 찾아오는 빛이기 때문에, 이는 희망과 재생, 기회와 기대를 상징합니다. 많은 문학 작품에서도 동살은 새로운 하루를 여는 순간, 혹은 오랜 기다림 끝에 맞이하는 희망의 빛으로 자주 등장합니다.

우리의 일상 속에서도 동살 같은 순간들이 있습니다. 힘든 하루를 보내고 맞이하는 새로운 아침, 고민 끝에 결정한 도전의 순간, 혹은 절망 속에서도 희망의 끈을 놓지 않고 나아가는 우리의 모습이 바로 동살과 닮아 있습니다. 비록 미약해 보일지라도, 결국 어둠을 밀어내고 밝은 빛을 비추는 존재이기 때문입니다.

'동살'은 어둠을 걷어내며 새롭게 시작하는 에너지를 담고 있는 존재입니다. 그것은 희망과 기다림의 상징이며, 우리가 살아가는 동안 반복해서 마주하는 변화의 순간을 떠올리게 합니다. 바쁜 일상 속에서도 가끔은 동살이 스며드는 아침 하늘을 바라보며, 새로운 하루를 맞이하는 설렘과 희망을 느껴보는 것은 어떨까요? 그 작은 빛줄기 속에서 우리는 다시 앞으로 나아갈 힘을 얻을 수 있을 것입니다.

06

'미리내'
— 밤하늘을 흐르는 신비로운 강

밤하늘을 올려다보면 희미하게 빛나는 길고 흐릿한 빛의 띠가 보일 때가 있습니다. 이는 수많은 별들이 모여 만들어 낸 장관으로, 우리는 이를 '은하수'라고 부릅니다. 하지만 우리말에는 '미리내'라는 더욱 정겨운 표현이 있습니다. 미리내는 단순한 천문학적 용어가 아니라, 우리 조상들의 자연관과 상상력이 담긴 아름다운 우리말입니다.

'미리내'는 순우리말로, 어원을 살펴보면 두 가지 요소가 결합된 표현입니다. '미리'는 '미르'에서 유래한 말로, '미르'는 고대어에서 '용(龍)'을 의미합니다. 동양에서 용은 물과 깊은 관련이 있는 신성한 존재로 여겨졌습니다. '내'는 '강' 또는 '냇물'을 뜻하는 말로, 자연에서 흐르는 물줄기를 의미합니다. 즉, '미리내'는 '용이 흐르는(지나는) 강' 또는 '하늘을 가로지르는 신령한 강'이라는 의미를 가집니다. 이는 은하수를 마치 하늘에 떠 있는 신비로운 강처럼 바라본 조상들의 상상력에서 비롯된 표현이라고 할 수 있습니다.

과학적으로 보면, 미리내(은하수)는 수십억 개의 별들로 이루어진 거대한 나선형 은하인 '우리은하'의 한 부분입니다. 지구에서 바라볼 때,

이 별들이 길게 늘어선 모습으로 보이기 때문에 은하수가 하나의 띠처럼 나타나는 것입니다. 특히, 밤하늘이 깨끗한 곳에서는 미리내가 더욱 뚜렷하게 보입니다. 전기가 없던 시절, 조상들은 밤마다 맑은 하늘을 바라보며 하늘에 펼쳐진 강을 상상했을 것입니다. 그리고 그 강을 따라 용이 지나간다고 믿었으며, 신화와 전설을 만들어냈습니다.

미리내는 단순한 자연현상을 넘어, 우리의 감성과 연결되는 단어입니다. 밤하늘에 펼쳐진 은하수를 바라볼 때, 우리는 막연한 그리움과 동시에 경이로움을 느낍니다. 먼 옛날, 우리의 조상들도 같은 하늘을 바라보며 미리내를 상상하고, 그 속에서 이야기를 만들어 냈을 것입니다.

어쩌면 바쁜 현대 생활 속에서 미리내를 직접 바라볼 기회가 줄어들었을지도 모릅니다. 도시의 불빛 때문에 더 이상 하늘을 올려다보아도 은하수를 쉽게 볼 수 없게 되었지만, 가끔은 전기가 적은 한적한 시골이나 산속에서 밤하늘을 올려다보며 미리내를 찾아보는 것은 어떨까요?

그곳에서 우리는 오래된 기억과 이야기들을 떠올릴 수도 있고, 우리의 조상들이 하늘을 통해 어떤 감정을 느꼈을지 상상해 볼 수도 있습니다. 미리내는 단순한 은하수가 아니라, 우리가 잊고 있던 감성과 연결되는 길일지도 모릅니다.

07

'여우별'
— 예상치 못한 순간에 반짝이는 빛

　맑았던 하늘에 갑자기 비가 내리다가, 어느새 다시 햇살이 비치는 날씨를 경험한 적이 있나요? 마치 하늘이 장난을 치는 것처럼, 비와 해가 공존하는 그 순간을 우리는 '여우비'라고 부릅니다. 그런데, 이런 흐린 하늘 사이로 별이 반짝이는 순간도 있습니다. 예상치 못한 순간에 반짝 떠오르는 별, 그것을 우리는 '여우별'이라고 부릅니다.

　'여우별'은 단어 자체에서 신비로운 느낌이 묻어납니다. 어원을 살펴보면, '여우'는 예로부터 속임수와 변덕을 상징하는 동물로 여겨졌습니다. 여우비처럼 예측할 수 없는 자연현상을 설명하는 데 자주 등장하죠.

　여우별도 마찬가지입니다. 구름이 가득한 흐린 밤, 별이 전혀 보이지 않을 것 같은데도 가끔 짧은 순간 구름 사이로 별이 반짝이는 경우가 있습니다. 마치 장난꾸러기 여우가 몰래 별을 꺼내 보여주는 듯한 느낌을 주기에 '여우별'이라는 이름이 붙인 것이지요.

　여우별은 과학적으로 보면 구름이 많은 밤, 짧은 순간 구름이 걷히면서 별빛이 보이는 자연현상을 의미합니다. 이런 현상은 특히 바람이 강하게 불거나, 대기 중의 기류 변화가 심할 때 자주 나타납니다. 구름이 빠르게 흩어졌다가 다시 모이면서, 잠깐동안 밤하늘의 별이 보이는 것입니다. 그 짧은 순간을 포착할 수 있는 사람만이 여우별의 아름다움을 볼 수 있습니다.

우리의 삶에서도 '여우별' 같은 순간들이 있습니다. 예상치 못했던 반가운 소식, 우연히 마주친 오랜 친구, 혹은 예상 밖의 따뜻한 한마디가 여우별처럼 우리의 일상에 깜짝 등장할 때가 있습니다. 힘든 하루를 보내던 중 우연히 들은 음악이 마음을 위로해 줄 때, 거리를 걷다가 생각지도 못했던 아름다운 노을을 마주했을 때, 혹은 오랜만에 본 친구가 뜻밖의 격려를 건넸을 때—이런 순간들이 바로 여우별 같은 존재입니다.

때로는 인생에서 노력해도 변화가 없는 것처럼 느껴질 때가 있습니다. 하지만 어느 순간 예상치 못한 성취를 만나게 되는 경우가 있습니다. 시험 공부를 하다가 문득 이해가 되는 순간, 취업 준비를 하면서 어느 날 갑자기 좋은 소식이 들려오는 순간, 혹은 막막했던 일이 해결되는 순간 등, 여우별은 우리가 기대하지 않았던 순간에 반짝이며, 우리에게 희망과 감동을 선사하는 존재입니다.

'여우별'은 단순한 자연현상이 아닙니다. 그것은 예상치 못한 순간에 찾아오는 반짝이는 기쁨을 상징하는 말입니다. 가끔은 흐린 하늘 속에서도 별을 찾아보는 여유를 가져 보는 것은 어떨까요? 우리 삶에도 예상치 못한 순간에 찾아오는 좋은 일이 있을 테니까요. 어쩌면 오늘 밤, 당신의 하늘에도 여우별이 반짝이고 있을지도 모릅니다.

08

'볕뉘'
― 스며드는 한 줄기 햇살

햇빛이 가득한 날에도, 흐린 날에도 어느 순간 살짝 비치는 한 줄기 햇살을 본 적이 있나요? 그것이 바로 '볕뉘'입니다. 볕뉘는 단순한 햇빛이 아니라, 틈새로 스며드는 가느다란 빛줄기를 뜻하는 순우리말입니다. 어둠 속에서도 한 줄기 희망처럼 내려오는 그 따뜻한 빛을 우리는 볕뉘라고 부릅니다.

'볕뉘'는 '볕(햇볕)'과 '뉘(가느다란 실 같은 것)'가 결합된 말로, 햇살이 좁은 틈이나 구름 사이로 가늘게 새어 들어오는 모습을 표현하는 단어입니다. 흔히 '햇살', '햇빛'이라는 표현을 많이 사용하지만, 볕뉘는 단순히 밝은 빛이 아니라, 한줄기 가느다란 빛이 어둠을 뚫고 비치는 순간을 뜻하는 특별한 단어입니다. 우리는 흔히 창문 틈새로 스며드는 따뜻한 햇살이나, 숲속 나뭇잎 사이로 내려오는 부드러운 빛을 보고 감탄하곤 합니다. 그런 순간에 느껴지는 따스함과 평온함이 바로 볕뉘의 감성입니다.

볕뉘는 아침이나 해 질 무렵, 그리고 구름이 많은 날 더 선명하게 볼 수 있습니다. 특히 비가 오고 난 뒤, 하늘에 먹구름이 채 가시기 전에 구름이 열린 사이로 쏟아지는 한 줄기 빛을 볕뉘라고 할 수 있습니다.

　산림이 울창한 산속을 걸을 때, 울창한 나무 사이로 가느다랗게 내려오는 빛을 본 적이 있나요? 공기가 맑고 서늘한 아침, 그런 볕뉘가 나뭇잎에 닿으며 반짝일 때, 우리는 그 순간의 고요한 아름다움을 온몸으로 느낄 수 있습니다. 겨울철, 집 안에 있다가 햇빛이 비치는 순간 따뜻함을 느껴본 적이 있나요? 차가운 방 안을 스르르 데우는 한 줄기 빛이 바로 볕뉘입니다. 볕뉘는 단순한 빛이 아니라, 작은 희망을 상징하는 존재입니다. 어둡고 차가운 곳에도 볕뉘 하나만 스며들면 온기가 감돌 듯, 삶에서도 작은 변화나 따뜻한 말 한마디가 큰 힘이 될 때가 많습니다.

　우리의 삶에는 때로 힘들고 지친 날이 있지만, 그런 순간에도 작은 볕뉘 같은 희망이 찾아오곤 합니다. 예상치 못한 친절한 말, 우연히 듣게 된 위로가 되는 음악, 오랜만에 만난 친구의 안부 메시지가 볕뉘 같은 순간입니다.

　'볕뉘'는 단순한 햇살이 아니라, 우리 삶 속에 스며드는 작은 따뜻함을 의미합니다. 좁은 틈을 통해 들어오는 한 줄기 빛처럼, 바쁜 일상 속에서도 가끔은 볕뉘를 찾아보며, 그 순간의 따뜻함을 느껴보는 것은 어떨까요? 그것이 바로 삶을 조금 더 환하고 아름답게 만드는 작지만 소중한 방법일지도 모릅니다.

09

'해미'
— 바다가 숨을 고르는 시간

    '해미'라는 단어는 조금 낯설게 들릴지도 모릅니다. 하지만 뜻을 들여다보면 누구나 한 번쯤 본 적 있는 풍경과 닿아 있습니다. 해미는 '바다 위에 낀 아주 짙은 안개'를 뜻하는 말로, '해무(海霧)'와 같은 의미를 지닌 순우리말입니다. '해무'가 다소 딱딱하고 학술적인 느낌이 있다면, '해미'는 그보다 훨씬 서정적이고 포근한 인상을 줍니다. 단어만으로도 바다 위에 뿌연 안개가 잔잔하게 깔려 있는 장면이 그려지지요.
    해미는 바다와 안개, 이 두 자연 요소가 빚어낸 신비로운 풍경입니다. 해가 뜨기 전 이른 아침, 혹은 온종일 기온이 눅눅한 날이면 바다 위로 스르륵 밀려드는 해미가 나타납니다. 수평선은 흐릿하게 가려지고, 배들의 실루엣만이 희미하게 떠 있습니다. 그 모습을 보고 있노라면 마치 세상이 멈춘 듯한 느낌이 듭니다. 바다도 잠시 숨을 고르며, 자신의 속내를 감춘 채 조용히 흐르는 듯합니다.
    실제로 해미는 어민들에게 중요한 자연현상입니다. 시야를 가려 항해를 어렵게 만들기 때문에, 때로는 위험한 상황을 초래하기도 하지요. 그래서 해미가 낀 날에는 배가 뜨지 않거나, 항로를 조정하는 일이 잦습니다. 그만큼 바다의 안개는 단순한 풍경 이상의 의미를 지니며, 생업과도 직결되는 자연의 경고이기도 합니다. 하지만 그 경고 속에서도 사람들은 해미의 아름다움에 매혹되곤 합니다.

일상 속에서도 우리는 해미 같은 순간을 경험합니다. 과거 어떤 일이 분명 있었지만, 시간이 지나며 희미해지고, 기억 속 어딘가 안개처럼 떠다니는 감정이 되곤 하지요. 예컨대, 어린 시절 여름 바닷가에서의 하루. 또렷하게 기억나는 건 모래밭과 소라 껍데기뿐이고, 그날의 냄새나 기분은 마치 해미처럼 뿌연 채로 마음에 남아 있습니다. 이처럼 해미는 단순한 날씨 현상을 넘어, 기억과 감정의 층위를 은근히 나누는 단어입니다.

'해미'라는 단어가 좋은 이유는, 바로 이 낱말이 가진 말맛과 운율 때문입니다. 부드럽고, 차분하며, 동시에 어딘가 몽환적인 느낌을 줍니다. 말하는 순간 입 안 가득 바다 냄새가 퍼지는 듯한 기분도 들지요. 그래서 누군가 "오늘 해미가 껴서 배가 안 떠"라고 말하면, 그 안에 날씨 정보뿐만 아니라 바다의 기분, 자연의 숨결 같은 것이 함께 담기는 느낌입니다.

지금 이 순간에도 어딘가의 바다 위에는 해미가 조용히 내려앉아 있을지 모릅니다. 갈매기가 그 안개를 뚫고 날아가고, 배 한 척이 고요히 그 속을 지나갑니다. 세상이 온통 뿌옇게 흐려진 가운데에서도 누군가는 그 안에서 길을 찾고 있습니다. 해미는 그렇게, 우리가 잠시 멈춰 서서 자신을 돌아보게 만드는 자연의 장면이자, 마음의 풍경입니다. 가끔은 인생에도 그런 해미 같은 시간이 필요하지 않을까요? 뚜렷하게 나아가기보다는, 잠시 가려진 채 조용히 머무는 시간 말입니다.

4장

소리나 모양을 나타내는 우리말

01 '우당탕탕' – 시끌벅적하고 유쾌한 소리
02 '보글보글' – 맛있는 소리가 주는 행복한 기다림
03 '찰랑찰랑' – 찰랑이며 흔들리는 감성
04 '살캉살캉' – 부드러움과 아삭함이 공존하는 소리
05 '달각달각' – 경쾌하면서도 반복되는 소리
06 '후드득' – 빠르고 가벼운 충격의 소리
07 '와그르르' – 한순간에 무너지는 소리와 움직임
08 '토도독' – 가볍지만 또렷한 연속적 소리
09 '담방담방' – 가볍고 탄력 있는 움직임의 소리
10 '팽개치다' – 소리와 함께 던져버리는 감정의 언어

01

'우당탕탕'
― 시끌벅적하고 유쾌한 소리

　혹시 주변에서 '우당탕탕'이라는 말을 들어본 적이 있나요? 아침에 서둘러 출근 준비를 하다가 가방을 떨어뜨릴 때, 아이들이 뛰어놀면서 발소리를 요란하게 낼 때, 혹은 강아지가 바닥을 미끄러지듯 달려갈 때 ― 이 모든 순간에 '우당탕탕'이라는 단어가 딱 들어맞습니다. 이 단어는 단순한 소리를 표현하는 것이 아니라, 활기찬 움직임과 다소 엉뚱한 사건들이 벌어지는 분위기를 함께 담고 있습니다.

　'우당탕탕'은 의성어 중 하나로, 무언가 크게 부딪히거나 요란한 소리가 날 때 사용하는 표현입니다. 비슷한 표현으로 '쿵쾅', '쿵쿵', '쾅쾅' 등이 있지만, '우당탕탕'은 단순한 충돌음뿐만 아니라 다급하고 부산스러운 움직임까지 포함하는 특징이 있습니다.

　어원적 측면에서 보면, '우당탕탕'은 개별적인 의미를 가지기보다는 소리를 흉내 낸 반복어로 형성된 단어입니다. '우당'과 '탕탕'이라는 비슷한 소리가 반복되면서 더욱 강조된 느낌을 주며, 리듬감 있는 구조 덕분에 말할 때도 재미를 더합니다. 특히 '탕'이라는 부분은 둔탁한 충돌음을 나타내며, '우당'은 예기치 못한 움직임과 어수선한 상황을 강조합니다.

　아이들이 있는 집에서는 하루 종일 '우당탕탕' 소리가 끊이지 않습니다. 장난감을 쏟고, 소파 위에서 뛰어내리고, 방에서 방으로 뛰어다니는 모습은 마치 작은 폭풍이 휘몰아치는 듯한 느낌을 줍니다. 부모님들은 그 소리를 들으며 피곤함을 느낄 수도 있지만, 동시에 아이들의 건강한 에너지를 실감하는 순간이기도 합니다.

　때로는 '우당탕탕'한 순간이 귀찮고 느껴질 수도 있습니다. 하지만 한편으로 생각해 보면, 이러한 순간들이야말로 삶의 활력을 더해주는 요소이기도 합니다. 집안이 시끌벅적한 것은 가족들이 함께 있다는 증거이고, 아이들이 뛰어노는 소리는 건강하게 자라고 있다는 신호입니다.

　바쁜 하루 속에서도 '우당탕탕'한 순간을 긍정적으로 바라본다면, 피곤했던 일상도 한층 더 즐겁게 느껴질 수 있을 것입니다. 때로는 예상치 못한 실수와 소란스러움이 우리의 하루를 더 재미있고 활기차게 만들어 주는지도 모릅니다.

　'우당탕탕'은 단순한 소리를 넘어서, 활기차고 다채로운 일상의 모습을 담고 있는 단어입니다. 어린아이들의 장난, 반려동물의 장난스러운 질주, 급하게 움직이는 출근길까지 ― 우당탕탕한 순간들은 우리 주변에서 끊임없이 펼쳐지고 있습니다. 이 단어가 주는 유쾌한 느낌을 떠올리며, 가끔은 우리의 일상 속 작은 소동도 즐겨보는 것은 어떨까요?

02

'보글보글'
— 맛있는 소리가 주는 행복한 기다림

'보글보글'이라는 말을 듣는 순간 어떤 이미지가 떠오르시나요? 아마도 대부분 냄비 위에서 맛있게 끓고 있는 찌개나 국물을 떠올릴 것입니다. 실제로 이 단어는 끓는 물이 작은 거품을 내며 올라올 때 나는 모습을 표현한 의태어이자 의성어입니다.

'보글보글'의 어원과 유래는 명확하게 기록된 바는 없으나, 오래전부터 일상생활에서 흔히 보던 음식이 끓는 모습을 흉내 낸 것으로 볼 수 있습니다. '보글보글'은 물이나 액체가 부드럽게 끓을 때 작은 거품들이 연속적으로 올라오며 터지는 소리를 흉내 내고 있습니다. 음성적으로는 '보글'이라는 말이 반복되면서 그 의미가 더욱 생생하고 친근하게 전달됩니다.

실제로 우리가 일상에서 가장 흔하게 만나는 보글보글한 순간은 바로 주방에서의 요리 장면입니다. 찌개가 맛있게 익어갈 때 보글보글 소리를 내며 작은 거품들이 끊임없이 올라옵니다. 김치찌개, 된장찌개, 부대찌개 같은 음식을 생각해 보세요. 찌개가 끓을 때 나는 보글보글 소리는 단순히 소리나 모습뿐 아니라 우리를 설레게 하는 향기와 맛에 대한 기대감을 한껏 높여줍니다. 라면을 끓일 때도 보글보글 소리는 우리의 식욕을 자극하는 가장 중요한 요소입니다. 라면 냄비에서 면발이 익기를 기다리며 끓어오르는 보글보글 소리를 듣고 있으면, 단순히 기다림을 넘어서는 행복감마저 느껴지기도 합니다. 실제로 많은 사람들이 야식으로 라면을 먹을 때, 이 보글보글 끓는 소리만 들어도 절로 군침이 돌곤 합니다.

또한, '보글보글'은 우리 생활 속 다양한 상황을 은유적으로 표현할 수도 있는데, 예를 들어 친구 사이에 작은 다툼이 생겨 감정이 속에서 살짝 끓어오를 때도 '마음이 보글보글 끓는다'는 표현을 쓸 수 있습니다. 화가 '부글부글'처럼 크게 난 것은 아니지만 마음이 작은 거품처럼 들썩이며 흔들리는 모습을 재미있게 표현한 것으로 볼 수 있죠. 이렇게 '보글보글'은 단지 음식이 끓는 모습을 표현하는 단어를 넘어, 우리의 마음과 감정 상태를 생생하고 친근하게 표현할 수 있습니다. '보글보글'은 친근하며 따뜻한 정서를 담고 있으며, 듣기만 해도 포근한 집밥처럼 우리 마음을 편안하게 합니다.

앞으로 맛있는 찌개를 먹거나, 마음이 살짝 들썩이는 작은 기대와 설렘을 느낄 때, 이 생동감 넘치는 '보글보글'이라는 표현을 떠올려 보세요. 우리 삶이 더 재미있고, 더 따뜻해지는 것을 느낄 수 있을 것입니다.

03

'찰랑찰랑'
— 찰랑이며 흔들리는 감성

'찰랑찰랑'이라는 단어를 들으면 어떤 장면이 떠오르시나요? 아마 대부분은 투명한 유리잔 속에서 물이 넘칠 듯 말 듯 흔들리는 모습을 떠올릴 것입니다. 이 단어는 주로 물이나 액체가 가득 차서 가볍고 부드럽게 흔들리는 모습을 표현하는 우리말 의태어입니다.

'찰랑찰랑'은 순우리말로 액체가 흔들리며 넘칠 듯 찰랑거리는 모습을 소리와 형태로 생생하게 표현하고 있습니다. 액체의 표면이 가득 차 부드럽게 흔들리며, 가장자리를 따라 넘실거리는 모습을 '찰랑'이라 표현하고, 이를 반복하여 더 생생하게 표현한 말입니다. 모음조화 언어의 특성상 이를 변형하여 무겁고 어두운 느낌을 줄 때는 음성모음을 사용하여 '출렁출렁'이라고 표현하기도 하고, 이를 변형하여 가벼운 행동을 표현할 때는 '촐랑촐랑'이라는 말도 씁니다.

'찰랑찰랑'은 우리 주변 자연 속에서도 쉽게 발견됩니다. 호수나 강가에 앉아 바람이 불 때의 모습을 떠올려 보세요. 바람이 부드럽게 불어오면 호수나 강물 표면이 잔잔하게 움직이며 찰랑찰랑하는 소리를 냅니다. 이 소리는 마치 자연이 만들어낸 음악처럼 느껴져 우리의 마음을 편안하게 해 줍니다.

또, 봄비가 내린 후 길가의 작은 웅덩이에 빗방울이 떨어지며 만들어 내는 찰랑찰랑한 물결도 있습니다. 작은 웅덩이에 물방울이 톡 떨어질 때마다 미세하게 흔들리는 수면은 마치 아이들이 손으로 물장난을 치는 것처럼 즐겁고 아기자기한 모습을 연상시킵니다.

미용실에서도 '찰랑찰랑'은 자주 들을 수 있는 표현입니다. 머리카락이 건강하고 윤기가 흐를 때, 우리는 '머릿결이 찰랑찰랑하다'고 표현합니다. 이것은 액체의 움직임에서 유래된 표현이지만, 그 부드럽고 아름다운 움직임을 비유적으로 사람의 머릿결에도 사용한 것입니다.

'찰랑찰랑'은 넘칠 듯하지만 넘치지 않는 미묘한 경계의 순간을 잘 나타냅니다. 삶도 이와 마찬가지 아닐까요? 때론 가득 찬 행복감과 설렘이 넘칠 듯이 찰랑찰랑하고, 어떤 때는 그 마음이 흔들릴까 조심스럽게 움직이기도 하니까요.

오늘 하루, 우리의 삶 속에서 물이 가득 찬 잔처럼 마음이 기분 좋게 흔들리는 순간을 만나보면 어떨까요? 찰랑찰랑한 순간이 당신의 하루를 더욱 즐겁고 생기 있게 만들어 줄 것입니다.

04

'살캉살캉'
— 부드러움과 아삭함이 공존하는 소리

  '살캉살캉'이라는 말은 우리가 음식을 씹을 때 느끼는 독특한 식감을 표현하는 의성어입니다. 사과나 배처럼 겉은 단단하지만 속은 부드럽게 씹히는 음식에서 특히 자주 사용됩니다. 단순히 바삭하거나 단단한 느낌이 아니라, 적당한 탄력과 부드러움이 조화를 이루는 식감을 묘사하는 데 적절한 표현입니다. 그렇다면 '살캉살캉'이라는 단어는 어떻게 생겨났으며, 실생활에서는 어떻게 활용할 수 있을까요?
  '살캉'이라는 말 자체가 부드러우면서도 약간의 탄력이 있는 상태를 의미하며, 여기에 반복형으로 '살캉살캉'이 되면서 더욱 생생한 느낌을 줍니다. 이는 단순히 딱딱하거나 부드러운 것이 아니라, 두 가지 감각이 조화를 이루는 특별한 순간을 강조하는 표현이라 할 수 있습니다.
  이 단어는 우리가 흔히 먹는 음식과 밀접한 관련이 있습니다. 예를 들어, 잘 익은 배를 한 입 베어 물었을 때 느껴지는 식감이 대표적입니다. 겉은 살짝 단단하지만, 안쪽으로 갈수록 과즙이 풍부하게 터지는 느낌이 '살캉살캉'이라는 말로 완벽하게 표현됩니다. 또한, 연근이나 오이처럼 씹을 때 부드러우면서도 약간의 저항감이 있는 식재료에도 이 단어를 적용할 수 있습니다. 이처럼 '살캉살캉'은 단순히 단단하거나 바삭한 것이 아니라, 씹는 과정에서 점진적으로 부드러워지는 특성을 나타냅니다.

흥미로운 점은 이 단어가 단순히 음식뿐만 아니라 다양한 상황에서도 활용할 수 있다는 점입니다. 예를 들어, 눈이 살짝 녹아 적당히 부드러운 상태일 때 "눈이 살캉살캉 밟힌다"라고 표현할 수도 있습니다. 또한, 젤리나 푸딩처럼 겉은 탄력이 있지만 속은 부드러운 물체를 묘사할 때도 사용할 수 있습니다. 이는 '살캉살캉'이 단순한 의성어를 넘어, 촉감과 감각을 함께 전달하는 표현임을 보여줍니다.

'살캉살캉'이라는 표현이 주는 감각적인 특징은 음식의 기분 좋은 식감을 강조하는 데도 유용합니다. 식당 메뉴나 광고에서 "살캉살캉 씹히는 신선한 배"라는 문구를 사용하면, 단순히 '신선한 배'라고 하는 것보다 훨씬 생동감 넘치는 느낌을 전달할 수 있습니다. 이는 우리가 음식을 즐길 때 단순히 맛뿐만 아니라, 씹는 즐거움도 중요한 요소가 된다는 점을 보여줍니다.

결론적으로, '살캉살캉'은 단순한 씹는 소리를 넘어서, 우리가 경험하는 감각과 분위기까지 아우르는 표현입니다. 적당한 탄력과 부드러움이 공존하는 그 미묘한 순간을 묘사하는 데 탁월한 단어입니다. 앞으로 '살캉살캉'이라는 단어를 떠올릴 때, 단순한 식감을 넘어서 그 안에 담긴 조화로운 감각까지 함께 생각해 보세요.

05

'달각달각'
― 경쾌하면서도 반복되는 소리

'달각달각'이라는 단어는 일상에서 흔히 접하는 나무나 플라스틱 등이 부딪힐 때 나는 소리를 표현하는 의성어입니다. 예를 들어, 숟가락이 접시에 닿을 때, 또는 문고리를 돌릴 때 들리는 가벼우면서도 명확한 소리가 이에 해당합니다. 단순한 '딸각'이나 '덜컹'과는 다르게, '달각달각'은 연속적으로 반복되며 경쾌한 느낌을 주는 특징이 있습니다. 그렇다면 '달각달각'이라는 단어는 어떻게 생겨났으며, 실생활에서는 어떻게 활용할 수 있을까요?

'달각달각'은 '달가닥달가닥'의 줄임말로, 기본형인 '달각'이 한 번 나는 소리를 나타낸다면, 이를 반복한 '달각달각'은 연속적인 소리나 빠르게 이어지는 움직임을 강조하는 표현입니다. 이는 단순히 한 번의 충격음이 아니라, 연속적이고 일정한 간격으로 발생하는 소리를 생생하게 전달하는 역할을 합니다.

이 단어는 특히 금속이나 단단한 물체들이 맞부딪힐 때 자주 사용됩니다. 예를 들어, 바람에 흔들리는 창문 걸쇠가 벽에 부딪히며 나는 소리 등이 '달각달각'으로 묘사할 수 있습니다. 또한, 열쇠 꾸러미를 손에서 이리저리 굴릴 때 나는 가벼운 마찰음도 이 단어로 표현할 수 있습니다. 이러한 예시들은 '달각달각'이 단순한 충격음이 아니라, 반복과 경쾌함이 강조된 소리라는 점을 잘 보여줍니다.

또한 '달각달각'이 단순히 소리를 표현하는 데 그치지 않고, 특정한 감정을 불러일으킬 수도 있다는 것입니다. 누군가가 초조하게 책상을 손가락으로 두드리거나, 긴장된 상황에서 연필을 두드릴 때 나는 소리도 '달각달각'으로 묘사할 수 있는데, 이는 듣는 사람에게 약간의 긴장감이나 조급한 느낌을 전달할 수도 있습니다.

실생활에서 '달각달각'이라는 표현은 다양한 방식으로 활용할 수 있습니다. '지진으로 집안의 창문이 모두 달각달각 흔들렸다.' 또는 '급하게 문을 열고자 열쇠를 달각달각 돌려 보았다.'처럼 사용할 수 있습니다. 이처럼 '달각달각'은 특정한 소리뿐만 아니라, 그 상황의 분위기까지 함께 전달하는 표현이라 할 수 있습니다.

'달각달각'은 단순한 충격음을 표현하는 것이 아니라, 그 소리가 반복적이고 가벼우며 일정한 리듬감을 가진다는 점을 강조하는 단어입니다. 이는 소리의 특성과 함께 감각적인 분위기까지 묘사하는 데 쓰일 수 있습니다. 앞으로 '달각달각'이라는 단어를 사용할 때는 단순한 소리의 묘사를 넘어서, 그 속에 담긴 리듬과 감각까지 함께 떠올려 보시기 바랍니다.

06

'후드득'
— 빠르고 가벼운 충격의 소리

'후드득'이라는 단어는 비가 갑자기 내리거나 새가 날아오를 때 자주 듣는 소리를 표현하는 의성어입니다. 예를 들어, 갑자기 세찬 비가 지붕이나 우산 위로 떨어질 때, 또는 새들이 날갯짓하며 날아오를 때 들리는 소리가 이에 해당합니다. 단순한 '툭'이나 '탁'과는 다르게, '후드득'은 짧고 빠른 연속적인 소리를 묘사하는 특징이 있습니다. 그렇다면 '후드득'이라는 단어는 어떻게 생겨났으며, 실생활에서는 어떻게 활용할 수 있을까요?

'후드득'은 특히 비, 바람, 날갯짓과 같은 자연적인 소리와 밀접한 관련이 있습니다. 예를 들어, 갑자기 비가 내리기 시작할 때 "후드득 비가 쏟아졌다"라고 표현할 수 있습니다. 또한, 나뭇잎 위로 빗방울이 떨어지는 소리도 '후드득'으로 묘사할 수 있습니다. 이러한 예시들은 '후드득'이 단순한 충격음이 아니라, 빠르고 가벼운 충격이 연속적으로 발생하는 상황을 나타내는 표현이라는 점을 보여줍니다.

흥미로운 점은 '후드득'이 단순히 소리를 표현하는 데 그치지 않고, 특정한 움직임이나 감정을 불러일으킬 수도 있다는 것입니다. 예를 들어, 갑작스러운 소리에 놀라 누군가가 움찔하거나, 바람이 불면서 낙엽이 흩날리는 순간을 묘사할 때도 '후드득'이라는 단어를 사용할 수 있습니다. 이는 듣는 사람에게 순간적인 변화와 역동적인 느낌을 전달할 수 있습니다. 반대로, '후드득'이라는 소리는 때때로 자연의 생동감을 강조하는 역할을 하기도 합니다. 한 무리의 새들이 동시에 날아오를 때 나는 소리를 '새들이 후드득 날아갔다'라고 표현할 수 있습니다. 이러한 맥락에서 '후드득'은 단순한 충격음을 넘어서, 생동감 있고 활발한 움직임을 강조하는 효과를 보여주고 있습니다.

실생활에서 '후드득'이라는 표현은 다양한 방식으로 활용할 수 있습니다. 캠핑 등에서 불멍을 할 때 '장작불에서 후드득 불꽃이 튀어 올랐다'라거나, 축제 장소에서 '여기저기 장난감 화약 터지는 소리가 후드득 들려왔다.' 식으로 표현할 수 있습니다. '후드득'은 이처럼 특정한 소리뿐만 아니라, 그 상황에서의 감각적 분위기까지 함께 전달하는 표현입니다.

'후드득'은 단순한 충격음을 표현하는 것이 아니라, 그 소리가 짧고 빠르게 반복되며 생동감을 주는 특징을 강조하는 단어입니다. 이는 소리의 특성과 함께 감각적인 분위기까지 묘사하는 데 유용하게 쓰일 수 있습니다. 앞으로 '후드득'이라는 단어를 사용할 때는 단순한 소리의 묘사를 넘어서, 단어가 주는 소리, 모양을 함께 상상해 보세요.

07
'와그르르'
— 한순간에 무너지는 소리와 움직임

'와그르르'라는 단어는 흔히 무언가가 한꺼번에 무너질 때 듣는 소리를 표현하는 의성어입니다. 벽돌이 한꺼번에 무너질 때, 그릇이 쏟아질 때, 또는 사람들이 일제히 흩어질 때 등, 순식간에 많은 것이 무너지고 흩어지는 상황에서 사용됩니다. 단순한 '쿵'이나 '우르르'와는 다르게, '와그르르'는 좀 더 강한 충격과 함께 무너지는 느낌이 강조되는 특징이 있습니다. 그렇다면 '와그르르'라는 말은 어떻게 생겨났으며, 어떻게 활용할 수 있을까요?

'와그르르'는 기본형인 '와르르'에서 변형된 형태로, 여기에 '그'라는 추가적 요소가 들어가면서 더 크고 강한 소리를 강조하는 효과를 줍니다. 이는 단순한 한 번의 충격이 아니라, 연속적으로 무너지고 흩어지는 상황을 생생하게 전달하는 역할을 합니다. 이 단어는 특히 무거운 것이 갑자기 쓰러지거나 부딪혀서 큰 소리를 내며 흩어지는 상황에서 자주 사용됩니다. 예를 들어, 쌓아 둔 책이 한꺼번에 무너질 때 "책이 와그르르 쏟아졌다"라고 표현할 수 있습니다. 또한, 무대 위에서 배우들이 한꺼번에 쓰러지는 장면을 연기할 때도 "배우들이 와그르르 넘어졌다"라고 말할 수 있습니다. 이러한 예시들은 '와그르르'가 단순한 충격음이 아니라, 순간적으로 퍼지는 움직임과 소리를 함께 나타내는 표현이라는 점입니다.

흥미로운 점은 '와그르르'가 단순히 소리를 표현하는 데 그치지 않고, 특정한 감정을 불러일으킬 수도 있다는 것입니다. 어떤 계획이 실패로 돌아가거나 예상치 못한 문제가 발생했을 때, "모든 계획이 와그르르 무너졌다"라고 말할 수 있습니다. 이는 단순한 물리적 붕괴를 넘어, 심리적 충격과 절망감을 표현하는 데도 쓰일 수 있습니다. 듣는 사람에게는 단순한 실패보다 훨씬 극적인 이미지가 전달됩니다.

반대로, '와그르르'라는 소리는 때때로 유쾌한 상황에서도 활용될 수 있습니다. 예를 들어, 아이들이 장난을 치다가 갑자기 서로 뒤엉켜 넘어지는 장면을 묘사할 때 "아이들이 와그르르 넘어졌다"라고 표현할 수 있습니다. 이러한 맥락에서 '와그르르'는 단순한 붕괴음이 아니라, 순간적인 변화와 움직임을 강조하는 효과를 가지고 있습니다.

'와그르르'는 단순한 충격음을 표현하는 것이 아니라, 그 소리가 빠르고 연속적이며 강한 충격과 함께 퍼지는 특징을 강조하는 단어입니다. 이는 소리의 특성과 함께 감각적인 분위기까지 묘사하는 데 유용하게 쓰일 수 있습니다. 앞으로 '와그르르'라는 단어를 사용할 때는 단순한 소리의 묘사를 넘어서, 그 속에 담긴 역동적 감각까지 함께 떠올려 보세요.

08

'토도독'
— 가볍지만 또렷한 연속적 소리

'토도독'이라는 단어는 작은 물체가 빠르게 떨어질 나는 소리를 표현하는 의성어입니다. 예를 들어, 빗방울이 나뭇잎 위로 떨어질 때, 작은 돌멩이가 바닥에 튀며 굴러갈 때, 혹은 가벼운 나무 조각이 바닥에 떨어질 때 들리는 소리가 이에 해당합니다. 단순한 '톡'이나 '툭'과는 다르게, '토도독'은 짧고 경쾌한 충격음이 반복되는 느낌을 강조하는 특징이 있습니다. 그렇다면 '토도독'이라는 단어는 어떻게 생겨났으며, 실생활에서는 어떻게 활용할 수 있을까요?

'토도독'은 한 개의 형태소로 이루어진 말이지만 '토'는 한 번의 짧은 충격음을 나타내고, '도독'이라는 반복된 소리는 빠른 연속성을 강조하는 역할을 한다고 생각해 볼 수 있습니다. 이를 조합한 '토도독'은 단순한 충격음이 아니라, 연속적이고 가벼운 움직임을 생생하게 전달하는 표현입니다.

이 단어는 특히 비, 작은 돌멩이, 마른 나뭇잎, 가벼운 물체가 부딪히는 상황에서 자주 사용됩니다. 예를 들어, 가을날 나무에서 떨어지는 도토리가 바닥에 닿을 때 "도토리가 토도독 떨어졌다"라고 표현할 수 있습니다. 또한, 지붕 위로 떨어지는 가벼운 빗방울 소리도 '토도독'으로 묘사할 수 있습니다. 이러한 예시들은 '토도독'이 단순한 충격음이 아니라, 물체가 부딪히는 상황을 감각적으로 묘사하는 표현이라는 점을 잘 보여줍니다.

흥미로운 점은 '토도독'이라는 소리는 때때로 자연의 평온함과 부드러운 리듬감을 강조하는 효과를 가지기도 합니다. 예를 들어, 창가에서 빗소리를 들으며 "빗방울이 유리창에 토도독 부딪혔다"라고 말하면, 단순한 비의 소리를 넘어서 감성적인 분위기를 전달할 수도 있습니다. 또한, 누군가가 조용한 공간에서 작고 가벼운 물체를 다루는 모습을 묘사할 때도 이 단어가 사용될 수 있습니다.

실생활에서 '토도독'이라는 표현은 다양한 방식으로 활용할 수 있습니다. 조용한 밤 지붕 처마에서 물방울이 떨어질 때, "어디선가 토도독 소리가 났다"라고 말할 수 있습니다. 또는 다람쥐나 청설모가 나무를 오르며 나무껍질을 긁으며 나는 소리도 '토도독'이라는 표현이 적절할 수 있습니다.

'토도독'은 단순한 충격음을 표현하는 것이 아니라, 가볍고 반복적인 소리와 움직임을 강조하는 단어입니다. 앞으로 '토도독'이라는 단어를 사용할 때는 단순한 소리의 묘사를 넘어서, 그 속에 담긴 감각과 분위기까지 함께 떠올려보면 더욱 재미있지 않을까요?

09

'담방담방'
— 가볍고 탄력 있는 움직임의 소리

'담방담방'이라는 단어는 물 위를 가볍게 뛰어오를 때 또는 작은 물체가 물에 튀어오르는 순간을 표현하는 의성어이자 의태어입니다. 예를 들어, 개구리가 연못 위를 뛰어오를 때, 작은 돌멩이가 수면을 스치며 튀어 오를 때, 혹은 사람이 얕은 물에서 장난치며 뛰어 놀 때 나는 소리가 이에 해당합니다. 단순한 '퐁당'이나 '철벙'과는 다르게, '담방담방'은 가볍고 탄력 있는 움직임과 그 반동을 강조하는 특징이 있습니다. 그렇다면 '담방담방'이라는 단어는 어떻게 생겨났으며, 실생활에서는 어떻게 활용할 수 있을까요?

'담방담방'은 순우리말로, 물체가 물 위에서 가볍게 튀어 오를 때 나는 소리와 그 움직임을 표현하는 말입니다. '담방'은 한 번의 튀어 오름을 나타내며, 이를 반복한 '담방담방'은 지속적인 움직임과 연속성을 강조하는 역할을 합니다. 이를 통해 단순한 물의 출렁임이 아니라, 가볍고 생동감 있는 반동을 생생하게 전달하는 표현이 됩니다.

흥미로운 점은 '담방담방'이 단순히 소리를 표현하는 데 그치지 않고, 특정한 분위기나 감정을 불러일으킬 수도 있다는 것입니다. 예를 들어, 활기차고 즐거운 분위기를 강조할 때 "아이들이 개울에서 담방담방 뛰면서 물장구를 쳤다"라고 하면, 듣는 사람에게 그 생동감 있는 장면이 더욱 선명하게 전달할 수 있습니다. 이는 단순한 '물장구를 쳤다'라는 표현보다 더 역동적이고 감각적인 표현이 될 수 있습니다.

실생활에서 '담방담방'이라는 표현은 다양한 방식으로 활용할 수 있습니다. 예를 들어, 바닷가에서 작은 파도가 바위를 때리며 물방울이 튀는 소리를 묘사할 때 "파도가 바위에 부딪혀 담방담방 사방으로 튀었다"라고 표현할 수 있습니다. 이처럼 '담방담방'은 특정한 소리뿐만 아니라, 그 상황까지 함께 전달하는 표현입니다.

'담방담방'은 단순한 물 위의 움직임을 표현하는 것이 아니라, 가볍고 탄력적인 동작과 분위기, 정서까지 표현하는 단어입니다. 앞으로 '담방담방'이라는 단어를 사용할 때는 단순한 물소리의 묘사를 넘어서, 그 속에 담긴 역동성과 감각까지 함께 떠올려 보세요. 순간의 움직임과 현장의 소리를 한 번에 느낄 수 있을 것입니다.

10

'팽개치다'
― 소리와 함께 던져버리는 감정의 언어

"야, 이걸 왜 여기다 팽개쳐 놨어!"

일상에서 한 번쯤 들어봤을 법한 이 말 속에는 단순한 '던짐'을 넘어선 감정이 담겨 있습니다. '팽개치다'는 단어에는 짜증, 분노, 혹은 무책임함 같은 감정이 얹혀 있습니다. 사전적 의미로는 '짜증이나 못마땅한 감정으로 물건을 내던지거나, 하던 일을 중간에 그만두는 행위'를 뜻합니다. 하지만 이 단어가 가진 생생한 어감은 단순한 설명을 뛰어넘습니다.

'팽개치다'는 사실 그 유래부터가 흥미롭습니다. 옛날 농촌 들녘에서는 '팡개'라는 도구가 쓰였습니다. 대나무나 싸리 가지 끝을 여러 갈래로 쪼개고 그 안에 흙을 채워 만든 도구로 새들을 쫓아내기 위해 힘껏 던졌습니다. 휘익, 후두둑! 하고 요란한 소리를 내며 날아가는 팡개는 단순한 던짐이 아니라, 소리와 충격으로 상대를 놀라게 하고 물러서게 만드는 목적을 가진 도구였습니다. 바로 그 '팡개를 치다'에서 '팽개치다'라는 말이 비롯되었습니다.

이 말은 그 유래처럼 단순히 '버리다'와는 다릅니다. 물건을 조용히 내려놓는 것도 아니고, 어딘가에 정리하는 것도 아닙니다. 시끄러운 소리와 함께 확 내던지는 행위, 그 안에는 감정이 담겨 있습니다. 그래서 우리는 흔히 "책을 팽개쳤다", "일을 팽개치고 나갔다"처럼 말할 때, 단순한 포기가 아닌 분노나 실망, 혹은 책임을 저버리는 행동을 표현하는 데 이 단어를 사용합니다.

요즘 사람들도 스트레스를 받거나 화가 날 때 무언가를 '팽개치고' 싶은 순간이 있습니다. 하지만 단순히 던지는 것만으로는 부족합니다. '팽개친다'는 말에는 그 순간의 감정, 책임에서 벗어나고픈 욕망까지도 함께 담깁니다. 그래서 이 말은 오늘날에도 여전히 살아 있고, 누군가의 일상에 '쿵' 하고 등장합니다.

'팽개치다'는 우리말이 가진 생생한 표현력의 좋은 예입니다. 그 말이 어떻게 생겨났는지를 알고 나면, 누군가가 물건을 세게 던질 때 들리는 '퍽' 소리 속에서 예전 들녘을 나는 팽개의 그림자가 어른거립니다. 우리말은 이처럼, 소리와 삶이 함께 엮여 만들어진 이야기책 같습니다.

5장

성격을 나타내는 우리말

01 '가살쟁이' – 얄미우면서도 친숙한 그 이름
02 '고명딸' – 귀한 집안의 특별한 보석
03 '꺼벙이' – 어딘가 모자라 보이지만 미워할 수 없는 사람
04 '간지라기' – 마음을 간질이는 사람
05 '새침하다' – 그 매력적인 거리두기
06 '까칠하다' – 예민함과 거친 감촉의 이중적 의미
07 '찬찬하다' – 조용한 세심함의 미덕
08 '박후하다' – 소박한 깊이의 사람

01

'가살쟁이'
— 얄미우면서도 친숙한 그 이름

우리말에는 사람의 성격을 독특하게 표현하는 재미있는 단어가 많습니다. 그중에서도 '가살쟁이'는 친근하면서도 짓궂은 성격을 묘사하는 데 쓰이는 단어입니다. 어딘가 얄밉고 장난기가 넘치지만, 미워할 수 없는 매력을 가진 사람들에게 흔히 붙이는 말이지요.

그렇다면 '가살쟁이'는 어디에서 유래한 말일까요? '가살쟁이'는 '가살'이라는 단어에서 파생된 표현입니다. '가살'은 본래 '얄밉고 짓궂은 행동'이나 '쓸데없이 경박하고 가벼운 태도'를 뜻하는 단어입니다. 여기에 '-쟁이'라는 접미사가 붙어서 '가살을 잘 부리는 사람'이라는 뜻으로 쓰이게 되었습니다. 비슷한 단어로는 '장난쟁이', '투덜쟁이', '겁쟁이' 등이 있습니다. 즉, 어떤 성향을 자주 드러내는 사람을 강조하는 표현입니다.

사전적인 정의에 따르면, '가살쟁이'는 말과 행동이 경박하고 가벼우며, 종종 얄밉거나 장난기 많은 사람을 가리킵니다. 그러나 이 단어가 항상 부정적인 의미로만 쓰이는 것은 아닙니다. 때로는 정겨운 투로 쓰이며, 친한 사이에서는 '귀엽게 짓궂은 사람'이라는 뉘앙스로도 사용됩니다.

　'가살'이라는 단어는 조선 시대부터 문헌에도 등장하는 표현입니다. 옛 문헌에서는 "가살스럽다"라는 표현이 사용되었는데, 이는 '말과 행동이 가볍고 경박하다'는 뜻을 가집니다. 과거 전통사회에서는 진중하고 점잖은 태도가 미덕으로 여겨졌기 때문에, 지나치게 가벼운 행동을 하는 사람을 다소 부정적으로 바라보는 경향이 있었습니다. 이 때문에 "가살스러운 행동은 삼가야 한다"는 식의 교육이 이루어지기도 했습니다.

　그러나 우리 사회에서 항상 진중한 사람만 있는 것은 아닙니다. 오히려 분위기를 가볍게 만들고, 적당한 장난으로 사람들을 웃게 만드는 성격도 필요했습니다. 따라서 '가살쟁이'는 단순한 부정적 의미를 넘어, 장난스럽고 유쾌한 사람을 묘사하는 말로도 쓰이게 되었습니다.

　특히 우리의 공동체 문화에서는 "지나치게 진지한 것보다는, 가끔 가벼운 농담을 던질 줄 아는 사람이 사랑받는다"라는 인식이 있습니다. 이 때문에 '가살쟁이'는 다소 얄밉지만, 분위기를 밝게 만들고 사람들을 즐겁게 하는 역할을 하기도 합니다.

　따라서 '가살쟁이'라는 말은 단순한 비난이 아니라, 때로는 정겨운 애칭처럼 쓰이기도 합니다. 그러니 다음에 친구가 장난을 치거나 짓궂은 농담을 던질 때, "야, 너 진짜 가살쟁이다!"라고 웃으며 말해 보십시오. 이 말 속에는 '너 참 장난기 많지만, 그래서 더 재미있다'라는 따뜻한 의미가 담겨 있을 테니까요.

02

'고명딸'
— 귀한 집안의 특별한 보석

우리말에는 가족 관계를 묘사하는 다양한 표현이 있습니다. 그중에서도 '고명딸'이라는 단어는 유독 특별한 의미를 담고 있습니다. 여러 아들 사이에 하나뿐인 막내딸이든, 무남독녀(無男獨女) 외동딸이든, 집안에서 소중하게 여겨지는 딸을 일컫는 말입니다. 이는 단순히 막내딸이나 외동딸을 뜻하는 것이 아니라, 아들만 있는 집안에서 태어난 유일한 딸을 의미합니다. 하지만 이 단어에는 단순히 가족 관계를 묘사하는 것에 그치지 않고, 사회적 배경과 성격 형성, 그리고 인간관계에 대한 흥미로운 이야기를 담고 있습니다. '고명딸'이라는 단어의 어원과 유래를 살펴보고, 이들이 어떻게 특별한 존재로 인식되었는지 알아보겠습니다.

'고명딸'이라는 표현에서 '고명'은 음식의 모양과 맛을 내기 위해서 음식 위에 놓은 양념이나 재료를 뜻하는 말로써, 아들만 있는 집에 고명처럼 특별한 맛을 내주는 존재라는 뜻입니다. 즉, '고명딸'은 집안에서 특별하고 귀한 존재로 여겨지는 딸이라는 의미를 담고 있습니다. 이 단어는 단순히 성별의 차이를 넘어 가족 내에서 독특한 위치를 가지는 존재를 의미합니다. 특히 전통적으로 가부장적인 사회에서 아들이 집안을 이어가는 중요한 존재로 여겨졌던 것과 달리, 고명딸은 특별한 애정을 받는 존재였습니다.

과거 농경 사회에서는 아들을 많이 낳는 것이 중요하게 여겨졌습니다. 이는 가문의 계승뿐만 아니라 노동력과도 직결되는 문제였습니다. 하지만 모든 집안이 아들만 낳을 수는 없는 법입니다. 그런 가운데, 아들만 있는 집안에 딸이 태어나면 그 존재는 더욱 특별하게 여겨졌습니다. 그래서 고명딸은 대개 집안의 보물 같은 존재로 성장했습니다.

고명딸은 단순히 집안에서 유일한 딸을 의미하는 것이 아니라, 특별한 애정과 기대를 받으며 성장하는 존재입니다. 이들은 가족 내에서 귀한 존재로 보호받기도 하지만, 한편으로는 책임과 역할을 맡기도 합니다. 특히 남자 형제들 사이에서 유연한 가족 관계를 형성하는 역할을 하는 경우가 많았습니다.

현대 사회에서는 전통적인 의미의 고명딸 개념이 점점 희미해지고 있지만, 여전히 특별한 존재로 가족의 사랑을 받으며, 때로는 강하고 독립적으로 성장하는 모습을 보입니다. 그러니, 혹시 주변에 아들들 틈에서 자란 '고명딸'이 있다면, "넌 참 귀한 존재야"라고 한마디 해보십시오. 어쩌면 그녀는 미소를 지으며, "네, 전 우리 집 보물이에요?" 하고 장난스럽게 답할지도 모릅니다.

03

'꺼벙이'
— 어딘가 모자라 보이지만 미워할 수 없는 사람

우리말에는 사람의 성격과 행동을 독특하게 표현하는 단어가 많은데 그중에서도 '꺼벙이'는 친숙하면서도 정감 가는 표현 중 하나입니다. 얼핏 보면 어수룩하고, 눈치도 없고, 실수도 잘하지만, 왠지 미워할 수 없는 사람. 그게 바로 '꺼벙이'입니다. 그렇다면 '꺼벙이'는 어디에서 유래한 말일까요? 그리고 왜 이 단어는 여전히 우리 주변에서 자연스럽게 사용될까요? '꺼벙이'라는 말의 어원과 역사, 그리고 사회적 의미를 살펴보겠습니다.

'꺼벙이'는 보통 어수룩하고 덜렁대며, 둔해 보이는 사람을 가리키는 표현입니다. 눈이 크고 멍하게 떠 있는 듯한 표정을 짓거나, 동작이 느리고 굼떠 보이거나, 때때로 엉뚱한 실수를 하는 사람을 '꺼벙이'라고 합니다. 이 단어의 어원은 명확하지 않지만, 국어학자들은 꿩의 새끼를 부르는 '꺼병이'에서 생겨났다고 보기도 하고, '벙벙하다'와 관련이 있을 가능성이 있다고 보기도 합니다. '벙벙하다'에서 유래했다는 관점으로 살펴보면, '벙벙하다'는 멍한 상태이거나 정신을 못 차리는 모습을 뜻하는데, 여기에 '꺼'라는 말이 붙어 '꺼벙하다'라는 단어가 형성된 것으로 보입니다.

　유래가 어찌 되었든 '꺼벙이'는 단순한 별명이 아니라, 한국 사회에서 한 시대를 상징하는 만화 캐릭터이었습니다. 1960~70년대 한국 사회는 전쟁의 폐허에서 벗어나 급격한 경제 성장을 이루는 시기였습니다. 이런 시대적 변화 속에서 도시로 이주한 시골 출신 사람들이 많아졌고, 이들은 종종 어수룩하고 세련되지 않은 모습으로 묘사되곤 했습니다. 이러한 시대상을 반영하듯, 당대 인기 만화였던 '끼벙이 억수'에서는 대표적인 '꺼벙이' 캐릭터가 등장합니다. 주인공 '억수'는 순박하고 어리숙하며, 실수도 자주 하지만 정이 많고 착한 성격을 가지고 있습니다. 그의 모습은 당시 시골에서 도시로 올라온 사람들의 어수룩한 적응기를 풍자적으로 그려냈습니다. 이후 '꺼벙이'는 단순한 만화 캐릭터를 넘어, 한국 사회에서 순박하고 우직한 사람을 가리키는 상징적인 단어가 되었습니다.

　현대 사회에서도 '꺼벙이'는 여전히 존재합니다. 과거에는 시골에서 갓 올라온 순박한 청년을 의미하기도 했지만, 오늘날에는 실수는 많아도 정직하고 착한 성격의 사람을 가리키는 정겨운 표현으로 남아 있습니다. 우리는 때때로 너무 완벽한 사람보다, 조금 덜렁대고 실수를 하더라도 정이 가는 사람을 더 좋아하게 됩니다. 그래서 '꺼벙이'라는 말 속에는 "넌 실수도 많고 덜렁대지만, 그래서 더 친근하고 좋아"라는 따뜻한 의미가 담겨 있습니다. 그러니 주변에 실수도 많고 엉뚱한 행동을 하는 사람이 있다면, "너 진짜 꺼벙이야!"라고 말해 보세요. 어쩌면 서로 멋쩍게 웃으며 관계가 더욱 돈독해 질지도 모릅니다.

04

'간지라기'
— 마음을 간질이는 사람

    '간지라기'라는 단어를 처음 들었을 때, 고개를 갸웃하게 됩니다. '간지럼', '간지럽다'는 말은 익숙하지만, 그 단어들 사이에서 슬쩍 튀어나온 듯한 '간지라기'는 다소 낯설게 느껴집니다. 표준국어대사전에 따르면 간지라기는 '남의 몸이나 마음을 잘 간지럽게 하는 사람'을 의미합니다. 듣자마자 미소가 지어지는 듯한 단어입니다. 장난기 가득한 누군가의 모습이 자연스럽게 떠오르지 않습니까?

    이 단어는 '간지럽히다'라는 동사에 사람을 뜻하는 접미사 '-라기'가 붙어 만들어진 것으로 보입니다. 우리가 흔히 사용하는 '장난꾸러기', '해바라기' 같은 표현처럼, 성격이나 행동을 재미있고 특징적으로 묘사할 때 쓰는 형식입니다. 간지럼을 잘 태우는 사람을 "간지럼쟁이"라고 하지 않고, 굳이 "간지라기"라고 부르는 데에는 미묘한 어감의 차이가 있습니다. 이 표현은 단순히 신체적인 간지럼뿐만 아니라 감정이나 마음을 간질이는 심리적인 자극까지 포함하고 있습니다.

    예를 들어, 말 한마디로 사람 마음을 오락가락하게 만드는 이들이 있습니다. 괜히 잘해주고, 괜히 친절하다가도 금세 무심해지는 사람들입니다. 이런 경우, "저 사람, 참 간지라기야."라고 표현하면, 감정을 교묘히 자극하며 장난스럽게 다가오는 느낌을 잘 전달할 수 있습니다. 이 말에는 다소 부정적인 뉘앙스도 포함되어 있어, 마음을 간지럽히는 동시에 불편함을 줄 수도 있는 존재를 가리킬 때 쓰이기도 합니다.

재미있는 점은 고종석 작가는 『어루만지다』에서 '바람'을 "삼라만상을 간질이는 최고의 간지라기"라고 묘사했다는 점입니다. 바람은 언제나 부드럽게 스쳐 지나가지만 그 흔적은 오래 남습니다. 커튼을 살짝 흔들거나, 머릿결을 어지럽히며, 지나간 추억을 떠올리게 만들기도 합니다. 감정을 조용히 건드리는 존재로서, 자연이 만든 최고의 간지라기라 할 수 있습니다.

이처럼 '간지라기'는 단순한 단어라기보다, 사람과 감정 사이의 미묘한 관계를 재치 있게 포착한 말입니다. 앞으로 누군가의 말이나 행동이 자꾸만 마음을 간질이고 헷갈리게 만든다면, 조용히 미소 지으며 이렇게 말해보시기 바랍니다. "혹시, 간지라기이신가요?"

05

'새침하다'
─ 그 매력적인 거리두기

'새침하다'라는 단어를 떠올리면 어떤 이미지가 먼저 떠오르나요? 아마도 시선을 피하며 살짝 고개를 돌린 채, 무심한 듯 쌀쌀맞은 표정을 짓는 누군가의 모습일 것입니다. 표준국어대사전에 따르면 '새침하다'는 형용사로는 '쌀쌀맞게 시치미를 떼는 태도가 있다'를, 동사로는 '짐짓 쌀쌀한 기색을 꾸미다'를 뜻합니다. 말하자면, 마음속의 진심과는 조금 다른 외적인 태도를 연출하는 상태를 가리키는 말이지요.

'새침하다'는 단어는 본래 '새초롬하다'와도 연결되는 감성을 지니고 있습니다. 뭔가 순수하고 발랄한데도 쉽게 다가가기 어려운, 어딘가 모르게 선을 긋는 듯한 태도에서 오는 매력이 있습니다. 특히 사람의 감정이나 관계 속에서 이 말은 제법 자주 쓰입니다. "쟤 왜 이렇게 새침해?"라는 말 속에는, 관심은 있으면서도 일부러 무심한 척하는 태도를 간파하는 어감이 깔려 있습니다. 마음은 있지만, 표현하지 않고 거리를 두는 태도. 바로 그 '새침함'이 관계의 긴장감을 만들어내는 요소가 되기도 합니다.

흥미로운 점은 '새침하다'는 행동이 항상 부정적으로 받아들여지지는 않는다는 점입니다. 오히려 적당한 새침함은 누군가의 매력을 배가시키기도 합니다. 모든 것을 솔직하게 드러내기보다는, 어느 정도의 거리와 여운을 남기는 태도는 사람 사이의 미묘한 긴장을 만들어냅니다. 때로는 이러한 새침함이 오히려 상대방의 관심을 끌어당기는 요소가 되기도 하는 것이지요.

하지만 '새침하다'는 태도는 상황에 따라 다른 결과를 낳기도 합니다. 지나친 새침은 오해를 낳고, 관계를 단절시키는 요소로 작용할 수 있습니다. '쌀쌀맞다'는 표현과 연결될 정도로, 새침함은 때때로 차가운 인상으로 남게 됩니다. 결국 이 말은 적절한 선에서의 거리두기, 그리고 감정 표현의 절제와도 연결되어 있다고 볼 수 있습니다.

오늘 누군가가 새침한 표정을 지었다면, 그 속에 감춰진 진짜 감정을 한 번쯤 생각해 보는 건 어떨까요? 때로는 그 새침함이, 진심을 감추기 위한 관심의 아름다운 포장일지도 모릅니다.

06

'까칠하다'
― 예민함과 거친 감촉의 이중적 의미

'까칠하다'라는 단어는 우리가 일상에서 자주 사용하는 표현 중 하나입니다. 주로 사람의 성격이나 피부 상태, 혹은 태도를 묘사할 때 쓰이며, "그 사람은 성격이 좀 까칠해"라고 하면 상대방이 다소 예민하고 까다로운 성향을 가지고 있음을 의미합니다. 또한 "피부가 까칠하다"라고 하면 피부가 건조하거나 거칠다는 뜻이 됩니다. 그런데 '까칠하다'라는 말이 어떻게 생겨났고, 그 의미가 어떻게 확장되었는지 알고 나면 더욱 흥미롭게 다가옵니다.

'까칠하다'는 순우리말로, '까칠'이라는 어근에 형용사형 접미사 '-하다'가 결합된 형태입니다. '까칠'은 '거칠고 매끄럽지 않다'는 뜻을 가지며, 원래는 물리적인 감촉을 나타내는 말이었습니다. 하지만 점차 사람의 성격이나 태도를 표현하는 의미로 확장되면서, '예민하고 까다로운 태도를 보이다'라는 뜻도 갖게 되었습니다.

이 표현은 사람의 성격이 부드럽지 않고 예민하게 반응하는 상태를 묘사하는 데 주로 쓰입니다. 예를 들어, 스트레스를 많이 받은 친구가 사소한 일에도 짜증을 내고 날카로운 반응을 보인다면 "너 오늘 왜 이렇게 까칠해?"라고 말할 수 있습니다. 또한, 누군가가 음식이나 생활 습관에 대해 유독 까다롭게 구는 모습을 보이면 "그 사람은 원래 좀 까칠한 편이야"라고 이야기하곤 합니다.

또한 '까칠하다'는 상황에 따라 다르게 해석될 수도 있습니다. 때로는 과도한 예민함이 주변 사람들에게 불편함을 줄 수도 있으며, 지나치게 날카로운 태도는 원활한 소통을 방해할 수도 있습니다. 예를 들어, 직장에서 동료가 작은 실수에도 신경질적으로 반응한다면 "그 사람은 너무 까칠해서 같이 일하기 힘들어"라고 표현할 수 있습니다. 반면, 친한 친구나 가족 사이에서는 "쟤가 요즘 힘들어서 그런지 좀 까칠해졌어"라고 이해하는 태도를 보일 수도 있습니다.

'까칠하다'는 단순히 거칠거나 예민하다는 의미를 넘어, 개성 있고 솔직한 태도를 나타낼 수도 있는 다층적인 표현입니다. 상황에 따라 긍정적으로도, 부정적으로도 해석될 수 있으며, 때로는 감정을 가감 없이 표현하는 솔직한 성격을 나타내기도 합니다. 이 단어의 유래와 의미를 알고 나면, 우리가 주변 사람들의 태도를 바라볼 때 더 깊이 있는 해석이 가능해지지 않을까요?

07

'찬찬하다'
— 조용한 세심함의 미덕

'찬찬하다'라는 단어는 우리가 일상에서 많이 들어 보지는 못했을 것 같습니다. 설사 들어보았더라도 그 정확한 의미를 깊이 생각해 볼 기회는 많지 않았으리라 생각합니다. 보통 누군가가 성격이 차분하고 신중하며 세심할 때 "그 사람은 참 찬찬해"라고 표현하거나 무언가를 서두르지 않고 차근차근 해내는 모습을 보고 "찬찬하게 해라"라고 조언할 수 있습니다. 그렇다면 '찬찬하다'는 어떤 의미를 지니고 있으며, 어떻게 형성된 단어일까요?

'찬찬하다'는 순우리말로, '찬찬'이라는 부사에서 형용사형 접미사 '-하다'가 결합된 형태입니다. '찬찬'은 '천천히, 신중하게, 차분하게'라는 의미를 가지고 있으며, 단순한 속도 조절을 넘어 조심스럽고 세밀하게 행동하는 태도를 가리킵니다. 즉, '찬찬하다'는 단순히 느리다는 뜻이 아니라, 상황을 꼼꼼히 살피고 조급해하지 않는 태도를 강조하는 표현입니다.

이 단어는 우리의 일상과 밀접한 관련이 있습니다. 예를 들어, 요리를 할 때 대충 만드는 것보다 재료를 하나하나 신중하게 다듬고 차분하게 조리하는 것이 더 맛있는 결과를 낳습니다. 이럴 때 우리는 "요리는 찬찬하게 해야 맛있지"라고 말할 수 있습니다. 또한, 시험 문제를 풀 때 성급하게 답을 적기보다 문제를 찬찬히 읽고 분석하는 것이 실수를 줄이는 방법이 될 수 있습니다. 이처럼 '찬찬하다'는 신중함과 꼼꼼함을 강조하는 표현으로 실생활에서 자주 활용됩니다.

흥미로운 점은 '찬찬하다'가 단순히 행동 방식만이 아니라, 사람의 성격을 묘사하는 데도 자주 쓰인다는 것입니다. 어떤 사람이 급한 성격이 없이, 늘 조용하고 침착하게 행동한다면 우리는 그를 두고 "그 사람은 찬찬한 성격이야"라고 말할 수 있습니다. 이는 단순한 느긋함이 아니라, 깊이 있는 사고와 신중한 태도를 가진 사람을 칭찬하는 표현이 될 수 있습니다.

반면, 상황에 따라 '찬찬하다'가 다소 답답하게 느껴질 수도 있습니다. 어떤 일이 빠르게 진행되어야 할 때 누군가가 너무 신중하게 행동하면 "너무 찬찬해서 답답하다"라는 말을 듣기도 합니다. 하지만 대부분의 경우 '찬찬하다'는 긍정적인 의미로 사용되며, 특히 중요한 결정을 내려야 할 때 신중함을 잃지 않는 태도로 평가됩니다.

'찬찬하다'는 단순히 속도가 느리다는 의미가 아니라, 신중하고 차분한 태도를 강조하는 말입니다. 삶에서 중요한 일들을 처리할 때, 서두르기보다는 찬찬하게 접근하는 것이 실수를 줄이고 더 좋은 결과를 가져오는 경우가 많습니다. 이 단어의 의미를 깊이 이해하고 활용하면, 우리의 태도와 사고방식에도 긍정적인 영향을 줄 수 있지 않을까요?

08

'박후하다'
— 소박한 깊이의 사람

"박후하다(樸厚—)"라는 말은 다소 생소하게 들릴 수 있지만, 그 속에 담긴 의미는 우리가 일상 속에서 자주 마주하는 따뜻한 사람의 모습과 꼭 닮아 있습니다. 표준국어대사전에서는 이 단어를 "인품이 소박하고 후하다"라고 정의합니다. '樸(박)'은 거칠지만 꾸밈없고 순수하다는 뜻을, '厚(후)'는 후덕하고 너그럽다는 의미를 담고 있어, 박후한 사람이라 함은 꾸밈없이 순박하면서도 마음이 넉넉한 사람을 가리킵니다.

우리는 종종 말수가 적고 조용하지만, 어려운 일이 생기면 가장 먼저 손을 내밀어 주는 이들을 만나곤 합니다. 무심한 듯 보이지만, 속은 누구보다 따뜻한 사람. 말로 많은 것을 드러내지 않아도 행동 하나하나에 진심이 묻어나는 사람. 바로 그런 사람이 '박후한' 사람입니다. 이들은 자신을 내세우지 않고, 겉멋을 부리지 않으며, 남의 사정을 먼저 살피고 배려할 줄 압니다. 화려하진 않지만, 오래도록 마음에 남는 존재들입니다.

박후하다는 말은 조선 시대의 인물 평가에서도 자주 등장했습니다. 사대부들이나 학자들의 인품을 칭찬할 때, "그 인물이 박후하다"고 표현하곤 했습니다. 이는 단순히 학식이 뛰어나다거나 지위가 높다는 뜻이 아니라, 인간 됨됨이가 깊고 진실하다는 의미였습니다. 겉치레보다는 내면의 진정성을 중시하던 시대적 가치가 고스란히 담겨 있는 표현이라 할 수 있습니다.

현대 사회는 빠르고 자극적인 것들에 익숙해져 있습니다. 이런 흐름 속에서 '박후하다'는 말은 조금 느리고, 낯설게 느껴질 수도 있습니다. 그러나 오히려 지금 같은 때일수록, 박후한 사람의 가치가 더욱 빛을 발하는지도 모릅니다. 이런 시대에 박후한 사람은, 속도를 줄이고 사람의 마음을 들여다보게 하는 존재가 됩니다.

직장에서 유난히 말은 없지만, 회식 자리에서는 조용히 빈 잔을 채워 주고, 누군가 실수를 하면 먼저 다가와 "괜찮다"며 등을 토닥여 주는 사람. 누가 알아주지 않아도 묵묵히 제 할 일을 해내는 사람이야말로 박후함의 현대적 표본이라 할 수 있습니다.

박후함은 배워서 갖출 수 있는 성격이 아닙니다. 마음의 깊이와 삶의 태도에서 자연스럽게 배어 나오는 인품입니다. 박후한 사람은 많은 말을 하지 않아도 신뢰를 얻고, 화려하지 않아도 오래 기억됩니다. 그들은 세상을 시끄럽게 흔들진 않지만, 조용히 곁을 지키며 사람과 사람 사이를 따뜻하게 이어줍니다.

바쁜 하루, 경쟁과 비교에 지친 마음이라면, 조용히 생각해 보는 건 어떨까요? 나는 박후한 사람일까? 아니면 내 곁에 있는 박후한 사람에게 감사의 인사를 건넬 수 있을까? 세상을 바꾸는 건 거창한 영웅이 아니라, 바로 그런 박후한 사람들일지도 모릅니다.

6장

태도를 나타내는 우리말

01 '꾀꾀로' – 틈을 타 살그머니 피어나는 행동과 모양의 미학
02 '결결이' – 순간순간 이어지는 흐름의 아름다움
03 '소소리' – 우뚝 솟아오르는 아름다움
04 '구메구메' – 틈틈이 남몰래 이루어지는 순간들
05 '거춤거춤' – 대강대강 하는 행동 속의 인간미
06 '아근바근' – 맞지 않아 벌어진 틈과 관계의 묘한 간격
07 '깜냥깜냥' – 스스로의 힘을 다해 나아가는 삶
08 '다붓다붓' – 따뜻하게 모여 있는 정겨운 모습
09 '지며리' – 차분하고 꾸준하게 쌓아가는 삶의 힘
10 '애면글면' – 끝까지 버티고 노력하는 삶의 태도
11 '조바심' – 곡식 탈곡에서 태어난 마음의 불안
12 '벽창호' – 고집불통, 들소 같은 그 사람

01

'꾀꾀로'
─ 틈을 타 살그머니 피어나는 행동과 모양의 미학

우리말에는 섬세하고도 오묘한 뉘앙스를 지닌 단어들이 참 많습니다. '꾀꾀로' 역시 그런 단어 중 하나입니다. 이 말은 부사로 틈을 타 살짝, 눈치껏 어떤 행동을 하는 모습을 뜻합니다. 단순히 '몰래' 하는 것을 넘어, 기회를 슬쩍 엿보다가 조심스레 움직이는 느낌을 담고 있습니다.

'꾀꾀로'는 사람의 행동뿐 아니라, 물리적인 형태나 보이지 않는 흐름 같은 추상적인 움직임에도 잘 어울리는 단어입니다. 이를테면, 가느다란 실이 촘촘히 엮일 때의 모습이나, 잔잔한 바람에 잎사귀가 살랑살랑 떨릴 때처럼요. 이처럼 '꾀꾀로'는 단어 하나로 섬세하고 조용한 흐름을 그려냅니다. 행동이든 사물이든, 혹은 자연이든 ─ 그 속에 담긴 고요한 리듬을 표현하는 데 이보다 더 어울리는 말도 드뭅니다.

우리의 일상 속에서도 '꾀꾀로'는 아주 익숙하게 숨어 있습니다. 어린 시절, 부모님 몰래 새벽에 눈을 떠 만화책을 들여다본 적, 시험 기간에 공부하는 척하면서 게임을 살짝 켜본 기억, 한 번쯤은 다들 있으실 겁니다. 겉보기엔 진지하지만, 사실은 소소한 즐거움을 위해 살짝 엇나간 그 행동들 ─ 그게 바로 '꾀꾀로'입니다.

직장인들의 하루에도 '꾀꾀로'는 곳곳에 묻어 있습니다. 회의 시간엔 집중하는 척하면서 머릿속으로는 점심 메뉴를 고민하고, 상사의 눈치를 보다가 적절한 순간에만 고개를 끄덕이는 모습. 점심시간이 끝나기 직전, 커피 한 모금 더 마시며 짧은 여유를 누리는 순간도 마찬가지입니다. 그 작은 틈 사이로 피어나는 여유와 감성, 그것이 곧 '꾀꾀로'입니다.

'꾀꾀로'는 사람의 행동에만 머물지 않습니다. 자연과 사물 속에도 조용히 스며 있습니다. 가랑비가 내릴 때 물방울이 땅 위로 흩뿌려지는 모습, 바람에 흔들리는 나뭇잎, 강물 위를 미끄러지듯 흘러가는 오리 떼의 움직임 — 이 모든 것이 '꾀꾀로'의 정서를 담고 있습니다. 그것은 강렬하지 않지만, 부드럽고 섬세하게 우리의 감각을 자극합니다.

오늘날 '꾀꾀로'라는 단어는 점차 잊혀지고 있지만, 그 정신은 여전히 우리 삶 곳곳에 살아 있습니다. 무조건 앞만 보고 달리는 시대지만, 때로는 조심스레, 살그머니 움직이는 지혜도 필요합니다.

결국 '꾀꾀로'란 단순히 '몰래'의 또 다른 말이 아닙니다. 그것은 삶을 부드럽게, 자연스럽게 흘러가게 하는 태도이며, 틈 사이에서 피어나는 작고 은은한 미학입니다. 우리는 때때로 꾀꾀로 움직이며, 인생을 조금 더 재미있고 풍요롭게 만들어갈 수 있습니다.

02
'결결이'
— 순간순간 이어지는 흐름의 아름다움

　우리말에는 시간의 흐름과 사건의 연속성을 표현하는 아름다운 단어들이 많습니다. 그중 하나가 바로 '결결이'입니다. 이 단어는 '어떤 일이 일어나는 그때마다' 혹은 '경우에 따라서 가끔'이라는 뜻을 가진 부사입니다. 즉, 한 번에 몰아서 이루어지는 것이 아니라, 일정한 간격을 두고 반복되거나 우연히 발생하는 일을 표현할 때 쓰입니다. 일상의 작은 습관부터 역사적인 사건까지, '결결이' 이어지는 순간들이 모여 하나의 흐름을 형성합니다. 결결이 반복되는 일들은 때때로 평범해 보이지만, 시간이 지나고 나면 그것들이 모여 커다란 의미를 가지게 됩니다.
　우리 삶에서는 결결이 이루어지는 일들이 많습니다. 계절이 바뀔 때마다 나무는 잎을 틔우고, 꽃을 피우고, 다시 낙엽을 떨굽니다. 이러한 변화는 한 번에 이루어지는 것이 아니라 결결이 나타납니다. 봄이 되면 새싹이 하나둘 돋아나고, 여름이 오면 잎이 무성해지며, 가을이 되면 단풍이 지기 시작합니다. 자연의 모든 변화는 한순간이 아니라, 결결이 이어지는 흐름 속에서 이루어집니다. 비 오는 날, 빗방울이 하늘에서 뚝뚝 떨어지는 모습도 마찬가지입니다. 한꺼번에 쏟아지는 소나기와는 달리, 가랑비는 결결이 떨어지며 조용히 대지를 적십니다. 이러한 결결이 흐르는 모습은 자연의 순환과 리듬을 보여줍니다.

사람의 감정 역시 결결이 변합니다. 한순간 기쁘다가도 어느새 슬퍼지고, 다시 미소를 짓는 순간이 옵니다. 이러한 감정의 변화는 일정한 주기로 찾아오기도 하고, 예상치 못한 순간에 불쑥 나타나기도 합니다.

사람이 배우고 성장하는 과정도 결결이 이루어집니다. 지식이나 기술은 한순간에 습득되지 않고, 결결이 학습하고 경험을 쌓으면서 서서히 익숙해집니다. 악기를 배우는 과정도 한 번에 완벽하게 연주할 수 있는 것이 아니라, 결결이 연습을 하면서 실력이 향상됩니다. 운동도 마찬가지입니다. 꾸준한 연습과 반복되는 훈련이 쌓여야 비로소 원하는 결과를 얻을 수 있습니다.

사회가 변화하는 과정도 결결이 나타납니다. 한순간에 모든 것이 바뀌는 것이 아니라, 작은 변화들이 결결이 쌓이며 더 큰 변화를 만들어냅니다. 과거 여성의 사회적 지위가 낮았던 시절에도, 결결이 여성 운동가들이 나서며 권리를 주장했고, 점진적인 개혁이 이루어졌습니다. 오늘날 우리가 누리는 평등한 사회 역시 이러한 결결이 쌓인 결과라 할 수 있습니다.

결결이 반복되는 일들은 순간에는 크게 와닿지 않을 수도 있습니다. 하지만 결결이 반복되는 순간들이 결국 우리의 삶을 만들어갑니다. 그러니 매일 반복되는 일상이 지루하게 느껴질 때, 결결이 쌓인 시간이 결국 나를 성장시키고 있다는 것을 떠올려 보면 어떨까요?

03

'소소리'
— 우뚝 솟아오르는 아름다움

　우리말에는 움직임이나 모양을 생동감 있게 표현하는 단어들이 많습니다. 그중에서도 '소소리'는 높이 우뚝 솟은 모습을 나타내는 부사입니다. 마치 산봉우리가 하늘을 찌를 듯 서 있는 모습이나, 불길이 힘차게 타오르는 장면을 떠올리게 합니다. '소소리'라는 단어는 단순히 물리적인 형태만을 의미하지 않습니다. 어떤 대상이 남들보다 두드러지게 드러나거나, 사람의 기개나 기상이 강하게 나타나는 모습에도 쓰일 수 있습니다. 다시 말해 산과 나무, 탑처럼 실제로 높이 솟아 있는 것뿐만 아니라, 누군가가 당당하게 서 있는 모습이나, 꿈과 목표를 향해 힘차게 나아가는 과정에도 '소소리'라는 표현이 어울립니다.

　자연은 우리에게 '소소리'의 아름다움을 가장 많이 보여주는 공간입니다. 가장 대표적인 예는 산입니다. 높은 산의 봉우리가 하늘을 향해 길게 솟아 있는 모습을 볼 때, 우리는 '소소리 솟아 있다'라고 표현할 수 있습니다. 특히, 해가 떠오를 때 붉은빛을 머금은 산봉우리는 더욱 웅장한 '소소리'의 느낌을 줍니다. 산이 주는 그 장엄한 기운 속에서, 우리는 자연의 위대함을 느낄 수 있습니다.

자연뿐만 아니라, 도시 속에서도 '소소리'한 장면을 쉽게 발견할 수 있습니다. 도시의 마천루들은 현대판 '소소리'한 존재라고 할 수 있습니다. 하늘을 향해 솟아오른 빌딩들은 도시의 랜드마크가 되며, 사람들에게 웅장함과 세련된 도시의 모습을 보여 줍니다. 이러한 건축물들은 단순한 높이뿐만 아니라, 인간의 도전 정신을 상징하는 의미에서도 '소소리'한 존재라고 할 수 있습니다.

'소소리'라는 단어는 단순한 높이나 크기만을 의미하는 것이 아닙니다. 누군가가 당당하게 서 있는 모습, 거창하지는 않지만 작은 꿈과 소박한 목표를 향해 도전하는 정신 또한 '소소리'하다고 표현할 수 있습니다. 어려운 환경 속에서도 포기하지 않고 끝까지 노력하는 사람들, 도전하고 성장하려는 태도를 가진 사람들은 마치 높은 봉우리처럼 소소리한 존재들입니다.

우리는 때때로 삶에 지쳐 고개를 숙이고 싶을 때가 있습니다. 하지만 '소소리'라는 단어의 의미를 되새기고, 다시금 일어나 우뚝 서 보는 것은 어떨까요? 소소리한 태도를 가지면, 어떤 어려움이 와도 당당하게 맞설 수 있습니다. 자연 속의 높은 산처럼, 도시 속의 마천루처럼, 그리고 역사의 한 페이지를 장식한 인물들처럼 크고 웅장하지는 않더라도 우리 모두는 각자의 자리에서 하루하루를 소소리하게 살고 있으니까요.

04

'구메구메'
— 틈틈이 남몰래 이루어지는 순간들

우리말에는 섬세하고 정겨운 어감을 가진 단어들이 많습니다. 그중 하나가 바로 '구메구메'입니다. '구메구메'는 '남모르게 틈틈이'라는 뜻을 가진 부사로, 몰래 무언가를 하거나 조심스럽게 감추면서 행동하는 모습을 표현할 때 쓰입니다. 이 단어를 떠올리면, 누군가 바쁜 일상 속에서도 조용히 자신의 일을 해내는 모습이 연상됩니다. 혹은 비밀스럽게 소중한 것을 간직하거나, 조심스럽게 계획을 세우는 장면이 떠오릅니다. '구메구메'라는 말은 단순히 '몰래' 하는 것이 아니라, 틈틈이 시간을 쪼개거나 은근하게 실행하는 계획적인 행동을 의미하기도 합니다.

'구메구메'의 어원은 명확히 밝혀지지 않았지만, 우리말에서 반복되는 소리는 종종 행동의 지속성이나 강조를 나타내는 경우가 많습니다. 예를 들어, '살금살금', '소곤소곤', '가만가만'과 같은 단어들이 그러한 예입니다. '구메구메'도 마찬가지로, 단순한 일회성이 아니라 틈날 때마다 꾸준히 무언가를 하는 행동을 강조하는 표현이라고 볼 수 있습니다. 이 단어는 주로 남들이 모르게 어떤 일을 하는 상황에서 사용됩니다. 즉, 다른 사람에게 들키지 않도록 조용하고 은밀하게 움직이는 행동을 표현하는 데 적합한 말입니다.

우리 생활 속에서도 '구메구메' 개념을 쉽게 찾아볼 수 있습니다. 부모님들은 자녀가 눈치채지 못하게 '구메구메' 챙겨주는 일이 많습니다. 바쁜 와중에도 아이가 좋아하는 반찬을 준비하거나, 용돈을 살짝 책 사이에 끼워 두는 행동들이 그러합니다. 어머니가 자녀의 도시락에 몰래 작은 손편지를 넣어두거나, 아버지가 겉으로는 무뚝뚝해 보여도 아이가 필요한 물건을 미리 준비해 두는 것처럼, 부모의 사랑은 '구메구메' 스며 있습니다.

또한 많은 위대한 학자들은 '구메구메' 연구를 이어나가며 세상을 바꿨습니다. 조선시대 정약용은 유배지에서도 학문을 포기하지 않고, 구메구메 책을 읽고 연구하며 『목민심서』 같은 소중한 저서를 남겼습니다. 과학자들도 마찬가지입니다. 에디슨이 전구를 발명하기 위해 수많은 연구를 반복했던 것도, 결국 '구메구메한 노력'이 모여 탄생한 결과물이라 할 수 있습니다.

누군가는 큰 소리를 내며 앞서 나가지만, 또 다른 누군가는 구메구메 자기만의 방식으로 조용히 한 걸음씩 나아갑니다. 그리고 시간이 지나고 보면, 그 작은 발걸음들이 모여 커다란 변화를 이루게 됩니다. 그러니 우리도 일상 속에서 '구메구메' 자신을 가꾸고, 목표를 향해 조용히 노력하는 자세를 가져보는 것은 어떨까요? 남들은 모를지라도, 언젠가는 그 노력이 빛을 발하는 순간이 반드시 찾아올 것입니다.

05

'거춤거춤'
— 대강대강 하는 행동 속의 인간미

우리말에는 행동의 모양을 생생하게 표현하는 단어들이 많습니다. 그중 하나가 바로 '거춤거춤'입니다. 이 단어는 일을 대강대강 하는 모양이나, 여기저기 대충 거쳐 가는 모습을 나타내는 부사입니다. 즉, 꼼꼼하고 정성스럽게 하는 것이 아니라, 적당히 빠르게 끝내려는 느낌이 들어 있습니다. 하지만 '거춤거춤'은 단순히 부주의한 행동을 뜻하는 것만은 아닙니다. 어떤 일을 완벽하게 처리할 여유가 없거나, 신속하게 처리해야 하는 상황에서 자연스럽게 나타나는 모습이기도 합니다. 때로는 너무 완벽을 추구하기보다, 상황에 맞춰 적당히 끝내는 것이 필요할 때도 있기에, '거춤거춤'한 태도는 인간적인 모습의 한 단면을 보여줍니다.

'거춤거춤'이라는 단어는 '거치다(어떤 곳을 지나거나 잠시 머무르다)'에서 유래했을 가능성이 큽니다. 즉, 어떤 일을 깊이 몰두하여 진행하는 것이 아니라, 그냥 적당히 지나가듯 하는 모습을 뜻합니다. 이 단어는 보통 부정적인 의미로 사용되기도 하지만, 때로는 빠르게 핵심만 짚고 넘어가는 상황을 나타낼 때도 쓰일 수 있습니다.

우리 생활 속에서도 '거춤거춤'이라는 모습은 흔히 발견됩니다. 갑자기 손님이 온다고 하면, 우리는 방을 완벽하게 치울 시간이 없습니다. 이럴 때는 어질러진 물건들을 대강 정리하며, 눈에 보이는 부분만 '거춤거춤' 정리하는 경우가 많습니다. 바닥에 널브러진 옷가지를 옷장 안에 급히 넣고, 테이블 위에 쌓인 책과 서류를 한쪽으로 밀어놓고, 먼지를 대강 닦아내는 모습이 바로 '거춤거춤'한 정리의 대표적인 장면입니다.

'거춤거춤'이라는 말은 때로는 부정적인 의미로 쓰이지만, 모든 일을 완벽하게 할 수 없는 현실에서는 오히려 유용한 태도가 되기도 합니다. 어떤 일을 할 때 너무 완벽하게 하려다 보면, 오히려 시작조차 하지 못하는 경우가 많습니다. 이럴 때는 '거춤거춤'이라도 시작하는 것이 더 나을 수 있습니다. 글을 쓸 때 처음부터 완벽한 문장을 만들려다 보면, 한 줄도 못 쓰고 고민만 하게 됩니다. 하지만 '거춤거춤'이라도 일단 초안을 작성하면, 이후에 수정하면서 더 좋은 결과를 만들 수 있기 때문입니다.

'거춤거춤'은 단순히 일을 대충 하는 것이 아니라, 때로는 적절한 수준에서 타협하고, 필요한 만큼만 집중하는 방법이기도 합니다. 완벽하지 않아도 괜찮습니다. 때로는 '거춤거춤'한 노력이라도 계속 쌓이면, 결국 하나의 큰 흐름을 이루게 됩니다. 그러니, 완벽함을 강요하기보다, 때때로 '거춤거춤'한 태도로 가볍게 시작해 보는 것은 어떨까요?

06

'아근바근'
— 맞지 않아 벌어진 틈과 관계의 묘한 간격

우리말에는 눈앞에 있는 상황을 생생하게 묘사하는 단어들이 많습니다. '아근바근'도 그중 하나로, 물리적으로나 관계적으로 '서로 조금씩 벌어진 모양'을 뜻하는 부사입니다. 이 단어는 목재 가구나 문틀처럼 짝을 맞추어야 하는 것들이 완벽하게 들어맞지 않고 살짝 벌어진 상태를 표현하기도 하고, 사람들 사이의 관계가 매끄럽지 않고 어딘가 맞지 않아 삐걱거리는 상황을 설명할 때도 쓰입니다. 아근바근한 틈은 사소한 것처럼 보이지만, 방치하면 점점 벌어질 수도 있고, 때때로 작은 여유나 숨 쉴 공간이 되기도 합니다. 이처럼 '아근바근'은 단순히 틈이 있다는 것만이 아니라, 그 틈이 만들어 내는 묘한 분위기와 관계를 표현하는 단어이기도 합니다.

일상에서 우리는 종종 '아근바근'한 물건들을 마주합니다. 오래된 서랍장을 열려고 하는데, 서랍이 부드럽게 닫히지 않고 어느 한 부분이 살짝 걸리는 경험이 있을 것입니다. 나무가 팽창하거나 수축하면서 원래 꼭 맞던 서랍이 '아근바근' 벌어져 버린 것입니다. 또 가끔 오래된 집을 방문하면 문이 잘 맞지 않아 틈이 생긴 곳을 볼 수 있습니다. 처음에는 완벽하게 맞았을 문짝도 시간이 지나고 나무가 변형되면서 '아근바근' 틈이 생기고, 문을 닫을 때마다 힘을 줘야 하거나, 문이 덜컥거리는 소리를 내게 됩니다. 이런 물리적인 '아근바근함'은 때로 불편하기도 하지만, 정겹고 오래된 물건들에서만 느낄 수 있는 독특한 멋을 풍기기도 합니다.

우리 삶의 측면을 보자면, 예전에는 이웃 간의 교류가 많았지만, 요즘은 아파트 생활이 보편화되면서 이웃 간의 관계가 점점 '아근바근'해지고 있습니다. 너무 가깝지도 않고, 너무 멀지도 않은, 인사 정도만 나누는 적당한 거리의 관계가 현대 사회의 이웃 관계가 되어가고 있습니다. 이런 '아근바근한 이웃 관계'는 불편할 수도 있지만, 서로의 개인 공간을 존중하고 필요할 때만 도움을 주고받는 새로운 형태의 인간관계가 될 수도 있습니다.

'아근바근'한 틈은 때로 불편할 수도 있지만, 반드시 부정적인 것만은 아닙니다. 물리적인 틈은 적절한 조정으로 맞출 수 있고, 관계 속의 틈은 오히려 더 적절한 거리감을 유지하는 데 도움이 될 수도 있습니다. 적절한 아근바근함을 유지하는 것이야말로, 우리가 사람들과 더 편안하게 지내는 방법이 아닐까요?

그러니 꼭 맞지 않는다고 해서 불안해하기보다는, 그 틈을 인정하고 자연스럽게 받아들이는 것도 좋은 방법일 것입니다. 아근바근한 관계 속에서도 우리는 여전히 함께 살아가고 있으며, 그 속에서 균형을 맞추며 살아가는 것이 삶의 묘미일지도 모르니까요.

07

'깜냥깜냥'
— 스스로의 힘을 다해 나아가는 삶

우리말에는 노력과 의지를 담아내는 단어들이 많습니다. 그중에서도 '깜냥깜냥'은 자신의 힘을 다해 무언가를 해내려는 모습을 뜻하는 말입니다. 이는 단순히 힘을 쓰는 것이 아니라, 자기 능력 안에서 최대한의 노력을 기울이는 태도를 강조하는 표현입니다. '깜냥'이라는 말 자체가 '스스로 일을 헤아리는 능력'을 뜻하므로, '깜냥깜냥'은 자신의 능력을 최대한 활용하여 최선을 다하는 행동을 나타냅니다. 이는 마치 어린아이가 자신의 힘을 다해 무거운 물건을 들어 올리려 애쓰는 모습, 초보 요리사가 서툴지만 정성을 다해 음식을 만드는 모습, 혹은 직장인이 맡은 업무를 최선을 다해 수행하는 모습을 떠올리게 합니다.

'깜냥'은 본래 '스스로 일을 해낼 수 있는 능력'을 뜻하는 명사입니다. '그는 자신의 깜냥을 잘 알고 있다'라고 하면, 자신의 역량을 헤아려 가능한 일을 시도하는 의미가 됩니다. '깜냥깜냥'은 여기에 '온 힘을 다해'라는 의미가 더해져, 자신의 한계를 뛰어넘으려는 적극적인 태도를 강조하는 표현이 되었습니다. 이 단어는 단순한 힘겨운 노력만을 뜻하는 것이 아닙니다. 자신의 역량을 파악하고, 그 안에서 최선을 다해 성취를 이루려는 현명한 태도를 포함하고 있습니다.

　우리 삶 속에서 '깜냥깜냥'이라는 표현이 어울리는 순간들은 무수히 많습니다. 어린 아이가 처음으로 스스로 신발을 신으려 하거나, 두 손으로 힘껏 물건을 들어 올리는 순간이 있습니다. 아이는 아직 서툴지만, 깜냥깜냥 자신의 힘을 다해 도전합니다. 비록 결과가 완벽하지 않더라도, 그 자체가 성장의 과정입니다.

　세계적인 기업가들도 처음에는 작은 깜냥으로 시작했지만, 자신의 한계를 넘어서며 거대한 기업을 일궜습니다. 애플의 창업자 스티브 잡스는 차고에서 회사를 시작하며 깜냥깜냥 자신의 능력을 극대화했고, 정주영 현대그룹 창업자도 "해보기는 해봤어?"라는 신념 아래 깜냥깜냥 도전하며 현대자동차와 조선업을 세계적인 수준으로 성장시켰습니다. 이처럼 깜냥깜냥한 노력은 결국 커다란 변화를 만들어냅니다.

　살다 보면, 자신의 능력이 부족하다고 느낄 때가 많습니다. 하지만 자신의 '깜냥' 만큼 '깜냥깜냥' 노력하다 보면, 어느새 조금씩 성장하고 변화하는 자신의 모습을 발견하게 됩니다. 누군가는 처음부터 대단한 능력을 가진 것처럼 보일 수도 있지만, 대부분의 사람들은 작은 깜냥으로 시작해서 점점 더 큰 깜냥을 쌓아 가는 것입니다. 그러니 지금 당장 완벽하지 않더라도, 깜냥깜냥 최선을 다해 노력해 보면 어떨까요? 오늘의 작은 도전이 쌓여, 내일은 더욱 성장한 나 자신이 되어 있을 것입니다.

08

'다붓다붓'
— 따뜻하게 모여 있는 정겨운 모습

우리말에는 사물이나 사람의 모습을 생생하게 표현하는 단어들이 많습니다. 그중에서도 '다붓다붓'은 '여럿이 다 매우 가깝게 붙어 있는 모양'을 뜻하는 부사로, 포근하고 정겨운 느낌을 줍니다. '다붓다붓'이라는 단어를 떠올리면, 추운 겨울날 가족들이 난로 앞에 옹기종기 모여 있는 모습이나, 친구들이 나란히 어깨를 맞대고 앉아 있는 풍경이 연상됩니다. 또한, 작은 골목길에 다붓다붓 붙어 있는 옛집들이나, 시장 골목에서 서로 다정하게 붙어 있는 가게들도 이 단어로 표현할 수 있습니다.

'다붓다붓'은 '다보록하다'와 유사한 형태를 가지고 있으며, '다부지게 붙어 있다'라는 의미에서 변형된 것으로 추정됩니다. 반복되는 소리는 친근함과 정겨움을 더해 주어, 단순히 가깝게 있는 것을 넘어 따뜻하고 안정된 느낌을 강조합니다. 이 단어는 단순히 물리적으로 가까이 있는 것뿐만 아니라, 사람들 사이의 친밀한 관계나 정서적인 유대감을 표현하는 데에도 적절합니다.

우리 생활 속에서 '다붓다붓'이라는 표현이 어울리는 장면들은 많습니다. 추운 겨울밤, 가족들이 거실에 모여 앉아 TV를 보거나, 작은 방

안에서 다붓다붓 이불을 덮고 함께 자는 풍경과 어울립니다. 어린 시절, 부모님과 함께 다붓다붓 붙어 누워 동화책을 읽던 기억도 떠오릅니다.

출근길 지하철이나 버스를 탈 때도 우리는 종종 '다붓다붓'한 상황을 경험합니다. 사람들 사이에 공간이 거의 없이 빽빽하게 붙어 서 있어야 하는 상황이지만, 때로는 그 안에서 서로를 배려하는 따뜻한 순간들이 만들어지기도 합니다. 불편한 분을 위한 자리를 하나 내어 주거나, 학생들이 서로 기대어 다붓다붓 붙어 가는 모습에서 친구들 간의 정을 엿볼 수 있습니다.

현대 사회는 점점 개인주의가 강해지고 있지만, 여전히 우리는 다붓다붓 함께 살아가는 공동체를 필요로 합니다. 이웃과 따뜻한 인사를 나누고, 서로 어려울 때 도와주는 모습은 다붓다붓한 공동체 정신을 보여줍니다. 자연재해나 어려운 일이 닥쳤을 때, 사람들이 서로 도와가며 살아가는 모습에서도 '다붓다붓'한 정을 느낄 수 있습니다.

'다붓다붓'이라는 단어는 단순히 가깝게 붙어 있는 것을 의미하는 것이 아닙니다. 이는 사람들 사이의 따뜻한 유대감과 정서적인 친밀함을 표현하는 말이기도 합니다. 요즘은 서로 거리를 두고 살아가는 시대지만, 가끔은 다붓다붓 함께하는 시간이 필요합니다. 그러니 오늘은 사랑하는 사람들과 다붓다붓 붙어 따뜻한 시간을 보내 보는 것은 어떨까요? 다붓한 거리에서 서로를 느끼고 그 안에서 진정한 행복을 찾을 수 있을 것입니다.

09

'지며리'
― 차분하고 꾸준하게 쌓아가는 삶의 힘

우리말에는 삶의 태도와 방식에 대한 의미를 담은 단어들이 많습니다. 그중에서도 '지며리'는 조용하지만 묵묵하게, 그리고 꾸준하게 무언가를 이어가는 모습을 보여주는 우리말입니다.

'지며리'는 단순히 '천천히'라는 의미를 넘어, 차분하고 탐탁한 태도로 무언가를 지속하는 모습을 강조합니다. 이는 마치 강물이 소리 없이 흐르면서도 끊임없이 대지를 적시듯, 또는 대나무가 조용히 자라지만 어느 순간 높이 솟아 있는 것처럼, 눈에 띄지는 않더라도 꾸준히 나아가는 힘을 뜻합니다.

'지며리'는 '점잖고 조용한 태도로 꾸준히'라는 의미를 내포하고 있습니다. 이 단어는 우리가 흔히 사용하는 '꾸준히'나 '부단히'와 유사하지만, 더 차분하고 느긋한 느낌을 담고 있습니다. 단순히 끈질기게 노력하는 것이 아니라, 내면의 평온함을 유지하며 묵묵히 나아가는 태도를 뜻합니다.

우리 삶 속에서 '지며리'라는 표현이 어울리는 순간들은 많습니다. 학생들이 시험을 준비할 때, 처음부터 벼락치기로 몰아치는 것보다, 매일 조금씩 꾸준히 공부하는 것이 더 좋은 결과를 가져옵니다. '그는 뜻을 세우고 공부를 지며리 했다.'처럼, 조용히 자기 페이스를 유지하며 꾸준히 나아가는 것이 중요합니다. 지며리 공부하는 사람은 남들과 비교하며 조급해하지 않고, 자신의 방식대로 한 걸음씩 나아갑니다. 결국 이러한 작은 태도가 오랜 시간 후에는 큰 차이를 만들어냅니다.

자연에서도 '지며리'의 원리는 쉽게 찾아볼 수 있습니다. 대나무는 처음 몇 년 동안 거의 자라지 않는 것처럼 보이지만, 땅속에서는 뿌리를 깊게 뻗으며 성장의 기반을 다지고 있습니다. 그러다가 적절한 시기가 오면 순식간에 높이 자라나게 됩니다. 이처럼, 우리가 무언가를 배우거나 실력을 키울 때도 지며리한 과정이 필요합니다. 비록 당장 눈에 보이는 변화가 없더라도, 차근차근 쌓아 나가면 언젠가는 큰 성장을 이루게 됩니다.

사회적인 변화 역시 갑작스럽게 일어나지 않습니다. 환경 보호, 인권 신장, 교육 개혁 등 중요한 변화들은 오랜 시간 동안 많은 사람들의 지며리한 노력이 쌓여 이루어지는 것입니다. 이러한 변화는 단기간에 이루어질 수 없으며, 차분하게 지속적인 노력을 기울일 때 비로소 실현될 수 있습니다.

우리는 종종 빠른 성과를 원하지만, 진정한 성취는 '지며리'한 과정 속에서 이루어집니다. 지며리 공부하고 지며리 하루를 살며, 지며리 타인과의 관계를 맺고, 지며리 노력하고 태도를 유지하면, 삶은 더욱 단단하고 깊어질 것입니다. 그러니 오늘 하루, 조급해하지 말고 '지며리'한 마음으로 자신만의 속도로 걸어가 보는 것은 어떨까요?

10

'애면글면'
— 끝까지 버티고 노력하는 삶의 태도

우리말에는 힘들어도 끝까지 포기하지 않고 버텨내는 모습을 담아낸 단어들이 많습니다. 그중 하나가 바로 '애면글면'입니다. 이 단어는 몹시 힘에 겨운 일을 이루기 위해 온 힘을 다해 애쓰는 모습을 뜻하는 부사로, 말 그대로 어려운 상황에서도 물러서지 않고 끝까지 버티며 해결책을 찾아 나가는 태도를 의미합니다. 비슷한 의미로는 '아등바등', '아득바득', '안달복달' 같은 표현들이 있지만, '애면글면'은 단순히 바쁘고 정신없는 상황을 넘어, 역경 속에서도 몸과 마음을 다해 끝까지 버텨내려는 간절한 노력을 강조하는 말입니다. 말하자면, 이 단어는 단순한 '열심히'가 아니라, 벼랑 끝에서라도 놓지 않으려는 '끝까지'의 의지를 담고 있습니다.

어원을 살펴보면, '애(애쓰다)'는 힘을 쓴다는 뜻이고, '글(긁다)'은 갈고 닦는다는 의미를 가지며, '면'은 어떤 모양이나 태도를 뜻합니다. 즉, '애면글면'은 온몸을 다해 갈고닦으며 애쓰는, 그야말로 진심 어린 노력을 표현하는 말인 셈입니다.

우리의 삶은 어쩌면 수많은 애면글면의 순간들로 이루어져 있다고 해도 과언이 아닙니다. 학생들은 시험 기간이 다가오면 애면글면 책을 붙잡습니다. 평소에 공부를 미뤄두었다가 벼락치기로 한 줄이라도 더 외우기 위해 밤을 새우고, 졸린 눈을 비비며 한 문제라도 더 풀려 애쓰는 모습은 누구에게나 익숙한 장면일 것입니다.

직장인들의 하루도 마찬가지입니다. 마감이 촉박한 프로젝트를 끝내기 위해 몰입하고, 상사의 요구에 맞춰 수차례 보고서를 고치고, 고객을 만족시키기 위해 작은 디테일까지도 놓치지 않으려 애쓰는 모습은 모두 애면글면 살아가는 일상의 풍경입니다. 반복되는 고단한 하루 속에서도 우리는 그렇게 애쓰며 한 걸음씩 앞으로 나아가며, 살아가고 있습니다.

어려운 상황에서도 포기하지 않는 마음가짐, 목표를 향해 끊임없이 나아가려는 자세, 실패해도 다시 도전하는 끈기는 결국 우리를 한 걸음 더 성장하게 해 줍니다. 누구나 한 번쯤은 "이제 그만두고 싶다", "더는 못 하겠다"는 생각이 들 때가 있습니다. 하지만 그 순간에도 마음을 다잡고 한 걸음만 더 내딛는다면, 그 애면글면한 노력이 결국 성공이라는 문을 열어 줍니다.

오늘 하루라도 내가 할 수 있는 작고 소중한 일을 애면글면 해보는 것으로 충분합니다. 이렇게 하루하루를 진심으로 버티고 살아가다 보면, 언젠가는 자신의 목표에 도달할 수 있습니다. 그러니 오늘도 포기하지 말고, 다시 한 걸음 또 한 걸음 — 애면글면 나아가 보는 것은 어떨까요?

11

'조바심'
― 곡식 탈곡에서 태어난 마음의 불안

"아휴, 조바심 나서 죽겠네."

우리는 일이 뜻대로 풀리지 않거나 결과를 기다릴 때 불안한 마음을 이렇게 표현합니다. 그런데 이 익숙한 표현 '조바심'이 사실은 들판의 타작 모습에서 태어났다는 사실, 알고 계셨나요?

'조바심'은 본래 '조'와 '바심'이라는 두 단어의 결합입니다. '조'는 예로부터 쌀, 보리, 밀과 함께 우리나라 4대 곡식 중 하나로 꼽히는 작물입니다. 작고 노란 그 알갱이들은 주로 밥에 섞어 먹거나 떡을 만드는 데 쓰였지만, 수확하기가 만만치 않았습니다. 바로 그 조의 타작, 즉 '조바심'이야말로 농부들에게는 가장 까다롭고 골치 아픈 일이었습니다.

'바심'은 타작을 뜻하는 순우리말입니다. 수확한 곡식의 이삭을 두드려 낟알을 떨어내는 일을 말하지요. 그런데 조는 껍질이 매우 두껍고 질겨서 다른 곡식처럼 가볍게 털어내기 어렵습니다. 이삭을 모아놓고 마치 깨뜨리듯, 세게 두드려야 비로소 낟알이 튀어나옵니다. 그만큼 손도 많이 가고 시간도 오래 걸리며, 실패할 경우 다시 손질하기도 어렵습니다.

그래서 조를 타작하는 시기가 되면 농부들은 속이 바짝 타들어 가는 불안감을 느꼈습니다. 비라도 오면 조가 썩을까 봐, 타작을 해도 알곡이 빠지지 않을까 봐, 수확이 제대로 안 될까 봐… 조를 앞에 두고 가슴을 졸이던 그 마음이 바로 '조바심'이었습니다.

시간이 흐르면서 '조바심'은 곡식 타작과는 관계없는 상황에서도 쓰이게 되었습니다. 시험 결과를 기다리는 수험생, 연락 없는 가족을 기다리는 사람, 꽉 막힌 도로에서 초조해하는 모습 등에서 '조바심'을 안고 살아가는 모습을 엿볼 수 있습니다.

하지만 그 어원을 알고 보면, '조바심'은 단순한 불안이나 초조 이상의 의미를 가집니다. 그것은 누군가 열심히 노력한 결과를 잘 마무리하고 싶은 간절함에서 비롯된 감정입니다. 조를 부술 정도로 세게 두드리며 좋은 알곡을 얻기 위해 애썼던 농부들처럼, 오늘날의 우리는 소중한 무언가를 기다릴 때 마음을 졸입니다.

그래서 '조바심'은 불편한 감정이기보다는, 우리가 무언가를 소중히 여긴다는 증거입니다. 조를 탈곡하던 그 옛날 농부들의 마음이 오늘날 우리의 가슴 속에도 여전히 살아 있다는 뜻입니다. 이제 누군가 "조바심 나"라고 말할 때, 그 말속에 담긴 시간과 정성을 함께 떠올려 보면 어떨까요?

말은 마음을 품고 자라는, 살아 있는 역사입니다.

12

'벽창호'
— 고집불통, 들소 같은 그 사람

"저 사람 참 벽창호야. 무슨 말을 해도 안 통해."

우리는 어떤 사람이 고집이 너무 세고, 융통성 없이 자기 주장만 고수할 때 '벽창호'라는 말을 씁니다. 이 말은 단순히 성격을 표현하는 것이 아니라, 말 안 듣는 억센 소 한 마리를 떠올리게 하는 생생한 우리말입니다. 그런데 이 '벽창호'가 사실은 지명을 품은 소 이름에서 유래한 말이라는 사실, 알고 계셨나요?

'벽창호'의 어원은 '벽창우(碧昌牛)'입니다. '벽창'은 평안북도의 벽동(碧潼)과 창성(昌城)이라는 두 지역을 합친 이름이고, '우(牛)'는 소를 뜻합니다. 이 지방은 예로부터 소를 키우기 좋은 환경으로 유명했는데, 특히 이곳에서 자란 소들은 덩치가 크고 억세며, 무엇보다도 성질이 고집불통으로 유명했습니다.

벽동과 창성의 소들은 내키지 않으면 절대 움직이지 않았고, 낯선 사람이 끌고 가려 해도 꿈쩍도 하지 않았다고 합니다. 소를 끌던 농부들이 애를 먹을 정도였으니, 그 고집이 얼마나 대단했는지 짐작할 수 있습니다. 그래서 사람들은 이런 성질머리의 소를 가리켜 '벽창우'라 불렀고,

점차 이 말이 고집 세고 무뚝뚝한 사람을 빗대어 부르는 표현으로 확장되었습니다.

세월이 흐르며 '벽창우'는 소를 가리키는 본래 의미보다, '말이 안 통하는 고집쟁이'라는 뜻으로 사람을 지칭하는 말로 자리 잡았고, 발음도 자연스럽게 '벽창호'로 굳어졌습니다. 특히 남의 말을 들으려 하지 않고, 자기 생각만 옳다고 믿으며 고집을 부리는 사람에게 쓰이는 말로 자주 쓰이고 있습니다.

실생활에서도 이 표현은 여전히 생생하게 사용되고 있습니다. 예를 들어, 회의 중에도 남의 의견은 무시하고 끝까지 자신의 주장만 고집하는 사람이 있다면 "저 사람은 정말 벽창호야"라는 말이 절로 나옵니다. 가족이나 친구 사이에서도 누군가 지나치게 고집을 피울 때 이 말 한마디면 그 성격을 단번에 전달할 수 있지요.

흥미로운 점은, 벽창호라는 말 속에 단순한 비난 이상의 뉘앙스가 있다는 점입니다. 때로는 무뚝뚝하지만 속은 단단하고 우직한 사람, 한 번 정하면 끝까지 밀고 나가는 고집스러운 성격을 묘사할 때도 이 표현을 씁니다.

'벽창호'는 그래서 얄밉기도 하고, 때로는 듬직하기도 한 존재입니다. 우리가 이 말을 쓸 때마다, 멀리 평안북도의 들판에서 자신의 뜻대로만 움직이던 거대한 소 한 마리가 우직하게 버티고 서 있는 모습을 떠올리게 됩니다. 고집이라는 성질 하나로 사람의 성격을 이렇게 풍부하게 표현할 수 있다는 것, 그게 바로 우리말의 힘 아닐까요?

7장

맛과 관련된 우리말

01 '감칠맛' – 오감을 사로잡는 맛의 마법
02 '칼칼하다' – 한국인의 속을 풀어주는 맛있는 매운맛
03 '달콤하다' – 달콤한 순간, 당신은 언제 떠오르십니까?
04 '고소하다' – 고소한 냄새, 고소한 기분
　　　　　／ 당신은 언제 '고소하다'고 느낍니까?
05 '맛깔스럽다' – 듣기만 해도 입맛이 도는 말
06 '쌉쌀하다'의 매력 – 그 묘한 여운
07 '시원하다' – 한국인의 감각적 언어
08 '구수하다' – 깊고도 따뜻한 맛
09 '입맛 다시다'의 유혹 – 미각이 기대하는 순간

01
'감칠맛'
— 오감을 사로잡는 맛의 마법

우리는 맛있는 음식을 먹을 때 흔히 '감칠맛 난다!'라고 표현합니다. 맵고, 짜고, 달고, 신맛은 쉽게 설명이 가능한데, 이 '감칠맛'이라는 건 도대체 어떤 맛일까요? 설명하기는 어렵지만, 우리를 기분 좋게 자극하며 계속 먹고 싶게 만드는 마성(魔性)의 맛 — 그것이 바로 '감칠맛'입니다.

'감칠맛'이라는 단어는 순우리말 '감칠다'에서 비롯되었습니다. '감칠다'라는 표현은 입맛을 돋우는 맛, 입에 착 붙어서 계속 먹고 싶게 하는 맛을 의미하는 고유어입니다. 이 말에서 파생된 것이 바로 '감칠맛'인데요, 이 표현은 아주 오래전부터 우리 선조들이 맛있게 요리된 음식의 깊고 풍성한 맛을 나타내기 위해 사용해 온 말입니다.

오늘날에는 과학적으로 감칠맛을 '우마미(Umami)'라고 부르기도 합니다. 하지만 우리나라에서는 오래전부터 조미료가 없어도, 다시마, 멸치, 표고버섯, 조개 등 천연재료로 깊고 풍부한 맛을 내며 '감칠맛'을 즐겨왔습니다. 즉, 우리 민족은 예로부터 자연 그대로의 재료에서 우러나오는 깊은 맛을 표현할 때 '감칠맛'이란 말을 사용한 것입니다.

실생활에서 '감칠맛'이라는 표현을 자주 쓰는 음식이 바로 된장찌개입니다. 어머니가 끓여주시는 된장찌개를 한 숟갈 떠먹으면, 그 맛은 단순히 '짜다'라는 말로 표현하기 어렵습니다. 혀끝을 맴돌며 입맛을 돌게 하는 깊은 풍미, 부드럽게 넘어가는 감칠맛이 우리의 입맛을 자극하죠. 그때 우리는 "아, 이 맛이 바로 감칠맛이구나!"라고 느낍니다.

음식뿐만 아니라 사람의 관계에서도 감칠맛이라는 표현을 씁니다. 자꾸만 대화하고 싶고, 만나고 싶은 매력을 가진 사람에게 흔히 "참 감칠맛 나는 사람"이라는 말을 사용합니다. 처음 봤을 땐 잘 몰랐는데, 만날수록 새롭게 보이고, 이야기를 나눌수록 더 흥미로운 사람들을 표현하는 가장 적절한 말이 바로 '감칠맛 난다'는 표현입니다.

드라마나 영화에서도 감칠맛 나는 캐릭터가 등장합니다. 주인공은 아니지만, 매번 등장할 때마다 시선을 사로잡는 조연, 얄미운 것 같은데 미워할 수 없는 악역 캐릭터들도 감칠맛 나는 인물들로 표현됩니다. 이들 덕분에 이야기가 더 흥미진진해지고 생동감이 넘치기 때문이죠.

결국 '감칠맛'은 음식에서 시작해 사람과의 관계, 삶의 작은 변화까지 연결되는 매우 흥미로운 표현입니다. 달고, 짜고, 시고, 쓴 맛을 넘어 우리의 오감을 만족시키는 특별한 맛이죠. 다음에 무언가 먹거나 경험할 때, 한번 '감칠맛'이라는 말을 떠올려 보세요. 그것이 단지 혀끝의 맛뿐 아니라, 인생 전체를 더욱 풍성하게 만들어 줄지도 모르니까요.

02

'칼칼하다'
― 한국인의 속을 풀어주는 맛있는 매운맛

우리는 흔히 뜨끈한 국물을 먹으면서 "아, 시원하고 칼칼하다!"라는 말을 자주 사용합니다. 분명 매콤한 맛인데도 '칼칼하다'라는 말이 왜 이렇게 입에 착 붙고 익숙하게 느껴질까요? '칼칼하다'는 우리말 중에서도 특유의 개성을 잘 표현하는 단어입니다. 그럼 이 단어의 의미와 어원은 무엇이고, 실제 생활에서는 어떻게 쓰이는지 함께 알아볼까요?

'칼칼하다'는 사전적으로 목이 약간 마르거나 매운맛으로 인해 목이 따끔하면서 시원한 느낌이 날 때 쓰는 표현입니다. 이 단어는 매운맛이 지나쳐서 고통스럽다기보다, 적당히 매운맛이 느껴지면서 오히려 개운함을 주는 맛이나 느낌을 묘사할 때 사용합니다.

'칼칼하다'의 어원에 대해서는 다양한 의견이 있습니다. 그중 대표적인 것은 날카롭거나 예리한 것을 뜻하는 '칼'의 느낌에서 유래했다는 설입니다. 매운맛이 입이나 목구멍을 가볍게 자극할 때 마치 날카로운 느낌이 순간적으로 느껴지면서 개운함을 준다고 하여 '칼칼하다'라는 단어가 생겨났다는 것입니다. 실제로도 이 단어를 소리 내어 말하면 그 음성에서부터 뭔가 날카롭지만 시원한 느낌이 강하게 전달되죠.

우리에게 '칼칼하다'는 매운맛을 넘어 일종의 '힐링 포인트'로 작용하기도 합니다. 스트레스가 심하거나 일이 잘 안 풀릴 때 사람들은 자연스레 매콤하고 칼칼한 음식을 찾게 됩니다. 마치 매운맛으로 스트레스를 날려 보내듯, 시원하고 칼칼한 국물을 마시면 몸과 마음까지 개운해지는 느낌이 들기 때문이죠. 그래서 우리 민족에게 칼칼한 음식이란 하나의 문화로 자리 잡아, "스트레스 받을 땐 매콤하고 칼칼한 것이 최고!"라는 말이 일상적으로 쓰이게 되었습니다.

또한 '칼칼하다'는 맛 표현을 넘어 사람의 성격이나 말투를 묘사할 때도 종종 쓰입니다. 예를 들어, 성격이 깔끔하고 솔직한 사람에게 "저 사람 성격 참 칼칼하네!"라고 합니다. 이는 그 사람이 맺고 끊는 게 분명하고 시원시원한 성격이라는 뜻을 나타냅니다. 이처럼 '칼칼하다'는 단지 맛을 넘어 사람의 성격과 태도를 묘사하는 표현으로까지 그 의미가 확장되어 쓰이고 있습니다.

오늘도 바쁘고 지친 하루였다면, 저녁엔 시원하고 얼큰한 음식 한 그릇 어떨까요? 칼칼한 국물 한 숟갈로 입안을 개운하게 달래고 나면, 하루의 스트레스도 날려버릴 수 있습니다.

03

'달콤하다'
— 달콤한 순간, 당신은 언제 떠오르십니까?

'달콤하다'라는 단어를 들으면 무엇이 떠오르십니까? 입안 가득 퍼지는 초콜릿의 부드러운 풍미, 사랑하는 사람과의 달콤한 대화, 혹은 듣기만 해도 기분이 좋아지는 노랫말일 수도 있겠습니다. '달콤하다'는 단순한 맛을 넘어 감정과 분위기를 표현하는 특별한 단어입니다. 그 의미를 좀 더 깊이 들여다보면, 우리 삶 속에서 얼마나 다양한 방식으로 활용되는지 알 수 있습니다.

'달콤하다'는 기본형인 '달다'에서 파생된 단어로, 어근 '달-'에 감각을 강조하는 접미사 '-콤하다'가 붙어서 된 말입니다. 즉, '조금 달다' 또는 '기분 좋게 달다'는 뜻을 지니고 있습니다. '새콤하다'(조금 신맛이 남), 같은 표현도 같은 원리로 만들어졌습니다.

이 단어는 단순히 맛을 묘사하는 것을 넘어 사람의 말이나 태도가 부드럽고 듣기 좋을 때도 사용합니다. "그의 말은 달콤하다."라는 표현은 듣기 좋은 이야기나 칭찬을 의미하며, 의미가 확장되어 감각적인 표현으로 확대되었습니다.

맛을 넘어, 달콤한 순간은 청각과 후각, 심지어 감촉에서도 느낄 수 있습니다. "달콤한 향기"는 은은한 꽃내음이나 과일향처럼 기분 좋은 향기를 뜻하지요. 음악에서도 마찬가지입니다. 부드럽고 감미로운 멜로디를 들으면 "달콤한 음악"이라고 표현할 수 있습니다.

'달콤한 사랑'이라는 표현도 많이 사용됩니다. 연인과 함께하는 행복한 순간, 손을 맞잡고 나누는 미소, 따뜻한 포옹 등 이 모든 것이 '달콤한' 감정으로 표현되지요.

과학적으로도 단맛은 기분을 좋게 만든다고 합니다. 초콜릿이나 설탕이 들어간 음식을 먹으면 뇌에서 도파민이 분비되어 행복한 느낌을 주지요. 그래서인지 '달콤하다'라는 표현 자체도 긍정적인 감정을 불러일으킵니다. 노래 가사나 시에서 '달콤한 멜로디', '달콤한 꿈' 같은 표현이 자주 등장하는 이유도 여기 있습니다. 단순한 맛이 아니라, 듣기만 해도 기분 좋은 순간을 떠올리게 만드는 힘을 가지고 있으니까요.

이처럼 '달콤하다'는 단순히 맛을 나타내는 것이 아니라, 감각적·감성적으로 확장된 의미를 지닌 단어입니다. 음식에서 시작했지만, 사랑, 음악, 휴식, 감정 등 다양한 분야에서 쓰이며, 사람들에게 행복한 감정을 불러일으킵니다.

여러분에게 '달콤한 순간'은 언제입니까? 사랑하는 사람과 함께할 때, 좋아하는 음악을 들을 때, 혹은 달콤한 디저트를 맛볼 때일 수도 있겠지요. 오늘 하루, 작은 순간 속에서 '달콤함'을 찾아보는 것은 어떨까요?

04

'고소하다' [고소한 냄새, 고소한 기분]
— 당신은 언제 '고소하다'고 느끼십니까?

어느 날, 따뜻한 빵 굽는 냄새가 퍼지는 아침, 갓 볶아진 커피 원두의 향이 코끝을 스칠 때, 혹은 고소한 참기름이 듬뿍 들어간 비빔밥을 먹을 때 우리는 이렇게 말합니다.

"와, 진짜 고소하다!"

그런데 가만 보면, '고소하다'는 단순히 맛이나 냄새를 표현하는 데만 쓰이지 않습니다. 누군가 잘난 척하다가 실수하는 모습을 보고도 이렇게 말하곤 하지요.

"고소하다, 아주 그냥!"

오늘은 이 '고소한' 단어에 대해 알아봅시다.

'고소하다'라는 단어는 순우리말로, 원래는 음식에서 나는 구수하면서도 기분 좋은 향과 맛을 표현하는 말입니다. 볶은 콩, 참깨, 견과류, 들기름, 참기름 등의 향긋한 기름 맛을 묘사할 때 주로 쓰이지요. '고소하다'의 정확한 어원은 밝혀져 있지는 않지만, 예전부터 우리 음식문화에서 볶거나 기름진 음식에서 나는 좋은 향을 나타내는 말로 사용되었습니다. 이는 우리의 식습관과도 관련이 깊습니다. 한식 요리에서 참기름과 들기름을 빼놓을 수 없고, 볶은 곡식이나 콩가루 등에서 나는 향에 익숙하기 때문입니다. 그런데, 이 '고소하다'라는 단어는 맛과 향을 표현하는 데서 한 걸음 더 나아가, 감정까지 나타내는 단어로 변신하게 됩니다. 우리는 왜 남이 실수하거나 나쁜 행동을 하다가 벌을 받을 때도 '고소하다'고 말할까요?

이것은 감각적 경험이 감정과 연결되는 언어적 의미 확장으로 볼 수 있습니다. 원래 '고소하다'는 입안에서 느껴지는 풍미가 만족스러울 때 쓰였지만, 점점 "마음이 후련하고 유쾌한 기분"을 표현하는 말로도 쓰이게 된 것입니다.

"자꾸 잘난 척하더니 결국 망신당했네? 고소하다!"

"회사에서 나쁜 상사가 징계를 받았다고? 고소하군!"

즉, '고소하다'는 원래 음식에서 느껴지는 구수한 맛에서 유래했지만, 점점 감정적으로도 '속이 시원하다'는 의미를 내포하게 된 것입니다. 결국 고소한 맛과 기분은 삶의 작은 즐거움을 표현하는 말로도 자리잡게 된 것이지요.

'고소하다'라는 단어는 우리의 오감을 자극하는 표현입니다. 음식에서 느껴지는 맛과 향을 넘어, 기분까지 묘사하는 독특한 단어로 발전해 왔습니다. 그렇다면, 여러분은 오늘 어떤 '고소한 순간'을 경험하셨나요? '고소한 과자'를 드셨나요? 아니면 '고소한 상황'을 목격했나요? 앞으로도 삶의 다양한 순간 속에서 '고소함'을 찾아보는 것은 어떨까요? 맛있는 음식과 유쾌한 상황이 가득한, 고소한 하루를 보내시길 바랍니다!

05

'맛깔스럽다'
— 듣기만 해도 입맛이 도는 말

맛있는 음식을 앞에 두고 우리는 다양한 표현을 씁니다. "이거 진짜 맛있다!", "정말 감칠맛 나네!", 그리고 한층 더 생동감 넘치는 표현, "와, 이거 정말 맛깔스럽다!"

그렇다면, '맛깔스럽다'라는 단어는 어디에서 유래했으며, 단순히 '맛있다'와는 어떤 차이가 있을까요? 오늘은 '맛깔스럽다'가 가진 깊은 뜻과 우리의 음식 문화에서 차지하는 역할을 살펴보겠습니다.

'맛깔스럽다'는 단순히 '맛있다'는 의미를 넘어, 보기에도 먹음직스럽고, 조화롭게 어우러진 음식의 감칠맛을 강조하는 표현입니다. 단어를 분석해 보면, '맛깔'은 '맛'의 강조형으로, '깔'은 모양이나 생김새를 나타내며 강조의 의미를 더해 주고 있습니다. '-스럽다'는 형용사를 만드는 접미사로, 특정한 성질이나 느낌을 표현하는 말입니다. 즉, '맛깔스럽다'는 음식의 맛과 색감, 모양까지 조화롭게 어우러진 상태를 뜻하는 말입니다. 단순히 '맛이 좋다'는 뜻이 아니라, 보기에도 먹음직스럽고, 맛이 더욱 돋보이는 음식을 표현할 때 쓰이지요.

그렇다면, 왜 '맛깔'이라는 표현이 등장했을까요? 여기에는 조상들의 음식 철학이 깃들어 있습니다. 우리네 전통 음식은 오감(五感)을 만족시키는 음식입니다. 단순히 맛뿐만 아니라, 색감과 조화, 향기, 식감까지 중요하게 생각했지요. 음식을 차릴 때, 다양한 색감과 냄새가 조화를 이룬 음식을 "맛깔스럽다"라고 표현하여 단순히 음식이 맛있다는 의미를 넘어, 색과 조화가 잘 어우러져 입맛을 더욱 자극하는 상태를 의미하는데, 비빔밥을 비비기 전의 다양한 고명이 어루어져 있는 모습을 상상하면 쉽게 이해가 될 것입니다.

'맛깔스럽다'는 단순히 음식에만 한정된 표현이 아닙니다. 일상 속에서도 이 표현이 쓰이는 경우가 많습니다. "이 작품 참 맛깔스럽다!" 식으로 글, 그림, 음악 등이 조화롭게 어우러져 감칠맛 나는 느낌을 줄 때도 사용됩니다.

"저 사람 말 참 맛깔스럽게 하네."

유창하고 매력적으로 이야기를 풀어갈 때도 '맛깔스럽다'라는 표현을 사용합니다. 즉, '맛깔스럽다'는 단순한 음식 표현이 아니라, 조화롭고 감칠맛 나는 모든 것을 나타낼 때 쓰입니다.

오늘 하루 여러분에게 가장 맛깔스러운 순간은 언제였나요? 맛있는 음식을 먹거나, 듣기만 해도 기분 좋아지는 이야기를 들을 때, "이거 정말 맛깔스럽다!"라고 말해 보세요. 맛이 주는 즐거움이나 그 속에 담긴 감동을 더 깊이 느낄 수 있을 것입니다!

06

'쌉쌀하다'의 매력
─ 그 묘한 여운

'쌉쌀하다'는 우리말에서 맛을 표현할 때 자주 쓰이는 단어입니다. 단순히 '쓰다'라고 하기에는 어딘가 부족하고, 그렇다고 '달다'와는 거리가 멀지만, 그 사이에서 오묘한 매력을 발산하는 맛을 표현할 때 사용됩니다. 흔히 커피, 녹차, 맥주, 약초, 나물 등의 음식에서 '쌉쌀한 맛'을 찾을 수 있습니다. 하지만 이 단어가 가진 감각적인 느낌은 단순한 맛을 넘어, 사람들의 감정과 삶까지 아우르는 묘한 매력을 가지고 있습니다.

'쌉쌀하다'는 기본적으로 '약간 쓴맛이 돌면서도 은근한 감칠맛이 남는 맛'을 뜻합니다. 단순히 강한 쓴맛이 아니라, 씹거나 삼킨 후에 입안에 남는 은은한 쓴맛과 감칠맛이 공존하는 것이 특징입니다.

대표적인 예가 녹차입니다. 녹차를 마시면 처음에는 부드럽지만, 삼키고 나면 혀끝과 목 뒤에 은근한 쌉쌀함이 남습니다. 이는 녹차 속에 포함된 카테킨 성분 때문인데, 건강에도 좋은 역할을 하면서 특유의 개운한 느낌을 주는 것이 특징입니다.

'쌉쌀하다'는 우리의 전통 식재료와 깊은 관련이 있습니다. 한약재, 나물, 차(茶) 문화에서 비롯된 표현으로, 단순히 맛을 넘어 몸에 좋은 음식 맛에서 흔히 찾아볼 수 있는 특징입니다. 예를 들어, 봄철이 되면 쑥, 두릅, 냉이 같은 봄나물이 등장합니다. 이 나물들은 모두 특유의 쌉쌀한 맛을 가지고 있으며, 몸을 정화하고 입맛을 돋우는 역할을 합니다.

'쌉쌀하다'는 단순히 맛을 표현하는 것에서 끝나지 않고, 사람들의 감정과 삶에도 빗대어 사용됩니다. '쌉살'에서 모음을 음성모음을 바꿔 '씁쓸하다'라는 말을 만들어 쓰는데, '씁슬한 감정' 역시 단순한 슬픔이나 고통이 아니라, 그 속에 묘한 여운과 깨달음이 남는 감정을 의미합니다.

예를 들어, 오랜만에 옛 연인의 소식을 들었을 때, 또는 정든 직장을 떠날 때 우리는 "기분이 씁쓸하네"라고 표현할 수 있습니다. 이는 완전히 아프거나 괴로운 감정이 아니라, 살짝 아쉬우면서도 그리움이나 여운이 남는 감정을 뜻합니다.

인생에서도 때로는 '쌉쌀(씁쓸)한 순간'을 즐기는 여유가 필요합니다. 쓴맛만을 피하려고 하면 진짜 깊은 맛을 알 수 없듯이, 인생에서도 가끔은 '쌉쌀'한 경험을 받아들이고 그 속의 의미를 되새기는 것이 중요합니다.

그러니 다음에 녹차 한 잔을 마시거나, 쌉쌀한 초콜릿을 맛보면서, 혹은 오랜만에 떠오른 옛 기억을 곱씹으면서 "아, 참 쌉쌀하네"라고 말해 보십시오. 그 말 한마디가 주는 여운이 우리의 삶을 더욱 풍성하게 만들어 줄 것입니다.

07

'시원하다'
— 한국인의 감각적 언어

'시원하다'라는 단어는 우리말에서 매우 독특한 감각적 표현입니다. 원래 이 단어는 기온이나 촉감과 관련된 뜻을 가지고 있습니다. 더운 여름날 선풍기 바람을 맞을 때, 땀을 흘리고 난 후 샤워를 할 때, 혹은 산속 계곡에서 발을 담글 때 사람들은 "아, 시원하다!"라고 외칩니다. 그러나 우리말에서는 이 단어가 음식과 연결되면서 더욱 다양한 의미로 확장되었습니다.

특히 국물 요리를 먹을 때 "국물이 시원하다"라고 하는 표현은 우리말을 배우는 외국인들이 가장 신기하게 여기는 표현 중 하나입니다. 뜨거운 국물을 마시면서 '시원하다'라고 하는 것이 모순처럼 보이기 때문입니다. 그러나 우리에게 '시원하다'는 단순히 차가운 상태를 의미하는 것이 아니라, 개운하고 청량한 느낌을 준다는 뜻으로도 쓰입니다.

그렇다면 왜 어떤 국물은 '시원하다'고 표현할까요? 이는 국물의 맛을 결정하는 재료와 깊은 관련이 있습니다. 한식에서 국물은 감칠맛과 개운한 맛을 동시에 지니는 것이 중요한데, 이때 해산물, 무, 대파, 콩나물 같은 재료가 들어가면 국물이 깔끔하고 개운한 맛을 내게 됩니다.

예를 들어, 바지락이나 동태를 넣어 끓인 국물은 특유의 감칠맛과 함께 깔끔한 뒷맛을 남깁니다. 이런 국물은 기름지고 묵직한 맛이 아니라 맑고 개운한 느낌을 주기 때문에 '시원하다'고 표현합니다. 같은 맥락에서 콩나물국, 동치미 국물, 북엇국처럼 가볍고 맑은 국물 요리도 '시원한 맛'이 난다고 합니다.

'시원하다'라는 단어는 단순히 맛을 표현하는 것에서 끝나지 않고, 감정적인 상태까지 아우릅니다. 막힌 일이 해결되었을 때 "속이 시원하다"라고 말하는 것이 대표적입니다. 오랫동안 답답했던 문제가 해결되거나, 누군가 정확하게 문제를 해결해 줄 때, 우리는 "아, 시원하다!"라고 합니다.

이제부터라도 음식을 먹을 때, 혹은 답답했던 일이 풀렸을 때, '시원하다'라는 표현을 한 번 더 떠올려 보세요. 우리말 특유의 감각적인 표현을 통해 맛과 감정을 더욱 풍성하게 느낄 수 있을 것입니다. '시원하다'라는 말 한마디가 주는 개운함과 후련함이 우리의 일상을 더욱 풍성하게 만들어줄 겁이다. 그럼 오늘도 몸과 마음이 모두 시원한 하루를 보내시길 바랍니다.

08

'구수하다'
— 깊고도 따뜻한 맛

'구수하다'는 음식의 맛을 표현하는 데 자주 쓰이는 단어지만, 그 의미를 정확히 설명하기는 쉽지 않습니다. 국어사전을 보면 '고소하고 맛이 좋은 느낌을 주는 맛이나 냄새'라고 정의되어 있지만, 실제로 우리가 사용하는 '구수하다'는 단순한 맛을 넘어 더 깊은 감각적 경험을 포함하고 있습니다.

'구수하다'는 주로 전통적인 한식에서 자주 등장하는 표현입니다. 된장국, 누룽지, 보리차, 푹 끓인 곰탕 등에서 나는 깊고 진한 맛을 떠올려 보세요. 이 음식들의 공통점은 단순히 짜거나 맵거나 달지 않다는 점입니다. 대신, 은은하게 퍼지는 감칠맛과 어울리는 특별한 향이 특징입니다. 된장국을 보자면, 된장은 발효를 거치면서 특유의 깊은 풍미를 갖게 되는데, 이것이 국물에 녹아들면 '구수한 맛'이 납니다. 또한, 보리차나 현미차처럼 곡물을 볶아 우려낸 차에서도 '구수한 맛'을 느낄 수 있습니다. 이때의 '구수함'은 고소하면서도 은근한 단맛과 약하지만 다양한 맛이 어우러진, 편안한 느낌을 주는 맛입니다.

'구수하다'는 음식뿐만 아니라 일상 속 다양한 상황에서도 사용됩니다. 예를 들어, 나이 지긋한 어르신이 구수한 사투리로 이야기를 풀어나갈 때 우리는 "말씀이 참 구수하시네요"라고 표현합니다. 이는 단순히 억양 때문이 아니라, 친근하고 정감 어린 느낌을 준다는 의미입니다. 심지어 사람의 성격을 묘사할 때도 '구수하다'는 말을 씁니다. 예를 들어, 허세 없이 소탈하고 털털한 사람을 가리켜 "저 사람 성격이 참 구수하네요"라고 말할 수 있습니다. 이는 그 사람이 편안하고 정이 가는 인상을 준다는 의미입니다.

　이제부터라도 음식을 먹을 때 '구수하다'라는 표현을 한 번 더 떠올려 보십시오. 된장국 한 숟갈을 떠먹을 때, 구수한 보리차 한 모금을 마실 때, 바삭하게 눌린 누룽지를 씹을 때, 우리는 모두 '구수한 맛'을 경험하고 있는 것입니다. 뿐만 아니라, 따뜻하고 정겨운 순간을 마주할 때도 '구수하다'는 표현을 떠올릴 수 있습니다. 어린 시절 추억을 불러일으키는 냄새, 마음을 편안하게 해 주는 이야기, 꾸밈없고 소박한 사람들의 모습 속에서 '구수한 정서'를 찾을 수 있습니다. 시래기국을 한입 먹거나, 숭늉을 마시면서 자연스럽게 "참 구수하다"라고 말해 보세요. 그 말 한마디가 주는 따뜻함과 편안함이 우리의 하루를 더욱 정겹게 만들어 줄 것입니다.

09

'입맛 다시다'의 유혹
― 미각이 기대하는 순간

　'입맛 다시다'는 우리말의 감각적인 표현으로, 음식을 앞두고 기대감이 높아지거나 배고픈 상태에서 무언가를 먹고 싶을 때 무의식적으로 침을 삼키는 행동을 뜻합니다. 이 말의 어원을 살펴보면, '입맛(口味)'과 '다시다'라는 두 요소로 나눌 수 있습니다.
　'입맛'은 '입의 맛'이라는 뜻으로, 기본적으로는 음식을 먹을 때 느끼는 미각을 가리킵니다. 그러나 우리말에서 '입맛'은 단순한 미각을 넘어, 식욕이나 음식에 대한 선호도를 포함하는 폭넓은 의미로 사용됩니다. 예를 들어, "입맛이 없다"는 단순히 맛을 느끼지 못하는 것이 아니라, 음식을 먹고 싶은 욕구가 없다는 뜻으로 쓰입니다. '다시다'는 동사로, 이 단어는 본래 '침을 삼키는 행동'을 뜻합니다. 과거에는 '달싹거리다' 또는 '움찔거리다'라는 의미도 포함하고 있었으나, 현재는 주로 입이나 혀를 움직이는 행위를 묘사하는 데 쓰입니다.
　조선 시대 문헌에서도 '입맛 다시다'와 유사한 표현이 등장합니다. 배고픈 사람이 음식 냄새를 맡고 입을 오물거리거나, 먹고 싶다는 듯 입을 움직이는 행동을 표현할 때 '입을 다시다'라는 표현이 사용되었습니다. 이는 인간의 본능적인 반응을 관찰하고 묘사한 표현으로 볼 수 있습니다. 다시 말해 '입맛 다시다'는 '입맛(식욕)'과 '다시다(침을 삼키며 입을 움직이다)'가 결합한 표현입니다. 즉, 맛있는 음식을 보거나 생각할 때 저절로 입이 반응하는 생물학적 반응을 언어적으로 형상화한 것입니다. 이 표현은 단순히 배고픔을 표현하는 것을 넘어, 기대감과 갈망을 포함하는 의미로 발전했습니다. 맛있는 음식을 눈앞에 두고도 바로 먹지 못할 때 "입맛만 다셨네"라고 말하며 아쉬움을 표현하는 경우가 있습니다. 또한, 맛있는 음식뿐만 아니라, 갖고 싶은 물건이나 이루고 싶은 목표를 바라볼 때도 '입맛을 다시다'는 표현이 사용됩니다.

현대에서도 '입맛 다시다'는 매우 자주 사용되는 표현입니다. 음식 방송을 보며 입맛을 다시거나, 맛집 사진을 보고 먹고 싶어 하는 마음을 표현할 때도 자연스럽게 사용됩니다. 또한, 단순히 음식에만 국한되지 않고, 원하지만 가질 수 없는 상황에서도 자주 쓰이는 표현이 되었습니다.

'입맛 다시다'는 단순한 미각적 반응을 넘어, 인간의 욕구와 갈망을 표현하는 의미를 지닌 말입니다. 그러니 다음에 맛있는 음식을 보거나, 갖고 싶은 물건이 눈앞에 있을 때, 혹은 아쉽게 무언가를 놓쳤을 때 자연스럽게 "아, 입맛만 다셨네"라고 말해 보십시오. 이 짧은 말 한마디 속에 배고픔, 욕망, 아쉬움, 그리고 기대감까지 담겨 있을 테니까요.

한자어 속 우리말 1

01 '어영부영' – 대충 흘러가버린 시간 속의 마법
02 '탁상공론' – 책상 위에서만 펼쳐지는 헛된 이야기
03 '건곤일척' – 하늘과 땅을 건 한 번의 승부수
04 '점심' – 마음에 점 하나 찍는 시간
05 '난장판' – 어지럽지만 의미있는
06 '압권' – 가장 빛나는 순간의 이름
07 '짐작' – 말보다 앞서는 마음의 저울질
08 '어차피' – 이래도 저래도 결국은
09 '도대체' – 얼마나 큰 몸을 보여 주려고
10 '별안간' – 눈 깜짝할 사이의 마법 같은 순간

01

'어영부영'
— 대충 흘러가버린 시간 속의 마법

"어영부영하다가 하루 다 갔네!"

누구나 한 번쯤 들어봤거나 스스로 말해 본 적이 있을 겁니다. '어영부영'이라는 단어는 바쁘고 정신없는 일상 속에서 정확히 설명하기 어려운, 어딘가 모르게 어수선하고 흐리멍텅하게 지나가버린 상태를 나타내는 표현입니다. 딱히 열심히 한 것도 없고 그렇다고 완전히 논 것도 아닌 애매한 상태, 그것을 정확하게 표현한 재미있는 우리말입니다.

'어영부영'의 유래는 다양하나 조선 시대 군영(軍營)인 어영청(御營廳)에서 왔다는 설이 있습니다. 어영청은 원래 기강이 엄격한 정예부대였는데 조선 말기가 되면서 군기가 해이할 대로 해이해져서 형편없는 군대가 되고 말았습니다. 이런 군대를 본 사람들은 "어영청은 군대도 아니다"라는 뜻에서 '아닐 비(非)'자를 써서 "어영비영(御營非營)"이라고 비아냥거렸는데 이 발음이 와전되어 '어영부영'이 되었다고 합니다.

재미있는 건, 유래의 정확성을 떠나 이 단어가 소리에서부터 느껴지는 어감이 의미와 딱 맞는다는 겁니다. '어영부영'이라는 발음 자체가 명확하지 않고 대충 흘러가는 듯한 느낌을 주어서, 뜻과 소리가 절묘하게 맞아떨어진 표현이라고 할 수 있습니다.

실생활에서 '어영부영'이라는 표현을 쓰게 되는 순간은 다양합니다. 대표적인 예로 책을 보려고 책상에 앉았다가 별다른 이유 없이 스마트폰을 만지작거리거나 간식을 먹다가 시간만 보낸 경험일 겁니다. 결국 하루가 지나고 후회하며 말하죠. "오늘 하루도 어영부영 보냈네."

사실 '어영부영'이란 단어가 자주 쓰이는 이유는 우리 사회가 매우 빠르게 변화하고 바쁘게 움직이기 때문입니다. 모두가 항상 분명한 목표를 가지고 살아가려 하지만, 때로는 너무 많은 일에 둘러싸여 방향을 잃고 애매한 시간을 보내곤 합니다. 특히, 무언가를 결정하거나 행동하는 것이 부담스러울 때, 우리는 의식적으로나 무의식적으로 '어영부영'을 선택합니다. 즉, 이 표현은 현대인의 스트레스와 긴장을 살짝 완화해주는 유쾌한 언어적 탈출구 역할도 하는 셈이죠.

물론 어영부영한 시간이 나쁘지만은 않습니다. 바쁘고 힘든 삶 속에서 아주 잠깐 어영부영하며 긴장을 풀고 쉬어가는 시간도 필요하기 때문입니다. 중요한 건 우리가 어영부영 속에서도 지나치는 순간들을 인지하고, 그 순간만큼은 놓치지 않는 것이겠지요.

오늘 하루, 잠시라도 어영부영한 시간이 있었다면 그냥 웃으며 넘어가 보세요. 그리고 내일부터는 조금 더 의미 있고 즐거운 하루를 준비하는 것도 나쁘지 않을 겁니다. 어영부영 보내는 하루도 때론 삶의 의미 있는 한 조각이니까요.

02

'탁상공론'
— 책상 위에서만 펼쳐지는 헛된 이야기

    일상에서 "그건 탁상공론이야!"라는 말을 가끔 들어본 적 있을 겁니다. 언뜻 들으면 왠지 딱딱한 말처럼 느껴지지만, 이 단어는 우리 주변에서도 쉽게 볼 수 있는 현상을 생생히 표현하고 있습니다. 탁상공론(卓上空論)이란, 글자 그대로 '탁상(卓上)' 즉 책상 위에서만 오가는 '공허한 논의(空論)'를 뜻하는 말입니다. 현실성 없는 이론이나 실천이 따르지 않는 허황된 계획을 비판적으로 지칭할 때 쓰입니다.

    '탁상(卓上)'은 '책상 위'를, '공론(空論)'은 '헛된 이야기'라는 뜻을 담고 있죠. 즉, 실제 현장에서 벌어지는 일들을 전혀 고려하지 않은 채 책상 앞에 앉아 말이나 글로만 논의하는 허황된 이론이나 정책을 뜻합니다.

    이 표현의 유래는 중국 송나라의 학자인 왕안석(王安石)이 추진했던 정치개혁과 관련이 있습니다. 왕안석은 개혁 정책을 세우며 현실과 동떨어진 이상적인 이론만을 앞세웠고, 결국 실제로는 민심의 불만만 사고 개혁에 실패했습니다. 당시 사람들은 이런 모습을 비꼬면서, 현실과 무관한 공허한 논의라는 의미로 '탁상공론'이라는 말을 쓰기 시작했다고 합니다.

　우리 삶에서도 탁상공론은 자주 등장합니다. 예를 들어, 직장에서 회의를 하다 보면 현실성 없는 계획을 이야기하는 상사나 동료를 만날 때가 있습니다. 그럴 때 속으로 "그런 탁상공론이 어디서 먹히겠어?"라는 생각이 듭니다. 구체적인 실행 방안은 하나도 없이 말로만 화려한 목표를 내세우며 시간만 낭비하는 모습이 바로 탁상공론의 전형이죠.

　탁상공론을 피하려면 '현장'으로 나가는 게 가장 중요합니다. 사람들의 실제 목소리를 듣고, 직접 겪어보며 현실을 체감해야 합니다. 실생활에서도 막연히 머리로만 생각하는 것이 아니라 직접 경험하고 행동하는 것이 중요하죠. 직장에서, 학교에서, 또는 친구들과 함께 무언가 계획할 때에도 책상 위에서만 이루어지는 이론적인 논의가 아니라, 실제 실행 가능한 계획인지 늘 점검해야 합니다.

　결국 '탁상공론'이라는 단어는 우리가 삶을 살아가면서 이론과 현실 사이의 균형을 잃지 말라는 메시지를 주고 있습니다. 무언가를 계획하고 실행할 때, 책상 위에 앉아 머리로만 생각하기보다는 직접 발로 뛰며 현실과 맞닥뜨리는 것이 중요하다는 것을 역설하고 있는 말이지요.

　오늘 하루도 우리의 삶이 탁상공론이 아니라 현실 속에서 의미 있는 결과로 이어지기를 바라봅니다. 현실 속에서 살아 숨 쉬는 논의와 행동이야말로, 진정한 가치를 만들어내니까요.

03

'건곤일척'
― 하늘과 땅을 건 한 번의 승부수

　가끔 드라마나 다큐 등에서 주인공이 결정적인 순간에 승부수를 던질 때, 해설자는 "이 순간이 바로 건곤일척의 순간!"이라고 표현합니다. 조금은 어렵게 느껴질 수 있지만, 실생활에서도 중요한 시험이나 인생의 전환점에서 자주 만나는 상황이 바로 '건곤일척'의 순간입니다. 그렇다면 이 재미있고 특별한 표현은 어떤 의미와 유래를 갖고 있을까요?

　건곤일척(乾坤一擲)은 하늘(乾)과 땅(坤)을 걸고 주사위를 한 번 던진다(一擲)는 뜻의 한자성어입니다. 여기서 '건곤(乾坤)'은 하늘과 땅, 즉 온 세상을 의미하고, '일척(一擲)'은 주사위를 한 번 던진다는 뜻입니다. 따라서 이 단어는 운명을 걸고 단판승부를 겨루는 상황을 묘사할 때 자주 쓰입니다.

　이 말의 유래는 중국 후한 시대의 역사서인 『후한서(後漢書)』에서 비롯됩니다. 당시 후한을 세운 광무제 유수가 운명을 걸고 마지막 결전을 앞두었을 때, "이제 건곤(乾坤)을 걸고 한 번 승부를 가리겠다"고 선언한 데서 유래했습니다. 즉, 하늘과 땅을 걸 정도로 중요한 순간에서 모든 것을 건 마지막 도전을 의미하는 것입니다.

우리 삶 속에서도 '건곤일척'의 상황을 어렵지 않게 만납니다. 대표적으로 수능 시험날 아침, 수험생들은 모두 '건곤일척의 심정'으로 시험장에 들어섭니다. 고등학교 3년, 혹은 그 이상 오랜 시간 동안 노력해 온 결과를 단 하루의 시험으로 평가받는 긴장된 순간이기 때문입니다. 이때 학생들은 "오늘이 바로 건곤일척의 날이구나!"라며 마음을 다잡습니다.

사실 현대인의 삶 전체가 크고 작은 '건곤일척'의 순간들로 채워져 있습니다. 대학 입시, 취업 면접, 승진 시험 등, 우리의 인생은 늘 중요한 선택과 결정을 마주하며 건곤일척의 심정으로 도전할 때가 많습니다. 이런 순간들이 우리를 지나치게 긴장시키기도 하지만, 또 때로는 우리 인생에 극적인 긴장감을 불어넣어 주는 멋진 요소가 되기도 합니다.

건곤일척은 결코 일상에서 먼 고리타분한 옛말이 아닙니다. 우리 모두가 겪는 긴장되고, 설레며, 가슴 뛰는 순간을 가장 극적으로 표현해 주는 재미있는 말이자, 용기와 도전을 상징하는 멋진 단어입니다.

오늘도 우리 삶에는 크고 작은 건곤일척의 순간이 있을 것입니다. 그때마다 두려워하거나 망설이기보다는 당당히 나아가 보세요. 마치 인생의 주사위를 한 번 더 던지듯이 말입니다. 그 순간이 어쩌면 우리의 인생을 더욱 흥미롭게 만들어 줄지도 모릅니다.

04

'점심'
― 마음에 점 하나 찍는 시간

"점심 드셨어요?"

누군가에게 건네는 이 한마디는 단순한 인사 이상의 의미를 가집니다. 허기를 달래는 시간, 잠시 숨을 고르는 시간, 때로는 누군가와의 유쾌한 만남이 이루어지는 시간. 현대를 살아가는 우리에게 '점심'은 하루의 중심 같은 존재입니다. 하지만 이 익숙한 말이 처음부터 이렇게 무게 있는 식사를 뜻했던 건 아닙니다. '점심(點心)'이라는 말의 유래를 들여다보면, 뜻밖에도 소박하고 정갈한 의미가 숨어 있음을 알 수 있습니다.

'점심'은 순우리말이 아니라 한자로 이루어진 단어입니다. '點(점)'은 찍다, 조금, 가볍게 건드리다의 뜻을 가지고, '心(심)'은 말 그대로 마음이나 심장을 뜻하지요. 이 두 글자를 합치면 '마음에 점을 찍는다'로, 마치 조용히 마음을 눌러주는 행위처럼 풀이됩니다. 다시 말해, '점심'은 배를 든든히 채우는 식사가 아니라, 마음을 조금 다독이듯 허기를 달래는 간단한 먹거리였던 것입니다.

이 개념은 원래 불가(佛家)에서 비롯되었습니다. 스님들은 오전 중에 아주 가볍게 요기를 하곤 했는데, 이것이 바로 '점심'이었습니다. 허기를 달래되 욕심내지 않고, 마음을 맑게 유지하면서 수행에 방해되지 않는 수준의 식사였던 것이지요.

하지만 세월이 흐르면서 점심은 점점 다른 의미를 가지게 되었습니다. 특히 현대 사회로 들어오며 점심은 하루의 '주요 식사'로 바뀌게 되었고, 단순한 요기에서 벗어나 사교와 소통의 장, 또는 업무와 비즈니스의 연장선으로까지 확장되었습니다. 바쁜 일정을 쪼개 회의를 겸해 나가는 '비즈니스 런치'도 있고, 마음 맞는 사람들과의 점심 식사는 하루를 살아가는 큰 즐거움이 되기도 합니다. 요즘은 "저녁 약속은 부담스러우니 점심에 볼까요?"라고 말하는 이들도 많습니다. 점심은 이제 단순한 식사를 넘어, 사람과 마음을 잇는 시간이 된 것입니다.

그렇다고 점심이 '마음을 찍는 시간'이라는 원래의 의미를 완전히 잃은 것은 아닙니다. 오히려 하루 중 가장 중요한 리듬을 만들어 주는 '쉼표' 같은 시간으로서, 우리는 점심을 통해 무너진 컨디션을 다잡고, 흐트러진 마음을 정돈하며, 새로운 오후를 준비합니다. 밥 한 끼가 사람의 기분을 얼마나 바꿀 수 있는지, 우리는 이미 잘 알고 있지요.

그러니 다음에 누군가와 점심을 먹게 될 때, 혹은 혼자 도시락을 꺼내 드는 그 순간, 문득 이렇게 떠올려 보세요.

"지금 나는 마음에 조용히 점 하나를 찍고 있는 중이구나."

점심은 결국, 하루 중 한 번쯤 자신을 다독이고 삶의 호흡을 고르게 만드는 작은 의식이 아닐까요?

05

'난장판'
— 어지럽지만 의미있는

일상생활에서 "아이고, 이게 무슨 난장판이야!"라는 말을 자주 사용합니다. 아이들이 거실에서 장난감을 잔뜩 꺼내놓고 어지럽힐 때, 사람이 너무 많이 몰려 복잡하고 혼란스러울 때, 심지어 직장에서 회의가 제대로 진행되지 않고 서로 소리만 높일 때도 우리는 자연스럽게 '난장판'이라는 표현을 씁니다.

하지만 정확히 이 '난장판'이라는 단어가 어디에서 왔고, 무슨 뜻인지 궁금해하는 경우는 드뭅니다. 사실 우리가 자주 쓰는 '난장판'의 원래 표현은 바로 '난장(亂場)'이라는 한자어에서 비롯되었습니다.

'난장판'은 한자로 '어지러울 난(亂)' 자와 '마당 장(場)'이 결합된 말입니다. '난장(亂場)'이란 말 그대로 질서가 없이 어지럽혀진 장소를 뜻합니다. 즉, 혼란스러운 상황, 소란스럽고 정리되지 않은 상태를 표현할 때 쓰이는 말입니다. 여기에 '판'이라는 순우리말 접미사를 더해 강조하여 더 큰 혼란스러움을 나타내는 표현이 되었습니다. 말하자면 원래의 '난장'이라는 표현에 '판'을 붙여, 혼란스럽고 어지러운 분위기를 한층 더 강조한 것이지요.

우리 주변에서는 매일매일 난장판 같은 장면이 연출됩니다. 명절 때 오랜만에 가족들이 모이면 순식간에 집안이 난장판이 됩니다. 아이들이 뛰어놀고, 친척들이 다 같이 둘러앉아 음식을 먹고 떠들다 보면 금세 집안은 엉망이 되고 말죠. 하지만 신기하게도 사람들은 그런 난장판 속에서 오히려 웃고 떠들며 즐거워합니다. 조금 정신없기는 해도 정겹고 활기찬 분위기가 형성되는 것이죠. 또 사람들은 난장판의 시장 풍경에서 삶의 재미와 활기를 느낍니다. 너무 잘 정리된 마트보다는 시장 특유의 난장판 같은 분위기에서 더 인간적인 매력을 발견하곤 하죠.

사실 '난장판'은 무조건 나쁘기만 한 표현은 아닙니다. 때로는 너무 깔끔하고 질서 잡힌 상황보다는 약간 혼란스럽고 소란스러운 난장판이 더 활기차고 매력적이기도 합니다. 우리 삶도 가끔은 질서를 벗어나 자유롭고 생기 넘치는 난장판 같은 순간이 있어야 더 재미있고 인간적일지도 모릅니다. 그렇다고 항상 난장판 속에서 살아갈 수는 없겠지만, 가끔은 이런 혼란과 소란을 긍정적으로 받아들일 필요도 있습니다. 조금 정신없고 어지럽혀진 상태에서도, 사람들의 웃음소리와 활기가 있다면, 그것이야말로 살아있는 난장판의 매력이 아닐까요?

오늘 하루, 삶이 난장판처럼 느껴진다면 짜증 내기보다는 그 속에 숨겨진 즐거움과 재미를 한번 찾아보는 건 어떨까요? 때로는 난장판 속에서 예상치 못한 인생의 즐거움과 웃음이 피어나기도 하니까요.

06

'압권'
— 가장 빛나는 순간의 이름

"와, 이 장면은 진짜 압권이다!"

드라마의 감정 폭발 장면이나 공연의 클라이맥스, 누군가의 빼어난 발표를 본 뒤, 우리는 이렇게 감탄하곤 합니다. 이때의 '압권'은 단순한 칭찬을 넘어, "이건 최고다!"라는 강한 인상을 남기기 위한 표현입니다. 하지만 이 익숙한 단어 속에 담긴 유래를 알게 되면, 그 말의 무게와 품격이 훨씬 깊게 다가옵니다.

'압권(壓卷)'은 한자로 '누를 압(壓)'과 '책 권(卷)'이 합쳐진 단어입니다. 직역하면 '책을 누르다'라는 뜻이지만, 실제 의미는 훨씬 더 특별합니다.

이 단어는 중국의 과거(科擧) 제도에서 유래했는데, 이는 곧 '수많은 글 가운데 가장 뛰어난 글'을 가리키는 말로 확장되었습니다. 과거 시험에서는 수많은 응시자들이 글을 써 제출하고, 시험관들은 이를 채점했습니다. 그중에서도 가장 빼어난 답안지는 특별히 따로 구별하였는데, 그 방법이 바로 가장 우수한 답안지를 맨 위에 올려놓는 것이었습니다. 이때 맨 위에 위치한 답안지가 다른 답안지를 '누르고 있다' 하여 압권

(壓卷)이라는 말이 생겨난 것입니다. 말하자면, '압권'은 단순히 잘 썼다는 의미를 넘어서 모든 것을 압도하는 최고의 결과물을 뜻합니다.

이제 이 단어가 일상 속에서 어떻게 쓰이는지를 돌아볼까요? 우리는 압권이라는 말을 통해 '수많은 것 중 최고'라는 의미를 담아냅니다. 영화의 마지막 장면, 오케스트라 공연의 피날레, 소설 속 숨 막히는 반전, 발표 중 청중의 탄성을 자아낸 슬라이드 하나 ― 이 모든 것이 압권이 될 수 있습니다. 그것은 단순히 좋거나 인상적인 것을 넘어, 경쟁자나 비교 대상이 많을수록 더욱 빛나는, 최고의 순간입니다.

'압권'은 결코 우연히 만들어지는 것이 아닙니다. 과거 시험장에서 수많은 글 중 단 하나가 압권이 되기까지, 수험생들은 밤낮없이 고민하고 글을 다듬었습니다. 오늘날 우리가 마주하는 압권의 순간들 역시 오랜 노력과 세심한 준비, 그리고 진심 어린 열정이 뒷받침된 결과물입니다. 눈앞에 드러난 '최고'는 수많은 땀방울을 흘리며 올라선 것입니다. '압권'이라는 말을 떠올릴 때, 그것은 단순한 감탄이 아니라 존중과 경외의 표현이라는 점을 기억해야 합니다.

다음에 누군가 "정말 압권이었어요!"라고 말해준다면, 그것은 최고의 찬사입니다. 그리고 우리 역시 누군가의 압권이 될 수 있다는 사실도 잊지 마세요. 수많은 페이지 속 단 하나의 빛나는 장면처럼, 당신의 노력과 진심이 만들어낸 오늘의 한 순간이 누군가에게는 오래도록 기억될 압권이 될지 모릅니다.

07

'짐작'
— 말보다 앞서는 마음의 저울질

우리는 일상에서 자주 '짐작'이라는 단어를 사용합니다. "그 사람 기분이 안 좋아 보여. 짐작이 가더라.", "짐작했던 대로 일이 흘러갔어." 같은 표현 속에서 '짐작'은 누군가의 의도를 미리 알아차리거나, 어떤 상황을 겪기 전에 그 결과를 가늠해 보는 행위를 말합니다. 하지만 이 단어의 깊은 뿌리를 들여다보면, 단순한 추측이나 막연한 예상 이상의 의미가 담겨 있다는 것을 알게 됩니다.

'짐작'은 한자로 斟酌(짐작)이라고 씁니다. 斟(짐)은 '술을 넘치지 않게 따르는 것'을, 酌(작)은 '술을 조심스럽게 따르는 것'을 의미합니다. 두 글자의 공통점은 바로 절제와 신중함입니다. 술을 따르되 넘치지 않도록, 너무 적지도 않도록 조심스럽게 따르는 행동에서 비롯된 이 말은 상황을 조심스레 가늠하고, 신중하게 판단하는 마음의 태도를 보여줍니다.

생각해 보면 짐작이라는 행위는 일종의 마음속 저울질입니다. 상대의 표정, 말투, 분위기 같은 다양한 단서를 통해 우리가 직접 듣지 않아도, 보지 않아도 '이런 일이 있지 않았을까', '이 사람 지금 무슨 생각을 하고 있을까'를 미리 읽는 것이지요. 겉으로는 아무 말도 하지 않지만,

마음속에서는 이미 술잔을 따르듯 조심스럽게 상황을 판단하고 있는 것입니다.

예를 들어, 친구가 연락이 뜸해졌을 때 "요즘 바쁘겠지" 하고 생각하는 것도 하나의 짐작입니다. 그 짐작은 단순한 생각일 수도 있지만, 때로는 관계의 온도를 조율하는 데 중요한 역할을 합니다. 무턱대고 "왜 연락 안 해?"라고 묻기보다는, 조심스럽게 그의 상황을 짐작해 보는 것이 사려깊은 배려가 될 수 있으니까요. 그만큼 짐작은 감정의 폭주를 막아주는 정서적 완충장치이기도 합니다.

하지만 짐작이 늘 긍정적인 방향으로만 작용하는 것은 아닙니다. 때로는 부정적인 오해를 만들어내는 씨앗이 되기도 합니다. 단편적인 정보만으로 상대의 마음을 단정해 버리는 짐작은, 술을 넘치게 따라 버리는 실수처럼 관계를 어그러뜨릴 수 있습니다. 그래서 '짐작일 뿐이다'라는 여지를 남겨두는 것이, 타인을 판단할 때 필요한 최소한의 예의이기도 하지요.

언어는 그 시대의 삶과 감정을 담고 흘러갑니다. '짐작'이라는 말도 그저 단어 하나가 아니라, 인간관계의 복잡한 결을 담아내는 소중한 표현입니다. 직접 묻지 않고도 마음을 읽어보려는 노력, 감정의 잔을 넘치지 않게 조율하려는 태도, 그것이 바로 짐작입니다.

다음번에 누군가를 짐작하게 되는 순간이 온다면, 그 마음속에 담긴 술잔을 떠올려 보세요. 넘치지 않게, 조심스럽게, 그러나 따뜻하게. 짐작은 말보다 먼저 닿는 마음의 예술이니까요.

08

'어차피'
— 이래도 저래도 결국은

"어차피 안 될 거잖아."
"어차피 해야 할 일이라면 즐기자."

우리는 일상 속에서 '어차피'라는 말을 참 자주 사용합니다. 그 속에는 포기, 체념, 또는 다짐과 위로가 담겨 있기도 하지요. 그런데 이 익숙한 단어가 사실은 한자 於(어), 此(차), 彼(피)에서 유래했다는 사실, 알고 계셨나요? 한자 '於(어)'는 '~에서', '~의'와 같은 위치나 관계를 나타내고, '此(차)'는 '이것', '彼(피)'는 '저것'을 뜻합니다. 그러니까 '어차피'란 본래 이쪽이나 저쪽이나, 즉 이래도, 저래도 마찬가지라는 의미에서 출발한 표현입니다. 본래 의미만 보더라도, 벌써부터 약간의 체념 섞인 담담함이 느껴지지 않나요?

예를 들어, 친구에게 "어차피 늦었으니 천천히 가자"라고 말할 때, 거기에는 이미 결과가 정해져 있으니, 조급해하지 말자는 의미가 담겨 있습니다. 하지만 때로는 스스로를 위로하는 말이 되기도 합니다. "어차피 실수는 벌어졌으니 이제 수습하자." 이렇게 말하면 변화할 수 없는 상황을 인정하고 그 안에서 현실적인 선택을 하려는 태도지요. 이렇듯

'어차피'라는 말이 항상 부정적인 의미만 갖는 것은 아닙니다. 오히려 이 단어는 결정을 단순화하고, 감정을 정리하게 만드는 언어적 힘이 있습니다.

현대인들에게 '어차피'는 어쩌면 하나의 생존 전략이자 삶의 방식일지도 모릅니다. 모든 것을 완벽히 통제할 수 없는 시대, 예측불허한 미래 속에서 우리는 수많은 '어차피'를 마주합니다. "어차피 변하지 않을 사람이라면 기대하지 말자.", "어차피 해야 할 거, 지금 해버리자." 때로는 체념 같지만, 거기에는 상황을 받아들이고, 앞으로 나아가기 위한 결단이 숨어 있습니다.

그래서 '어차피'는 쓰는 사람이 어떻게 마음을 쓰느냐에 따라 완전히 다른 카드가 됩니다. 현실을 받아들이되, 그 위에서 새로운 발걸음을 떼기 위한 도약대가 되기도 하고, 반대로 포기를 정당화하는 변명이 되기도 하지요. 중요한 것은 그 말을 내뱉는 나의 태도입니다.

다음에 '어차피'라는 말을 입에 올리게 된다면, 그 말을 왜 하는지 자신에게 한 번 물어보세요. 포기인지, 수용인지, 위로인지, 아니면 다시 시작하려는 다짐인지. 그 단어 하나에 당신의 지금 마음이 담겨 있을지도 모릅니다. 어차피 살아야 할 인생이라면, 좀 더 멋지게, 조금 더 나답게 살아보는 건 어떨까요?

09

'도대체'
— 얼마나 큰 몸을 보여 주려고

 '도대체'라는 말, 우리 일상에서 안 써본 사람이 있을까요? 화가 날 때도, 답답할 때도, 궁금할 때도 우리는 자연스럽게 "도대체 왜 그러는 거야?"라고 외치곤 합니다. 그런데 이 단어의 의미를 알면 더 흥미롭습니다. '도대체'는 한자 도(都), 대(大), 체(體)에서 유래한 말로, 각각 '전부, 모두', '큰, 아주', '몸통, 본질'이라는 뜻을 지니고 있습니다. 다시 말해 어떤 큰 대상의 전부, 모두 등을 모두 일컫는 말입이다.
 이런 의미를 알고 나면, 우리가 '도대체'라고 외칠 때 단순히 궁금한 게 아니라, 정말로 본질을 알고 싶은 강한 열망이 담겨 있음을 깨닫게 됩니다. 시험 문제가 너무 어려울 때 "도대체 누가 이런 문제를 만든 거야?"라고 하거나, 친구가 도무지 이해할 수 없는 행동을 할 때 "도대체 왜 이러는 거야?"라고 하는 것도 같은 맥락이죠. 단순한 의문이 아니라, 답답함과 탐구심이 합쳐진 표현이라고 볼 수 있습니다.
 재미있는 점은 '도대체'라는 표현이 감탄사처럼 쓰이면서도, 깊이 있는 사고를 유도하는 도구가 된다는 것입니다. 어떤 문제를 해결할 때, 표면적인 현상만 보는 것이 아니라 그 뒤에 숨은 원인과 논리를 파악하려는 자세가 바로 '도대체 정신'이 아닐까요? 과학자들이 새로운 연구를 할 때도 "도대체 왜 이런 일이 벌어지는 걸까?"라는 질문을 던지며 탐구를 시작합니다. 기자들도 사건을 조사하면서 "도대체 왜 이런 일이 일어난 거지?"라고 분석합니다. 이렇게 보면 '도대체'는 그저 짜증 낼 때만 쓰는 말이 아니라, 논리적 사고의 시작점이 될 수도 있습니다.

또한, 이 단어는 감정적인 상황에서도 자주 사용합니다. 친구가 계속 약속을 어긴다면 "도대체 몇 번을 말해야 알아듣겠어?"라고 말하면서 불만을 표출하죠. 하지만 같은 단어라도 어떻게 쓰느냐에 따라 의미가 완전히 달라질 수 있습니다. '도대체 왜 안 하는 거야?'라고 묻는 대신, '도대체 어떻게 하면 할 수 있을까?'라고 바꿔 말하면 문제 해결의 방향으로 나아갈 수 있습니다.

우리 삶에서 '도대체'는 단순한 질문이 아닙니다. 어떤 상황에서도 본질을 파헤치고, 원인을 찾고, 해결책을 고민하는 중요한 사고방식입니다. 그러니 다음에 '도대체'라는 말을 쓸 때는 단순히 답답함을 토로하는 대신, 한 발짝 더 나아가 문제를 해결하는 방향으로 사용해 보는 건 어떨까요? '도대체'라는 질문 하나만으로도, 우리의 사고방식과 행동이 더 논리적이고 주체적으로 변할 수 있을지도 모릅니다.

10

'별안간'
— 눈 깜짝할 사이의 마법 같은 순간

"별안간 비가 쏟아졌다."
"별안간 들려온 소식에 모두가 놀랐다."
"별안간 아이가 울음을 터뜨렸다."

우리는 갑작스럽고 예기치 못한 일이 일어났을 때, 본능처럼 '별안간'이라는 단어를 꺼내 듭니다. 이 짧은 단어에는 어떤 상황도 순식간에 바꿔버릴 만큼 강한 충격을 담고 있습니다. 그런데 이 '별안간'이라는 말의 어원을 들여다보면, 그 속에 담긴 시간의 감각이 얼마나 섬세한지를 새삼 느낄 수 있습니다.

'별안간(瞥眼間)'은 세 개의 한자로 이루어져 있습니다. 瞥(별)은 '힐끗 보다', 眼(안)은 '눈', 間(간)은 '사이, 순간'을 뜻합니다. 이를 조합하면 '눈을 힐끗하는 사이', 즉 눈 깜짝할 사이라는 뜻이 됩니다. 우리가 어떤 장면을 힐끗 보고 눈을 다시 돌리기까지 걸리는 시간, 아마도 1초도 되지 않을 그 찰나의 순간을 가리키는 말이 바로 '별안간'인 것입니다.

이 단어는 시간의 짧음을 표현하는 동시에, 예상치 못한 사건의 돌발성까지 담아냅니다. 단지 짧은 시간이 흘렀다는 것만이 아니라, 그 짧은 시간 안에 무언가 극적인 변화가 일어났다는 의미입니다.

실생활에서 '별안간'은 늘 우리 곁에 있습니다. 출근길, 별안간 스마트폰에 긴급 알림이 울릴 수 있고, 친구와 평화롭게 대화를 나누다가도 별안간 분위기가 싸해질 수 있습니다. 혹은 하늘을 멍하니 바라보다가 별안간 문득 떠오른 생각 하나가 인생의 방향을 바꿔놓기도 하죠. 이처럼 별안간은 일상의 틈을 파고드는 '순간의 전환점'이라 할 수 있습니다.

'별안간'은 찰나의 순간이 얼마나 강력할 수 있는지를 보여주는 말입니다. 긴 시간을 들이지 않아도, 단 한순간이 사람의 마음을 바꾸고, 흐름을 뒤흔들 수 있다는 것을 알려줍니다. 마치 우리가 눈을 힐끗 돌린 사이, 계절이 바뀌고, 마음이 흔들리고, 인생이 한 걸음 움직이듯이요.

그러나 별안간이라는 말은 항상 극적인 사건이나 감정만을 수반하는 것은 아닙니다. 때로는 아주 사소한 일에도 쓰일 수 있습니다. "별안간 고양이가 내 무릎 위에 올라왔다"처럼요. 그 순간은 사소하지만, 누군가에게는 하루 중 가장 따뜻한 기억이 되기도 합니다. 결국 별안간은 그 사건의 크기보다, 그 순간이 일상 속에 얼마나 강하게 스며드는지를 보여 줍니다.

오늘 당신에게도 별안간 어떤 일이 벌어질지 모릅니다. 예기치 않은 만남, 문득 떠오른 아이디어, 혹은 사소하지만 기분 좋은 변화. 그 순간을 알아채고 반응하는 능력, 그것이 어쩌면 삶의 감각인지도 모르겠습니다. 별안간 찾아온 그 찰나의 순간, 당신은 어떤 반응을 할 준비가 되어 있나요?

9장

한자어 속 우리말 2

01 '식도락' – 맛을 탐험하는 즐거움
02 '현관' – 단어의 의미와 실생활 속 이야기
03 '용수철' – 용의 수염을 닮은 탄성의 마법
04 '금일봉' – 월급이 아니라 밀봉해서 주는 금품
05 '염두' – 생각의 시작을 아는 지혜
06 '수육' – 물이 아닌 익힘의 미학
07 '무작정' – 신중함을 잃은 선택의 이름
08 '섭렵' – 경험이라는 사냥을 떠나는 길
09 제육볶음의 비밀, '저육'에서 비롯된 이름
10 '소정'의 선물 – 미리 정해진 마음의 표현

01

'식도락'
— 맛을 탐험하는 즐거움

　사람이 살아가는 데 있어 가장 기본적인 활동 중 하나가 '먹는 것'입니다. 그러나 단순히 배를 채우기 위해 음식을 섭취하는 것이 아니라, 다양한 음식을 맛보는 것 자체를 즐거움으로 삼는 사람들이 있습니다. 이를 우리는 '식도락(食道樂)'이라 부릅니다. 식도락은 한자를 통해 그 의미를 더욱 깊이 이해할 수 있습니다. 식도락은 한자로 '食(먹을 식)', '道(길 도)', '樂(즐길 락)'으로 구성되어 있어, 각각의 한자를 해석하면 단순한 식사가 아니라, 음식을 탐험하고 즐기는 과정 자체를 의미하는 말입니다. 미식의 길을 따라 다양한 요리를 경험하고, 맛과 향, 식감, 조화를 음미하며 음식이 주는 기쁨을 누리는 것입니다.
　'식도락'이라는 개념은 현대적인 것이 아니라, 오랜 세월 동안 인간의 삶 속에서 중요한 역할을 해왔습니다. 역사적으로 사람들은 맛있는 음식을 찾아다니고, 새로운 요리를 개발하며, 음식의 가치를 높이 평가해 왔습니다.
　중국에서는 일찍부터 음식 문화가 발달하였으며, 미식(美食)을 중요하게 여겼습니다. 특히 송나라 시대에는 다양한 지역의 음식을 탐험하고 즐기는 것이 유행하였으며, 귀족뿐만 아니라 일반 서민들도 새로운 요리를 시도하는 것을 즐겼습니다. 중국의 대표적인 미식가로는 소동파(蘇東坡)가 있습니다. 그는 유명한 문인이자 관리였지만, 동시에 요리 연구가로도 활동하며 '동파육(東坡肉)'이라는 요리를 개발하였습니다. 또한, 옛말에 "먹는 것은 하늘이 내린 즐거움이다(食者天之樂也)"라는 말이 있는데, 이는 음식이 단순한 생존 수단이 아니라, 삶의 중요한 기쁨임을 강조하는 표현이라 할 수 있습니다.

오늘날 '식도락'은 더욱 널리 퍼진 개념이 되었습니다. 여행을 가면 지역의 별미를 찾아 먹고, 유명한 맛집을 방문하며, SNS에 음식 사진을 공유하는 것도 식도락의 한 형태입니다. 음식을 즐기는 것은 여행의 중요한 요소입니다. 새로운 도시를 방문하면, 그 지역의 대표 음식을 맛보는 것은 필수적인 경험이 됩니다. 또한 식도락은 단순한 미식이 아니라, 삶을 더욱 풍요롭게 만드는 하나의 철학이 될 수도 있을 것입니다.

우리 모두는 자신만의 방식으로 식도락을 즐길 수 있습니다. 맛집을 찾아다니며 새로운 음식을 경험하거나, 직접 요리를 해 보면서 재료의 맛을 탐구할 수도 있습니다. 또는 와인과 치즈, 커피와 디저트를 매칭하며 미식의 세계를 넓혀보는 것도 좋은 방법입니다. 잘 먹는 것이 곧 잘 사는 것입니다. 오늘은 어떤 맛있는 음식을 먹으며, 행복한 '식도락'을 즐겨볼까요?

02

'현관'
— 단어의 의미와 실생활 속 이야기

아침마다 집을 나설 때, 우리는 자연스럽게 현관문을 엽니다. 친구나 손님이 찾아오면 제일 먼저 마주하는 곳도 현관이죠. 그런데 이 익숙한 단어 '현관(玄關)'에는 생각보다 깊은 뜻이 담겨 있습니다. 단순히 신발을 벗고 들어가는 공간이 아니라, 동서양을 막론하고 '시작'과 '경계'를 상징하는 중요한 장소로 여겼습니다.

'현관(玄關)'은 한자로 '玄(검을 현, 오묘할 현)'과 '關(관문 관)'이 결합된 단어입니다. '현'은 심오하고 오묘한 것을 뜻하며, '관'은 들어가는 입구, 즉 문을 의미합니다. 원래 이 단어는 불교에서 유래한 개념으로, '깊고 묘한 진리로 들어가는 관문'이라는 철학적 의미를 담고 있었습니다. 즉, 마음을 닦아 진리로 들어가는 시작점, 일종의 '영적 입구'를 가리키는 말이었습니다.

하지만 시간이 흐르면서 '현관'이라는 말은 종교적 의미를 떠나 건축 용어로 확장되었습니다. 지금 우리가 말하는 현관은 '집이나 건물의 주된 출입구'라는 의미로 자리 잡게 된 것이죠. 그렇다고 해서 그 의미가 가벼워졌다는 말은 아닙니다. 오히려 공간의 성격이 바뀌면서 더 넓은 해석이 가능해졌다고 볼 수 있습니다.

현관은 단순히 물리적인 출입구 이상의 역할을 합니다. 가족의 일상을 시작하고 마무리하는 공간이며, 외부 세계와 내부 공간을 나누는 경계선이기도 합니다. 아침에 출근하며 문을 나서는 순간, 우리는 '사회인'의 얼굴을 쓰고 세상 속으로 들어갑니다. 반대로 퇴근 후 다시 현관을 통해 집으로 들어오는 순간, 우리는 다시 '개인'으로 돌아오게 됩니다.

또한 현관은 집의 첫인상을 결정하는 곳이기도 합니다. 깨끗하게 정돈된 현관은 집 전체에 대한 긍정적인 이미지를 심어주며, 손님을 환영하는 따뜻한 분위기를 조성합니다. 반면 어지럽고 정리되지 않은 현관은 그 집은 물론 거주하는 사람들의 이미지를 좋지 않게 형성하기도 합니다. 이처럼 현관은 '공간의 얼굴'이라고도 할 수 있습니다.

다시 불교적 의미로 돌아가 보면, 현관은 단지 물리적인 입구가 아니라 '마음의 문'이기도 합니다. 세상과 나 사이의 경계, 감정과 이성 사이의 전환점, 바쁜 삶과 고요한 사색 사이를 오가는 통로인 셈입니다. 그렇게 본다면 우리는 하루에도 몇 번씩 '현관'을 통과하며 새로운 나를 마주하고 있는지도 모릅니다.

익숙해서 무심코 지나치는 단어, '현관'. 하지만 그 속엔 일상과 철학, 공간과 상징이 오롯이 녹아 있습니다. 다음번에 현관문을 열 때는 단순히 밖으로 나간다는 생각을 넘어서, 새로운 하루의 시작점, 혹은 내면으로 들어가는 관문이라는 생각을 해보는 건 어떨까요?

03

'용수철'
— 용의 수염을 닮은 탄성의 마법

 우리말 속에서 한자어는 일상적으로 널리 쓰이며, 그중에는 우리가 흔히 사용하지만 유래를 깊이 생각해보지 않는 단어들도 많습니다. 그중 하나가 바로 '용수철(龍鬚鐵)'입니다. 용수철은 우리가 쉽게 떠올리는 스프링(spring)이라는 물건을 가리키는 말로, 각종 기계 장치와 생활용품에서 중요한 역할을 합니다. 하지만 '용수철'이라는 한자어가 어떻게 만들어졌으며, 어떤 의미를 담고 있는지에 대해 생각해 본 적이 있습니까?

 '용수철'이라는 단어를 풀어보면 '용(龍)'은 용을 뜻하고, '수(鬚)'는 수염, '철(鐵)'은 쇠를 의미합니다. 즉, 용의 수염처럼 생긴 철이라는 뜻입니다. 이는 용수철의 형태가 구불구불한 용의 수염과 닮았다는 데서 유래한 것입니다. 실제로 용수철을 보면 둥글게 말려 있는 모습이 용의 긴 수염이 바람에 휘날리는 형상과 유사하다는 점에서 이러한 명칭이 붙여진 것으로 보입니다.

 이 단어는 일제강점기 때 일본에서 사용하던 '龍鬚鋼(류슈코)'라는 표현이 우리나라로 전래되면서 만들어졌다는 설이 있습니다. 일본에서는 처음에 특수한 강철 소재를 가리키는 말로 사용했으나, 점차 탄성을 지닌 금속을 통칭하는 단어로 확장되었습니다. 우리나라에서도 이 개념이 받아들여지면서 '용수철'이라는 말이 스프링을 의미하는 용어로 정착하게 되었습니다.

용수철은 탄성과 복원력을 갖춘 금속 소재로, 다양한 용도로 사용됩니다. 대표적인 예로 자동차 서스펜션, 볼펜 심, 매트리스, 각종 기계 장치의 스프링 등이 있습니다. 용수철의 가장 큰 특징은 외부에서 힘을 가하면 일정한 변형이 일어나지만, 힘을 제거하면 원래 형태로 돌아가려는 성질을 가지고 있다는 점입니다. 이러한 성질 덕분에 다양한 장치에서 충격을 흡수하거나 힘을 조절하는 역할을 하며, 인간의 편리한 삶을 돕고 있습니다.

이처럼 용수철은 단순한 구조를 가진 듯하지만, 우리의 일상속에서 없어서는 안 될 중요한 요소입니다. 특히 현대 산업과 기계공학에서 용수철은 필수적인 부품으로 사용되며, 다양한 형태와 기능을 가지는 발전된 용수철 기술이 끊임없이 개발되고 있습니다. 이제부터라도 용수철을 볼 때 단순한 스프링이 아니라 '용의 수염처럼 구불구불하면서도 강한 탄성을 가진 철'이라는 의미를 떠올려 보면 어떨까요? 우리가 사용하는 단어 하나에도 재미있는 유래와 의미가 담겨 있다는 점을 기억하며, 주변 사물에 대한 호기심을 더욱 키워보는 것도 흥미로운 일이 될 것입니다.

04

'금일봉'
— 월급이 아니라 밀봉해서 주는 금품

우리말에는 유사한 형태를 가졌지만, 뜻이 전혀 다른 단어들이 많습니다. 이러한 단어들을 정확히 알고 사용하는 것은 원활한 의사소통뿐만 아니라 언어의 깊이를 이해하는 데에도 중요합니다. 그중에서도 흔히 오해되는 단어 중 하나가 바로 '금일봉(金一封)'입니다. 많은 사람들이 이를 '봉급'이나 '연봉'과 연관 짓지만, 실제로는 전혀 다른 의미를 지니고 있습니다.

금일봉(金一封)은 '금액을 무시하고 종이에 싸서 봉하여 주는 상금, 격려금, 기부금' 등을 뜻하는 말입니다. 여기서 '봉(封)'은 '봉하다', 즉 '싸서 밀봉하다'는 뜻을 가지고 있으며, '금(金)'은 '금전' 또는 '귀중한 것'을 의미합니다. 즉, '금일봉'은 특정한 목적을 가지고 종이에 싸서 전달하는 금품을 의미하는 것입니다. 이때 금액을 밝히지 않는 것이 일반적이며, 정해진 액수가 아니라 주는 사람의 형편과 뜻에 따라 달라질 수 있습니다.

금일봉은 주로 격려나 기부의 의미로 사용되며, 정치·사회적 맥락에서 국가나 단체의 수장이 특정인이나 단체에게 전달하는 금품을 의미하기도 합니다. 예를 들어, 국가 원수가 국가유공자나 사회적 공헌이 있는 인물에게 전달하는 경우를 떠올릴 수 있습니다. 또한, 회사나 조직에서 직원들에게 감사의 뜻으로 금일봉을 전달하는 경우도 있습니다.

많은 사람들이 금일봉을 '봉급'이나 '연봉'과 혼동하는데, 이는 단어에 포함된 '봉(封)'이 주는 착각 때문입니다. '봉급(俸給)'에서 '봉(俸)'은 '녹봉(祿俸)'에서 나온 말로, 예로부터 관료들이 받는 급여를 뜻했습니다. 즉, 봉급은 직장에서 일한 대가로 정기적으로 지급되는 급여를 의미합니다. '연봉(年俸)'의 '봉(俸)' 역시 급여의 개념이며, 이는 연 단위로 지급되는 보수를 뜻합니다. 따라서 봉급과 연봉은 급여 개념의 단어인 반면, 금일봉은 특정한 상황에서 격려나 감사의 의미로 일회적으로 전달되는 금품이라는 점에서 차이가 있습니다.

우리말을 정확히 사용하는 것은 단순한 문법적 문제를 넘어, 올바른 의사소통을 위해 필수적입니다. 만약 금일봉을 봉급이나 연봉과 혼동하여 사용한다면, 본래의 의미가 왜곡될 뿐만 아니라 듣는 사람도 혼란을 느낄 수 있습니다. 가령, 누군가에게 "회사에서 금일봉을 받았다"고 말했을 때, 상대방이 이를 월급에 더해진 보너스 개념으로 받아들일 수도 있습니다.

금일봉은 단순한 돈이 아니라, 그 속에 노고에 대한 격려와 감사의 뜻이 담긴 금품입니다. 따라서 단어를 사용할 때도 그 의미를 정확히 이해하고 써야 합니다. 금일봉의 올바른 의미를 이해하고, 앞으로는 적절한 상황에서 정확히 사용함으로써 우리말을 더욱 풍부하게 활용해 보는 것은 어떨까요?

05

'염두'
― 생각의 시작을 아는 지혜

"염두에 두다"라는 표현, 우리는 일상에서 자주 사용합니다. "그건 염두에 두고 있어요.", "염두하지 않았던 일이에요." 같은 말은 누구나 한두 번쯤 써봤을 것입니다. 하지만 막상 '염두'라는 단어의 뜻을 제대로 설명해 보라고 하면 선뜻 입이 떨어지지 않기도 합니다. 국어사전에 따르면 '염두(念頭)'는 생각의 시초나 마음속을 의미하는 명사입니다. 즉, 어떤 생각이 마음속에서 싹트기 시작하는 그 시작점이 바로 '염두'인 셈입니다.

'염두'는 '생각 염(念)'과 '머리 두(頭)'가 합쳐진 말입니다. 직역하면 '생각이 머리에 있다'는 뜻이지요. 흥미로운 점은 이 단어가 단순히 '머리로 떠올리는 생각'에 그치지 않고, '마음속 깊이 자리 잡은 의식'이라는 뉘앙스를 가지고 있다는 것입니다. 그래서 '염두에 두다'는 말은 단순히 알고 있다는 의미보다는, 그것을 마음 한 켠에 깊이 새기고 있다는 뜻에 가깝습니다.

예를 들어 누군가가 "그 일은 항상 염두에 두고 있어요."라고 말할 때, 우리는 그가 그 일을 신중하게 고려하고 있으며, 무심코 흘려보내지 않고 있다는 걸 느낍니다. 염두는 단지 머릿속에 떠오르는 생각이 아니라, 책임감이나 관심, 혹은 감정이 실린 사려 깊은 태도를 나타내는 단어입니다.

실생활 속에서도 '염두'는 다양한 상황에서 존재감을 드러냅니다. 취업을 준비하는 학생이 기업 설명회를 듣고는 "이 회사를 염두에 두고 준비 해야겠다"고 다짐하거나, 부모가 자녀를 걱정하며 "네 건강을 늘 염두에 두고 있다"고 말할 때, 그 말 속에는 단순한 관심을 넘은 깊은 마음이 배어 있습니다. '염두'는 무게를 가진 단어입니다. 무언가를 마음에 담고 진지하게 받아들인다는 뜻이기에, 쉽게 툭 던지는 말보다 훨씬 더 진중한 울림이 있습니다.

'염두'라는 단어는 우리의 언어 속에서 보이지 않는 마음의 깊이를 드러냅니다. 무언가를 생각하고 있다는 것을 단순히 "생각하고 있어요"라고 말하는 것과 "염두에 두고 있어요"라고 말하는 것 사이에는 미묘하지만 분명한 차이가 있습니다. 전자는 머릿속 생각을 말하는 반면, 후자는 마음의 결을 건드리는 말입니다.

오늘 하루, 무심코 스쳐 지나간 일이 아니라, 마음속 어딘가 조용히 자리 잡은 그 생각 하나쯤은 있을 것입니다. 때로는 그 염두 속의 생각이, 앞으로 나아갈 길을 결정짓는 중요한 단서가 되어주기도 합니다. 그러니 사소해 보이는 생각 하나라도, 염두에 두고 천천히 들여다보는 습관을 가져보는 건 어떨까요? 마음속 가장 깊은 곳에서 출발한 생각이, 결국 가장 진실된 선택으로 이어지기 마련이니까요.

06

'수육'
— 물이 아닌 익힘의 미학

'수육'이라는 단어를 처음 들으면, 어딘가 조금 엉뚱한 상상이 떠오릅니다. "손으로 만든 고기?" 혹은 "물을 넣고 끓인 고기니까 수(水)육 아닐까?"라는 생각 말입니다. 실제로 대부분의 사람들은 '수육(水肉)'을 물에 삶은 고기로 알고 있습니다. 하지만 놀랍게도 이 단어의 진짜 어원은 '手'나 '水'가 아닌 '熟(익을 숙)'입니다. 즉, '수육'은 '손 고기'도, '물 고기'도 아닌, '충분히 익힌 고기'인 '숙육(熟肉)'에서 유래한 것입니다.

숙육은 말 그대로 고기를 완전히 익힌 상태를 말하며, 이는 반드시 물에 삶는 조리법에 국한되지 않습니다. 구워도, 쪄도, 푹 삶아도 고기가 충분히 익었다면 모두 숙육이라 할 수 있지요. 다만 오늘날 우리가 흔히 말하는 수육은 주로 돼지고기를 물에 삶아 먹는 방식으로 굳어졌기 때문에, 그 어원이 오해되기 쉬웠던 것입니다.

우리 일상 속에서 수육은 특별한 자리에 자주 등장합니다. 김장철에는 푹 삶은 돼지고기 수육을 갓 담근 배추김치에 싸 먹는 것이 일종의 전통처럼 이어져 오고 있습니다. 또 제사상에도, 술안주 자리에도, 가끔은 잔칫상이나 생일상에도 빠지지 않는 음식입니다. 퍽퍽하지 않도록 삶아낸 고기 한 점을 간장 양념이나 새우젓에 찍어 입에 넣으면, 담백한 맛과 함께 어쩐지 마음까지 따뜻해지는 듯한 기분이 듭니다.

수육은 화려한 맛보다는 정갈하고 진득한 맛이 특징입니다. 기름을 걷어내고 오래도록 삶아낸 고기는, 자극적이지 않지만 속을 든든히 채워주는 힘이 있습니다. 마치 삶에 지친 날, 누군가 조용히 내미는 따뜻한 말 한마디 같은 맛이지요. 그래서 수육은 단순한 음식이 아니라, 사람의 마음을 다독이는 음식이라 할 수 있습니다.

언뜻 보면 단순하고 소박한 음식처럼 느껴지는 수육. 하지만 그 이름 뒤에는 오해와 진실, 그리고 오랜 시간과 정성이 숨어 있습니다. '손 고기'도, '물 고기'도 아닌 '익은 고기'로서의 수육은, 우리네 삶처럼 겉으로 보기엔 평범하지만 그 속엔 깊은 이야기가 담겨 있습니다.

오늘 저녁, 수육 한 점 앞에 앉게 된다면 그 고기의 진짜 이름과 유래를 떠올려보는 건 어떨까요? 이름 하나에도 오래된 문화와 지혜가 담겨 있는 우리말의 묘미, 그리고 음식에 담긴 정성의 무게를 다시금 느껴볼 수 있을 것입니다. 익히는 시간이 오래 걸릴수록, 수육은 더 부드러워지듯, 우리의 삶도 천천히 익어갈 때, 더욱 맛있고 의미가 있는 법이니까요.

07

'무작정'
― 신중함을 잃은 선택의 이름

　우리는 살아가면서 종종 '무작정'이라는 단어를 입에 올립니다. "무작정 떠나고 싶다", "무작정 따라갔다가 고생했다", "그땐 무작정 믿었지" 등. 감정이 앞설 때, 혹은 계획 없이 즉흥적으로 무언가를 시작할 때 우리는 '무작정'이라는 말을 씁니다. 그런데 이 친숙한 단어의 한자를 들여다보면, 생각보다 깊은 뜻이 숨어 있음을 알 수 있습니다.

　'무작정(無酌定)'은 '없을 무(無)', '헤아릴 작(酌)', '정할 정(定)'으로 구성된 한자어입니다. 즉, '무작정'은 말 그대로 '헤아려 정하지 않음'을 뜻합니다. 여기서 '작'은 단순히 술을 따르는 행동이 아니라, 무언가를 신중하게 가늠하거나 판단하는 행위를 의미합니다. '정'은 어떤 기준이나 방향을 정하는 것을 말하니, 결국 무작정은 생각이나 계획 없이 움직이는 상태를 뜻하는 셈입니다.

　실생활에서 이 단어의 의미를 가장 잘 보여주는 예가 바로 술자리입니다. 처음엔 가볍게 한두 잔으로 시작했는데, 분위기가 좋다고 무작정 들이키다 보면 어느새 자신도 모르게 주량을 훌쩍 넘게 됩니다. "어제는 무작정 마셔서 기억이 안 나"라는 말은 단순한 에피소드가 아닙니다. 이 말 속엔 신중함 없이 감정에 휩쓸린 결과가 담겨 있지요. 필름이 끊기고, 해서는 안 될 말이나 행동을 하고, 결국 다음 날 깊은 후회를 남깁니다.

이처럼 무작정의 행위는 대부분 충동에서 비롯되지만 때로는 좋게 포장되기도 합니다. "무작성 용기를 냈다", "무작정 떠난 여행에서 인생을 배웠다"와 같은 문장은 어떤 낭만이나 자유로움마저 느껴집니다. 실제로 가끔은 그런 무작정의 선택이 삶의 전환점이 되기도 합니다. 그러나 그것은 어디까지나 예외적인 상황입니다. 대부분의 무작정은, 준비 없이 뛰어든 일에서 오는 혼란과 후회를 남깁니다. 특히 현대 사회처럼 정보가 넘쳐나고 속도가 중요한 시대에는 '무작정'이 더욱 위험할 수 있습니다.

그렇다고 해서 무작정이 무조건 나쁘기만 한 것은 아닙니다. 때로는 지나친 계산과 계획이 오히려 우리를 움츠러들게 하기도 합니다. 불확실한 미래 앞에서 망설이다가 아무것도 하지 못하는 것보다는, 어느 정도의 무작정함이 필요할 때도 있습니다. 단, 그것은 충동이 아닌 '감정과 직관에 따른 결단'일 때 더 건강한 방향으로 작용합니다.

지금부터 무언가를 '무작정' 하려는 충동이 들 때, 잠깐 멈춰 생각해 보는 건 어떨까요? 나는 지금 '작정(酌定)' — 즉, 충분히 생각하고 방향을 정하는 일 — 을 거쳤는가? 그 짧은 생각의 시간이, 결과를 완전히 달라지게 만들지도 모릅니다. 무작정 앞에 잠시 멈춤을 둘 줄 아는 사람이, 결국 더 멀리, 더 바르게 나아가는 법입니다.

08

'섭렵'
— 경험이라는 사냥을 떠나는 길

    우리는 어떤 분야에 능숙한 사람을 보며 "저 사람은 참 많이 섭렵했구나"라고 말합니다. 또는 독서를 즐기는 이들에게 "다양한 분야의 책을 섭렵하고 있어요"라는 표현을 쓰기도 하지요. 그런데 이 '섭렵(涉獵)'이라는 단어의 본래 의미와 유래를 알고 나면, 그 말 속에 담긴 이미지가 훨씬 생생하게 다가옵니다.

    '섭렵'은 한자로 '건널 섭(涉)'과 '사냥 렵(獵)'이 결합된 말입니다. '섭'은 물이나 강을 '건너다', '넘나들다'는 뜻이고, '렵'은 말 그대로 '사냥하다'를 의미합니다. 즉, 섭렵은 '사냥감을 찾아 이 물 저 물을 건너며 돌아다니는 것'에서 유래한 표현입니다. 고정된 장소에 머물지 않고, 끊임없이 이동하며 새로운 것을 추구하는 행동. 그것이 바로 섭렵의 본래 모습인 셈입니다.

    오늘날 우리는 더 이상 실제 사냥을 떠나지는 않지만, 지식이나 경험이라는 '사냥감'을 찾아 다양한 책을 읽고, 분야를 넘나들며 배움을 이어갑니다. 즉, 책과 경험의 세계를 자유롭게 넘나들며 지식을 얻는 것, 그것이 곧 현대인의 '섭렵'입니다.

예를 들어 독서를 좋아하는 사람이 있다고 합시다. 처음에는 문학책만 읽다가, 어느 날 철학서에 손을 대고, 경제학, 심리학, 자연과학으로 관심을 넓혀 갑니다. 그가 한 분야에만 머무르지 않고, 마치 사냥꾼이 새로운 사냥감을 찾듯 이 책 저 책을 넘나들며 읽는 모습이 바로 섭렵입니다. 단순히 많이 읽는 것이 아니라, 넓게 읽고, 연결하고, 자신만의 관점을 세우는 과정이죠.

요즘처럼 한 가지 전문성만으로는 살아가기 힘든 시대, 섭렵의 중요성은 점점 더 커지고 있습니다. 다방면에 대한 이해와 경험은 하나의 지식과 기술을 더 깊이 있게 만들고, 예상치 못한 순간에 창의적인 연결을 만들어 냅니다. 예컨대, 미술을 전공한 사람이 경영을 배우면 색다른 브랜딩 전략을 세울 수 있고, 과학자가 문학적 감성을 갖추면 대중과 소통하는 방식이 훨씬 풍부해집니다. 결국 섭렵은 창의력의 근원이며, 유연한 사고의 출발점이라 할 수 있습니다.

오늘날 우리는 언제든 정보의 강을 건널 수 있는 시대에 살고 있습니다. 스마트폰 하나만 있어도 전 세계의 책과 영상, 강연과 사람들을 만날 수 있습니다. 그만큼 섭렵의 기회도 무한하지만, 그만큼 의도와 선택이 중요해졌습니다. 무엇을 섭렵할 것인가, 어떤 방식으로 내 것으로 만들 것인가에 대한 고민이 필요합니다.

결국 섭렵은 단순한 '많이 알기'가 아니라, 어떻게 탐색하고, 어떻게 연결하며, 어떻게 삶에 녹여낼 것인가에 대한 이야기입니다. 지식의 사냥꾼으로서 오늘도 우리는 새로운 물가를 건너며 배움의 여정을 이어 갑니다. 자 이제 어떤 것을 섭렵할 차례인가요?

09

제육볶음의 비밀, '저육'에서 비롯된 이름

"오늘 점심은 제육볶음 어때?"라는 말은 한국인이라면 누구나 익숙하게 들었을 대화입니다. 매콤한 양념에 윤기 자르르 흐르는 돼지고기를 달달 볶아 밥 위에 척 올리면, 저절로 숟가락이 움직이지요. 그런데 우리가 무심코 사용하는 '제육볶음'이라는 이름, 그 뜻을 곱씹어 본 적이 있으신가요? '제육'은 무슨 뜻일까요? 소고기로 만들면 '제육볶음'이 아니게 되는 이유는 무엇일까요?

사실 '제육(豬肉)'은 한자로 '돼지 저(豬)'와 '고기 육(肉)'이 결합된 말로, 말 그대로 '돼지고기', '저육(豬肉)'입니다. 즉, '돼지고기'라는 말의 순수한 한자 표현이었습니다. 그렇다면 왜 '저육'은 사라지고 '제육'이 쓰이게 되었을까요? 이는 언어가 시대와 함께 자연스럽게 변화하면서, 발음이 편한 쪽으로 흘러간 대표적인 예입니다. '저(豬)'는 중세 국어 시기에는 '뎌'나 '져'로도 발음되었고, 이후 '제'로 변형되어 정착하게 된 것입니다.

이러한 어원 지식을 알고 나면, '제육볶음'이라는 음식 이름도 훨씬 명확하게 이해됩니다. '제육볶음'은 단순히 양념에 볶은 고기라는 뜻이 아니라, 돼지고기를 볶은 요리라는 의미입니다. 그래서 쇠고기나 닭고기를 같은 방식으로 볶는다고 해도 그것은 '제육볶음'이 아닌 '쇠고기볶음' 혹은 '닭고기볶음'이 되는 것이지요. 간혹 식당에서 소고기 제육볶음을 본 적이 있다면, 살짝 언어적으로는 어긋난 표현이라는 사실도 이제 이해가 될 것입니다.

언어는 이렇게 우리의 식생활과도 밀접하게 연결되어 있습니다. '제육볶음' 한 그릇 속에는 단순한 음식 이상의 문화와 역사, 말의 변화가 고스란히 담겨 있습니다. '저육'에서 시작된 단어가 시대의 흐름 속에서 '제육'으로 자리 잡고, 다시 우리의 식탁 위에서 '제육볶음'이라는 이름으로 사랑받고 있는 지금. 우리는 단어 하나를 통해 음식과 언어, 역사와 실생활이 맞물리는 흥미로운 이야기를 맛볼 수 있는 셈입니다.

다음번에 제육볶음을 먹게 된다면, 그 고기 한 점을 입에 넣기 전 잠깐 이렇게 떠올려보는 건 어떨까요? "아, 이건 '저육'에서 온 제육이구나." 그렇게 먹는 제육볶음은 평소보다 더 깊은 맛이 느껴질지도 모릅니다. 음식을 더 잘 알면, 맛도 더 깊어지니까요.

10

'소정'의 선물
― 미리 정해진 마음의 표현

'소정의 선물'이라는 표현, 한 번쯤 들어보셨을 겁니다. 각종 이벤트 공지나 공모전 안내문, 설문 참여 유도 문구 등에서 자주 등장하는 말이지요. 그런데 이 말을 볼 때마다 마음속에 슬며시 생기는 오해가 하나 있습니다. '소정의 선물? 크지 않겠네', 혹은 '기대할 건 없겠구나' 같은 생각 말입니다. 하지만 '소정'이라는 단어의 진짜 뜻을 알게 되면, 이 표현이 꼭 작거나 하찮음을 암시하는 말이 아니라는 걸 알게 됩니다.

'소정(所定)'은 한자로 '바 소(所)'와 '정할 정(定)'이 결합된 단어입니다. 여기서 '소(所)'는 '장소' 외에도 '어떤 기준이나 내용'이라는 의미를 가지며, '정(定)'은 '정하다'는 뜻입니다. 그러니 '소정'은 곧 '미리 정해진' 혹은 '어떤 기준에 따라 정해진'이라는 의미가 됩니다. 결국 '소정의 선물'이란, "이미 정해진 선물"이라는 뜻일 뿐, 그것이 크고 작거나 비싸고 싼지를 말하는 표현은 아닌 것이지요.

하지만 현실 속에서는 '소정'이라는 말이 마치 '아주 소량의', '별것 아닌'과 같은 의미로 잘못 받아들여지는 경우가 많습니다. 그 이유는 아마도 소정의 선물이 주로 사소한 기념품이나 소형 생활용품 같은 것이

었기 때문일 겁니다. 기대보다 작은 선물이 오갈 때마다 "소정이란 게 이 정도였군" 하며 언어의 뜻마저 축소된 것이지요. 그러나 이는 표현의 본래 의미와는 거리가 있습니다.

또한 '소정'이라는 단어는 단순히 사물에만 쓰이지 않습니다. '소정의 절차', '소정의 양식' 등 일상에서 흔히 접하는 표현에서도 우리는 이 단어를 만나게 됩니다. "소정의 절차를 밟아 주세요"라는 문장은 '정해진 과정을 따라 주세요'라는 의미지, 그 과정이 간단하다는 말은 아닙니다. 마찬가지로 '소정의 선물'도 '정해진 선물'일 뿐, 선물의 가치를 낮추는 말이 아니란 걸 알 수 있습니다.

말은 단순한 소리가 아니라, 뜻과 감정, 관계와 배려가 담긴 그릇입니다. '소정'이라는 한 단어 안에도 얼마나 많은 오해와 진심이 오갈 수 있는지를 생각해 보면, 그저 익숙하게 지나쳐온 표현 하나하나에도 다시금 귀 기울이게 됩니다. 그러니 다음번에 '소정의 선물'이라는 표현을 만나게 된다면, 이렇게 생각해 보세요. 이건 작고 적은 무언가가 아니라, 누군가가 정성과 기준을 담아 '정해 놓은 선물'이라고요. 그리고 그 안에 담긴 마음까지 헤아릴 수 있다면, 우리는 단어 하나로도 서로를 더 따뜻하게 이해할 수 있을 것입니다.

10장

고사성어로 만나는 우리말

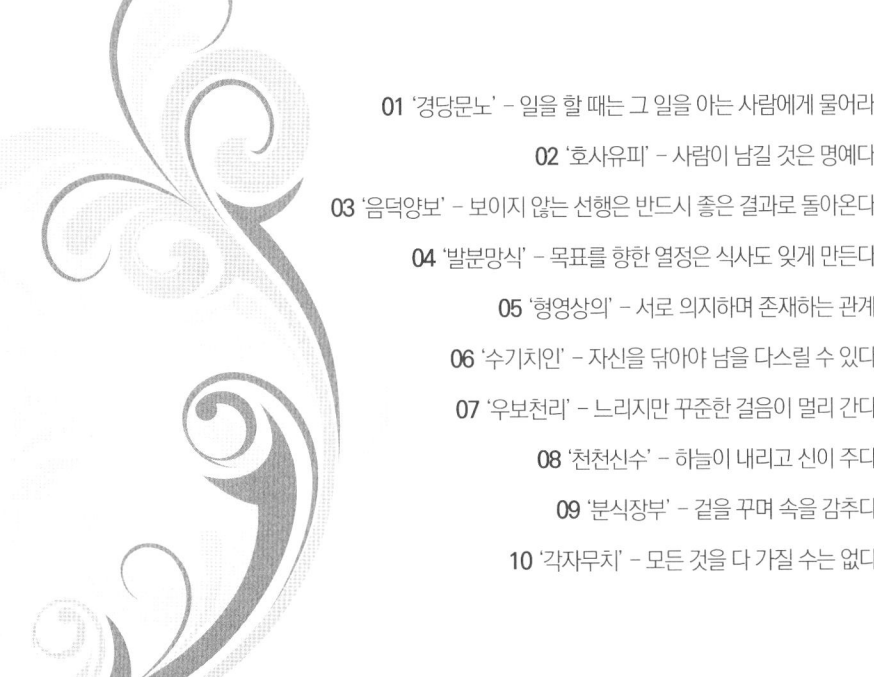

01 '경당문노' – 일을 할 때는 그 일을 아는 사람에게 물어라
02 '호사유피' – 사람이 남길 것은 명예다
03 '음덕양보' – 보이지 않는 선행은 반드시 좋은 결과로 돌아온다
04 '발분망식' – 목표를 향한 열정은 식사도 잊게 만든다
05 '형영상의' – 서로 의지하며 존재하는 관계
06 '수기치인' – 자신을 닦아야 남을 다스릴 수 있다
07 '우보천리' – 느리지만 꾸준한 걸음이 멀리 간다
08 '천천신수' – 하늘이 내리고 신이 주다
09 '분식장부' – 겉을 꾸며 속을 감추다
10 '각자무치' – 모든 것을 다 가질 수는 없다

01

'경당문노'
— 일을 할 때는 그 일을 아는 사람에게 물어라

'경당문노(耕當問奴)'는 '농사는 머슴에게 물어야 한다'는 뜻으로, 어떤 일을 할 때는 그 분야를 잘 아는 전문가에게 조언을 구해야 한다는 교훈을 담고 있는 한자성어입니다. 우리가 살아가면서 모든 것을 혼자 해결할 수는 없으며, 적절한 도움과 조언을 받는 것이 더욱 현명한 길이라는 의미를 담고 있습니다. 그렇다면 '경당문노'라는 성어의 유래와 현대 사회에서의 활용 방법을 함께 살펴보겠습니다.

'경당문노'는 한자 '耕(밭을 갈 경)', '當(마땅히 당)', '問(물을 문)', '奴(종 노)'로 이루어져 있습니다. 직역하면 '농사는 마땅히 머슴에게 물어야 한다'는 뜻이며, 이는 농사일을 잘 모르는 사람이 엉뚱한 결정을 내리기보다, 실제로 그 일을 해본 경험이 있는 사람의 조언을 듣는 것이 옳다는 가르침을 담고 있습니다.

이 성어는 과거 농경 사회에서 비롯되었습니다. 농업이 주요 생업이던 시절, 땅을 일구고 작물을 키우는 일은 단순한 지식으로 해결되는 것이 아니라 오랜 경험과 노하우가 필요한 일이었습니다. 아무리 지식이 많은 관리나 학자가 있다고 해도, 농사 경험이 없는 사람이 농지를 관리하거나 수확을 결정하는 것은 실효성이 없었습니다. 따라서 농사에 대한 실질적인 지식을 갖춘 머슴이나 농부의 의견을 듣는 것이 더욱 현실적이고 바람직한 방법이었습니다.

그러나 '경당문노'의 의미를 지나치게 확대 해석하여 무조건 전문가의 의견만을 따르는 것도 경계해야 합니다. 전문가의 의견을 듣는 것은 중요하지만, 그 조언을 자신의 상황에 맞게 분석하고 적용하는 지혜도 필요합니다. 단순히 전문가에게 의존하는 것이 아니라, 배운 내용을 바탕으로 스스로 판단하는 능력을 기르는 것도 중요합니다.

'경당문노'는 단순히 농사일에만 적용되는 것이 아니라, 현대 사회에서 우리가 삶을 살아가는 데 있어 중요한 교훈을 제시해 줍니다. 모든 것을 혼자 해결하려 하기보다는, 적절한 조언을 듣고 이를 바탕으로 현명한 결정을 내리는 것이 바람직한 태도입니다. 하지만 전문가의 조언을 맹목적으로 따르기보다, 그 정보를 분석하고 스스로 판단하는 능력도 함께 길러야 합니다. 이러한 균형 잡힌 태도가 우리가 자신의 삶을 더욱 지혜롭게 살아가는 데 도움을 줄 것입니다.

02

'호사유피'
— 사람이 남길 것은 명예다

'호사유피(虎死留皮)'는 '호랑이는 죽어서 가죽을 남긴다'는 뜻으로, 사람이 살아가는 동안 명예와 업적이 중요하다는 교훈을 담고 있는 한자 성어입니다. 이는 우리가 단순히 생존하는 것에 그치지 않고, 사회와 후대에 의미 있는 가치를 남기는 것이 중요함을 강조하는 말입니다. 그렇다면 '호사유피'의 유래와 현대 사회에서의 의미를 함께 살펴보겠습니다.

'호사유피'는 한자 '虎(호, 호랑이)', '死(사, 죽다)', '留(유, 남기다)', '皮(피, 가죽)'로 이루어져 있습니다. 직역하면 '호랑이는 죽으면 가죽을 남긴다'는 뜻이며, 이는 가치 있는 것이 죽음 이후에도 남아 후대에 영향을 미친다는 점을 강조하는 표현입니다. 이 성어는 원래 중국에서 유래했으며, '사람은 죽어서 이름을 남긴다(人死留名)'라는 말과 함께 쓰이는 경우가 많습니다. 이는 단순한 물질적 유산이 아니라, 삶의 태도와 행적이 중요하다는 점을 강조한다고 볼 수 있습니다.

과거 농경 사회에서는 호랑이 가죽이 매우 귀중한 재화로 여겨졌습니다. 호랑이는 강한 힘과 용맹함의 상징이었으며, 그 가죽은 권위와 부를 상징하는 중요한 물건이었습니다. 마찬가지로 사람도 단순히 물질적 재산을 남기는 것이 아니라, 그가 살아온 방식과 업적이 더 중요한 가치로 남는다는 점에서 이 성어는 오늘날에도 많은 생각을 하게 해 줍니다.

현대 사회에서는 개인의 명성과 신뢰, 그리고 사회적 기여가 중요한 평가 요소가 됩니다. 단순히 돈을 많이 버는 것보다, 주변 사람들에게 어떤 영향을 미쳤는지, 사회에 어떤 가치를 남겼는지가 더욱 중요합니다. 예를 들어, 존경받는 학자나 예술가는 사후에도 그들의 업적과 작품을 통해 후대에 영향을 미칩니다. 이는 단순히 물질적 유산을 넘어, 정신적 유산이 더 큰 의미를 지닌다는 점을 시사합니다.

그러나 '호사유피'의 의미를 잘못 해석하여 무조건 명성을 좇는 것이 바람직한 태도는 아닙니다. 중요한 것은 어떻게 살아가느냐이며, 단순히 유명해지는 것이 아니라, 올바른 가치를 실천하는 것이 핵심입니다.

'호사유피'는 단순히 물질적인 유산이 아니라, 명예와 업적, 그리고 사회적 기여가 중요하다는 가르침을 담고 있습니다. 현대 사회에서도 사람들은 단순한 부를 넘어, 의미 있는 가치를 남기기 위해 노력해야 합니다. 올바른 행동과 가치 있는 삶을 실천하는 것이야말로 '호사유피'의 진정한 의미를 실현하는 길이 아닐까요?

03

'음덕양보'
— 보이지 않는 선행은 반드시 좋은 결과로 돌아온다

'음덕양보(陰德陽報)'는 '남이 모르게 베푼 선행은 반드시 밝은 곳에서 보답을 받는다'는 뜻으로, 보이지 않는 곳에서 쌓은 선한 행동이 결국에는 좋은 결과로 돌아온다는 교훈을 담고 있는 한자 성어입니다. 이는 우리가 삶을 살아가는 데 있어 선행을 실천하는 것이 중요하며, 비록 즉각적인 보상이 따르지 않더라도 언젠가는 그 선한 행동이 긍정적인 영향을 미친다는 의미를 강조합니다. 그렇다면 '음덕양보'의 유래와 현대 사회에서의 적용 방법을 함께 살펴보겠습니다.

'음덕양보'는 한자 '陰(어두울 음)', '德(덕행 덕)', '陽(밝을 양)', '報(갚을 보)'로 이루어져 있습니다. 직역하면 '어두운 곳에서의 덕행은 밝은 곳에서 보답을 받는다'는 뜻이며, 이는 남에게 드러나지 않는 선행이라도 결국에는 좋은 결과로 되돌아온다는 의미를 내포하고 있습니다. 이 성어는 유교적 가치관과 불교적인 인과응보 사상에서 비롯된 것으로 보이며, 오래전부터 사람들에게 선행을 장려하는 말로 쓰여 왔습니다.

이러한 가르침은 현대 사회에서도 다양한 형태로 실천할 수 있습니다. 비록 그 순간에는 보답을 받지 못하더라도 장기적으로 보면 긍정적인 결과를 가져온다는 것을 보여 줍니다. 예를 들어, 기업 경영자가 직원들의 복지를 위해 꾸준히 지원을 아끼지 않는다면, 단기적으로는 눈에 띄는 이익이 줄어들 수 있지만 장기적으로는 직원들의 충성도와 생산성이 증가하여 더 큰 성과를 가져올 수 있습니다. 이처럼 보이지 않는 선행이 결국에는 좋은 결과를 가져온다는 점에서 '음덕양보'의 가르침은 현대 비즈니스 환경에서도 중요한 원칙으로 작용할 수 있습니다.

하지만 '음덕양보'의 의미를 오해하여 선행을 보답을 기대하는 방식으로 실천하는 것은 경계해야 합니다. 선행은 진심에서 우러나와야 하며, 타인의 인정을 받기 위해서가 아니라, 스스로 올바른 일을 한다는 신념을 가지고 행해야 합니다. 만약 선행을 한 후 즉각적인 보답을 기대하거나, 남들에게 과시하려 한다면 이는 '음덕'이 아니라 '양덕(陽德)'이 될 것이며, 본래의 취지를 벗어나 보답을 받기 어려울 것입니다.

다시 말해 '음덕양보'는 선행이 단순한 일회성 행위가 아니라, 시간이 지나면서 더 큰 긍정적인 영향을 미친다는 점을 강조하는 성어입니다. 남들에게 보여주기 위한 선행보다는, 진정성을 가지고 베푸는 태도가 더욱 중요합니다. 그렇기에 우리는 오늘도 조용히 선행을 행하며, '음덕양보'의 가치를 삶 속에서 실천해 나가야 하지 않을까요?

04

'발분망식'
─ 목표를 향한 열정은 식사도 잊게 만든다

   '발분망식(發憤忘食)'은 '어떤 목표를 이루기 위해 분발하여 노력하다 보면 밥 먹는 것도 잊게 된다'는 뜻으로, 목표를 향한 강한 열정과 노력이 중요하다는 교훈을 담고 있는 한자성어입니다. 이는 우리가 인생을 살아가면서 어떠한 목표를 가질 때, 그것을 이루기 위한 헌신과 집중이 필요하다는 의미를 강조합니다. 그렇다면 '발분망식'의 유래와 현대 사회에서의 의미를 살펴보겠습니다.

   '발분망식'은 한자 '發(일어날 발)', '憤(분발할 분)', '忘(잊을 망)', '食(밥 식)'으로 이루어져 있습니다. 직역하면 '분발하여 밥 먹는 것도 잊는다'는 뜻이며, 이는 어떤 일에 몰두하다 보면 기본적인 욕구조차 잊을 만큼 집중하게 된다는 의미를 내포하고 있습니다. 이 성어는 논어에 나오는 말로, 공자의 제자가 공자가 어떤 사람이냐는 질문을 받았을 때, 제대로 답변을 하지 못했는데, 나중에 이를 알게 된 공자가 학문에 집중하면 끼니도 잊고, 도를 즐기며 근심과 걱정까지 잊는 사람이라고 자신을 소개한 말에서 유래한 말입니다.

   이러한 가르침은 현대 사회에서도 매우 중요합니다. 우리는 종종 목표를 설정하고 노력하는 과정에서 주변의 사소한 것들을 신경 쓰지 않을 때가 많습니다. 예를 들어, 연구자가 중요한 실험을 진행할 때 시간이 가는 줄 모르고 몰입하거나, 예술가가 작품을 만들면서 식사도 잊을 정도로 집중하는 모습은 '발분망식'의 대표적인 사례라 할 수 있습니다. 이는 단순한 노력 이상의 깊은 몰입과 헌신을 보여주는 장면입니다.

하지만 '발분망식'의 의미를 지나치게 확대 해석하여 건강을 해치거나 균형을 잃는 것은 경계해야 합니다. 목표를 위해 헌신하는 것은 중요하지만, 건강을 돌보지 않거나 지나치게 스트레스를 받는다면 오히려 장기적인 성취에 부정적인 영향을 미칠 수 있습니다. 예를 들어, 학생이 시험 공부에 너무 집중한 나머지 식사를 거르고, 수면을 제대로 취하지 않아 건강을 해친다면 오히려 학습 효율이 떨어질 수 있습니다. 따라서 '발분망식'의 정신을 실천하되, 자신의 몸과 마음을 돌보는 균형 잡힌 접근이 필요합니다.

'발분망식'은 단순히 열심히 노력하는 것이 아니라, 목표를 이루기 위해 몰입하고 헌신하는 자세를 강조하는 성어입니다. 현대 사회에서도 꿈을 이루기 위해 끊임없이 노력하는 사람들이 많으며, 그들의 성공 뒤에는 '발분망식'의 정신이 자리하고 있습니다. 우리가 목표를 향해 나아가는 과정에서, 적절한 균형을 유지하면서도 최선을 다하는 자세를 잊지 않는 것이야말로 '발분망식'의 진정한 의미를 실천하는 길이 아닐까요?

05

'형영상의'
— 서로 의지하며 존재하는 관계

'형영상의(形影相依)'는 '몸과 그림자는 서로 의지한다'는 뜻으로, 둘 이상의 존재가 서로 깊이 연관되어 있으며 떼려야 뗄 수 없는 관계임을 의미하는 성어입니다. 이는 우리가 사회 속에서 서로 의지하고 협력하는 것이 중요하다는 교훈을 담고 있습니다. 그렇다면 '형영상의'의 유래와 현대 사회에서의 의미를 함께 살펴보겠습니다.

'형영상의'는 한자 '形(형, 형체)', '影(영, 그림자)', '相(상, 서로)', '依(의, 의지하다)'로 이루어져 있습니다. 직역하면 '몸과 그림자는 서로 의지한다'는 뜻이며, 이는 어떤 존재가 다른 존재 없이는 온전히 존재할 수 없음을 나타냅니다. 이런 의미로 이 성어는 인간관계나 공동체 속에서의 협력과 조화를 상징하는 표현으로 사용됩니다.

이 성어의 유래는 동양 철학에서 비롯되었습니다. 특히 유가(儒家) 사상에서는 인간이 사회적 존재로서 타인과 조화를 이루며 살아가는 것이 필수적이라고 보았습니다. 그림자가 몸에 붙어 있듯이, 개인과 사회는 서로 분리될 수 없는 관계이며, 한쪽이 없으면 다른 한쪽도 온전할 수 없다는 가르침이 담겨 있습니다.

우리는 일상 속에서 다양한 인간관계를 맺으며 살아가고 있으며, 서로 의지하는 관계를 통해 성장하고 발전합니다. 예를 들어, 부모와 자식의 관계, 스승과 제자의 관계, 상사와 부하 직원의 관계 등은 모두 '형영상의'의 원리에 따라 형성됩니다. 서로가 각자의 역할을 수행하면서도 상대방 없이는 온전히 존재할 수 없다는 점에서, 이 성어는 사회적 협력과 조화를 강조하는 중요한 개념이라 할 수 있습니다.

그러나 '형영상의'의 의미를 지나치게 확대 해석하여 무조건적인 의존 관계를 형성하는 것은 경계해야 합니다. 건강한 관계는 서로에게 도움이 되지만, 한쪽이 과도하게 의존하면 관계의 균형이 깨질 수 있습니다. 따라서 서로 의지하되, 각자의 독립성을 유지하며 발전할 수 있는 균형 잡힌 관계를 유지하는 것이 중요합니다.

'형영상의'는 단순히 서로가 함께 존재한다는 의미를 넘어, 인간관계와 사회적 협력의 중요성을 강조하는 성어입니다. 현대 사회에서도 우리는 다양한 관계 속에서 살아가며, 서로 협력하고 의지하는 과정에서 성장합니다. 우리가 살아가는 모든 관계 속에서 '형영상의'의 의미를 되새기며, 서로에게 긍정적인 영향을 미치는 삶을 살아가는 것이야말로 진정한 의미의 조화로운 삶이 아닐까요?

06

'수기치인'
— 자신을 닦아야 남을 다스릴 수 있다

'수기치인(修己治人)'은 '자신을 먼저 수양한 후에야 남을 다스릴 수 있다'는 뜻으로, 지도자가 되기 위해서는 먼저 자기 자신을 올바르게 가다듬어야 한다는 교훈을 담고 있는 한자성어입니다. 이는 공자의 사상에서 비롯된 말로, 개인의 수양이 리더십과 사회적 책임의 기본이라는 점을 강조합니다. 그렇다면 '수기치인'의 유래와 현대 사회에서의 의미를 함께 살펴보겠습니다.

'수기치인'은 한자 '修(수, 닦다)', '己(기, 자기)', '治(치, 다스리다)', '人(인, 사람)'으로 이루어져 있습니다. 직역하면 '자신을 닦은 후에 남을 다스린다'는 뜻이며, 이는 지도자가 되려면 먼저 스스로를 올바르게 가꾸고 수양해야 한다는 의미를 내포하고 있습니다. 이 성어는 《논어》에서 유래하였으며, 유교 사상에서 매우 중요한 개념으로 자리 잡았습니다.

이러한 가르침은 현대 사회에서도 매우 중요합니다. 우리는 흔히 좋은 지도자나 영향력 있는 사람이 되기를 원하지만, 정작 자신의 인격과 능력을 먼저 다듬지 않으면 좋은 결과를 얻기 어렵습니다. 예를 들어, 한 조직의 리더가 구성원들에게 규율과 원칙을 강요하기 전에, 스스로가 그 원칙을 잘 지키고 모범을 보여야 합니다. 그렇지 않으면 신뢰를 얻을 수 없고, 조직 운영도 원활하게 이루어지지 않습니다.

하지만 '수기치인'의 의미를 지나치게 확대 해석하여 자기 수양에만 몰두하고 실제적인 행동을 하지 않는 것은 경계해야 합니다. 리더는 자기 성찰과 더불어 실질적인 결단력과 행동력도 갖추어야 합니다. 또한, 자신을 닦는 과정을 모두 끝냈다고 자만하기보다, 지속적으로 배우고 성장하면서 동시에 조직을 이끌어 가는 것이 중요합니다.

'수기치인'은 단순히 지도자가 되기 위한 조건이 아니라, 우리가 살아가면서 기본적으로 가져야 할 삶의 태도를 가르쳐 주는 성어입니다. 현대 사회에서도 우리는 리더가 되기를 원하거나 타인에게 영향을 미치고자 할 때, 먼저 자신의 행동을 돌아보고 올바르게 살아가야 합니다. 자기 수양을 게을리하지 않으면서도 실천적인 리더십을 함께 겸비하는 것이야말로 '수기치인'의 진정한 의미를 실현하는 길이 아닐까요?

07

'우보천리'
— 느리지만 꾸준한 걸음이 멀리 간다

'우보천리(牛步千里)'는 '소의 걸음은 비록 느리지만 결국 천 리를 간다'는 뜻으로, 비록 속도는 느릴지라도 꾸준한 노력이 쌓이면 큰 성과를 이룰 수 있다는 교훈을 담고 있는 한자성어입니다. 이는 조급하게 서두르기보다 끈기와 인내를 갖고 목표를 향해 나아가는 것이 중요하다는 가르침을 전합니다. 그렇다면 '우보천리'의 유래와 현대 사회에서의 의미를 함께 살펴보겠습니다.

'우보천리'는 한자 '牛(우, 소)', '步(보, 걸음)', '千(천, 천)', '里(리, 마을)'로 이루어져 있습니다. 직역하면 '소의 걸음이 천 리를 간다'는 뜻이며, 이는 비록 한 걸음씩 느리게 나아가더라도 꾸준히 노력하면 먼 길도 갈 수 있다는 의미를 내포하고 있습니다. 이 성어는 주로 인내와 꾸준한 노력이 필요한 상황에서 사용되며, 조급함보다는 성실함과 지속적인 노력이 중요함을 강조하는 표현입니다.

특히, 현대 사회에서는 빠른 변화와 경쟁 속에서 조급함을 느끼기 쉽습니다. 많은 사람들이 단기간에 성공하려고 하지만, 오히려 이런 태도가 장기적으로는 실패를 초래할 수도 있습니다. 예를 들어, 무리한 투자나 성급한 의사결정은 단기적인 이익을 가져올 수 있지만, 장기적으로 지속 가능한 성공을 이루기 어렵습니다. 반면, '우보천리'의 정신을 실천하는 사람들은 비록 속도가 느리더라도 꾸준히 자신의 목표를 향해 나아가며, 결국에는 큰 성과를 거두게 됩니다.

그러나 '우보천리'의 의미를 오해하여 너무 느리게 행동하거나 변화를 두려워하는 것은 주의해야 합니다. 꾸준함은 중요하지만, 시대의 변화에 맞춰 유연하게 대처하는 것도 필요합니다. 따라서 목표를 설정하고 꾸준히 나아가되, 상황에 맞춰 전략을 수정하며 현실적인 방법을 모색하는 것이 필요합니다. 한 기업이 새로운 기술 변화를 받아들이지 않고 전통적인 방식만을 고수한다면 경쟁에서 뒤처질 수 있습니다. 따라서 '우보천리'의 정신을 실천하되, 변화와 혁신을 함께 고려하는 균형 잡힌 접근이 필요합니다.

'우보천리'는 단순히 느리게 가는 것이 아니라, 꾸준한 노력과 성실함이 장기적으로 큰 성과를 이룰 수 있다는 가르침을 전하는 성어입니다. 현대 사회에서도 우리는 조급함을 버리고 꾸준히 목표를 향해 나아가는 자세를 가져야 합니다. 하루하루 작은 노력이 쌓여 결국 큰 성과로 이어지는 과정이야말로 '우보천리'의 진정한 의미를 실현하는 길이 아닐까요?

08

'천천신수'
— 하늘이 내리고 신이 주다

'천천신수(天賜神授)'는 '하늘이 내리고 신이 준다'는 뜻으로, 인간의 능력이나 재능, 또는 어떤 특별한 은혜가 신적 존재로부터 부여된 것임을 의미하는 성어입니다. 이는 개인이 가진 능력과 재능이 단순한 우연이 아니라, 더 큰 힘에 의해 주어진 것이므로 올바르게 사용해야 한다는 교훈을 담고 있습니다. 그렇다면 '천천신수'의 유래와 현대 사회에서의 의미를 함께 살펴보겠습니다.

'천천신수'는 한자 '天(천, 하늘)', '賜(천, 내리다)', '神(신, 신령)', '授(수, 주다)'로 이루어져 있습니다. 직역하면 '하늘이 내리고 신이 준다'는 뜻이며, 이는 인간이 가진 특별한 재능이나 기회가 단순히 자신의 노력만으로 얻어진 것이 아니라는 의미를 내포하고 있습니다. 이는 동양 철학뿐만 아니라 다양한 종교적 사상에서도 찾아볼 수 있으며, 인간이 겸손함을 갖고 자신의 능력을 올바르게 활용해야 한다는 가르침을 담고 있습니다.

우리는 종종 자신의 성공을 오직 개인의 노력과 능력 덕분이라고 생각하지만, 실상은 다양한 환경적 요인과 주어진 기회들이 맞물려 이루어진 결과일 때가 많습니다. 예를 들어, 어떤 사람이 뛰어난 음악적 재능을 가지고, 재능을 발휘하여 유명한 음악가가 되었다면, 이는 개인의 노력뿐만 아니라 타고난 재능과 교육 환경, 적절한 기회의 조화가 만들어낸 결과입니다. 아무리 좋은 재능이 있어도 환경이 뒷받침되지 않거나, 환경이 아무리 좋아도 재능이 없다면 자신이 타고난 재능을 모두 발휘하기는 쉽지 않습니다.

하지만 '천천신수'의 의미를 오해하여 자신의 능력을 운명이나 신의 뜻에만 맡겨버리는 것은 경계해야 합니다. 개인의 재능이나 기회가 주어졌다고 해서 노력이 필요 없는 것은 아닙니다. 오히려 주어진 능력을 어떻게 활용하느냐에 따라 결과가 달라질 수 있으며, 이를 제대로 가꾸고 발전시키는 것은 전적으로 개인의 몫입니다.

'천천신수'는 우리가 가진 재능과 기회가 단순한 우연이 아니라, 더 큰 의미를 지닌 것이라는 점을 강조하는 성어입니다. 현대 사회에서도 우리는 자신의 능력을 사회적으로 의미 있게 활용하는 태도를 가져야 하며, 이를 통해 더 많은 사람들과 가치를 나눌 수 있도록 노력해야 합니다. 자신의 재능과 기회가 단순한 개인의 것이 아니라는 점을 기억하며, 보다 겸손하고 책임감 있는 태도로 살아가는 것이야말로 '천천신수'의 진정한 의미를 실천하는 길이 아닐까요?

09

'분식장부'
— 겉을 꾸며 속을 감추다

'분식장부(粉飾帳簿)'는 '회계 장부를 꾸며 실제보다 좋게 보이게 한다'는 뜻으로, 기업이나 조직이 재무제표를 조작하여 경제적 실상을 감추는 행위를 의미하는 성어입니다. 이는 재무 투명성이 중요한 현대 기업에서 부정한 방법을 사용하면 신뢰를 잃을 수 있음을 경고하는 말이기도 합니다. 그렇다면 '분식장부'의 유래와 현대 사회에서의 의미를 살펴보겠습니다.

'분식장부'는 한자 '粉(분, 가루)', '飾(식, 꾸미다)', '帳(장, 장부)', '簿(부, 장부)'로 이루어져 있습니다. 직역하면 '장부를 분칠하여 꾸민다'는 뜻이며, 이는 기업이 회계 장부를 조작하여 재무 상태를 실제보다 더 좋게 보이도록 하는 행위를 의미합니다. '분식(粉飾)'이라는 단어는 본래 '겉을 보기 좋게 꾸민다'는 의미를 가지며, 여기서 파생되어 '실상을 감추기 위해 부정하게 꾸미는 행위'라는 부정적인 의미로 확장되었습니다.

이러한 가르침은 현대 사회에서도 매우 중요한 의미를 갖습니다. 기업이 재무제표를 조작하면 투자자, 주주, 소비자들에게 잘못된 정보를 제공하게 되고, 이는 경제적 피해를 초래할 수 있습니다. 예를 들어,

2001년 미국의 대형 에너지 기업 엔론(Enron) 사태는 분식회계의 대표적인 사례로, 회사가 거짓으로 수익을 부풀리고 부채를 감춘 결과 수많은 투자자와 직원들이 피해를 보았고 기업은 결국 파산하고 말았습니다. 이는 투명한 경영과 윤리적 회계 처리가 기업의 지속 가능성에 있어 얼마나 중요한지를 보여주는 사례입니다.

그러나 '분식장부'라는 개념을 무조건 부정적으로만 볼 필요는 없습니다. 때때로 기업이 일시적인 어려움을 극복하기 위해 회계를 다소 긍정적으로 해석하는 경우도 있습니다. 예를 들어, 기업이 미래 성장 가능성을 높게 평가하여 현재의 재무 상태를 전략적으로 관리하는 것은 법적으로 문제가 되지 않는 경우도 있습니다. 다만, 이러한 행위가 윤리적 한계를 넘어서 거짓과 기만으로 변질될 경우, 이는 심각한 법적 문제를 초래할 수 있음을 인식해야 합니다.

'분식장부'는 단기적인 이익을 위해 거짓된 정보를 꾸미는 것이 결국 더 큰 문제를 초래할 수 있다는 교훈을 전하는 성어입니다. 현대 사회에서도 우리는 정직과 투명성을 바탕으로 신뢰를 구축하는 것이 중요하며, 기업이든 개인이든 윤리적인 태도를 지키는 것이 장기적인 성공의 핵심이라는 점을 기억해야 합니다. 재무적 투명성과 신뢰가 사회 전반에 걸쳐 유지될 때, 경제와 사회는 더욱 건강하고 지속 가능하게 발전할 수 있을 것입니다.

10
'각자무치'
— 모든 것을 다 가질 수는 없다

'각자무치(角者無齒)'는 '뿔이 있는 자는 이가 없다'는 뜻으로, 한 사람이 모든 장점을 가질 수 없음을 의미하는 한자성어입니다. 이는 삶을 살아가면서 자신이 가진 것에 만족하고, 부족한 부분을 인정하며 조화를 이루는 것이 중요하다는 교훈을 전합니다. 그렇다면 '각자무치'의 유래와 현대 사회에서의 의미를 함께 살펴보겠습니다.

'각자무치'는 한자 '角(각, 뿔)', '者(자, 사람)', '無(무, 없다)', '齒(치, 이)'로 이루어져 있습니다. 직역하면 '뿔이 있는 자는 이가 없다'는 뜻이며, 이는 자연의 조화 속에서 한 생물이 모든 장점을 가질 수 없다는 의미를 내포하고 있습니다. 즉, 뿔이 강력한 무기가 되는 동물은 이빨이 약하고, 반대로 날카로운 이빨을 가진 동물은 뿔이 없는 것처럼, 세상 모든 것이 균형을 이루고 있다는 점을 강조하는 표현입니다.

이 성어는 과거 유교적 가치관에서도 중요한 의미를 지녔습니다. 공자는 '사람은 각기 다른 재능과 역할을 가지고 있으며, 모든 것을 완벽하게 가질 수는 없다'고 가르쳤으며, 이는 인간관계와 사회생활에서도 각자의 장점을 살리면서도, 부족한 점은 타인과 협력하여 보완해야 한다는 교훈을 주고 있습니다.

　우리는 종종 모든 것을 완벽하게 갖추려 하지만, 현실적으로 한 사람이 모든 재능과 능력을 가질 수는 없습니다. 예를 들어, 어떤 사람은 뛰어난 창의력을 가졌지만 실행력이 부족할 수도 있고, 반대로 실행력은 뛰어나지만 새로운 아이디어를 창출하는 데 어려움을 겪을 수도 있습니다. 이에 팀워크와 협력을 통해 각자의 장점을 살려 서로 부족한 부분을 보완하는 것이 중요합니다.

　그러나 '각자무치'의 의미를 지나치게 확대 해석하여 노력하지 않거나, 자신의 부족한 부분을 개선하려는 노력을 하지 않는 것은 경계해야 합니다. 부족한 부분을 인정하는 것은 중요하지만, 그것이 스스로를 한계 짓는 이유가 되어서는 안 됩니다. 오히려 자신의 단점을 보완하고 성장하려는 태도가 필요합니다.

　'각자무치'는 우리가 완벽할 수 없다는 사실을 받아들이고, 자신의 강점을 살리면서 타인과 협력하는 것이 중요하다는 교훈을 전하는 성어입니다. 현대 사회에서도 우리는 서로의 차이를 인정하고 조화를 이루는 태도를 가져야 합니다. 모든 것을 가질 수는 없지만, 우리는 서로의 강점을 통해 함께 성장할 수 있습니다. 이러한 균형 잡힌 사고방식이야말로 '각자무치'의 진정한 의미를 실천하는 길이 아닐까요?

지명 속에 숨겨진 우리말

01 '서라벌'에서 '서울'까지 – 수도의 이름이 된 우리말
02 '한밭'에서 '대전'까지 – 고유어와 한자어가 빚은 지명의 언어학
03 '가마산'에서 '부산'까지 – 지명의 풍경에 담긴 말맛과 역사
04 '미추홀'에서 '인천'까지 – 말 속에 담긴 도시의 시간
05 '달구벌'에서 '대구'까지 – 지명의 말맛과 공간의 기억
06 '무진주'에서 '광주'까지 – '빛고을'에 담긴 언어의 빛
07 '우시산'에서 '울산'까지 – 지명의 음과 뜻이 만든 언어의 풍경
08 왕도 곁의 땅, '경기' – 이름 속에 담긴 거리와 권력의 언어
09 '충청도'의 이름 – 두 고을에서 온 말의 여정
10 '전주'와 '나주'에서 '전라도'까지 – 이름에 담긴 말과 역사
11 '경주'와 '상주'에서 시작된 이름 – '경상도'의 말과 역사
12 '강릉'과 '원주'가 만난 이름 – '강원도'의 말과 역사
13 '탐라'에서 '제주'까지 – 말과 섬이 함께 건너온 시간

01

'서라벌'에서 '서울'까지
— 수도의 이름이 된 우리말

'서울'이라는 지명은 참으로 독특합니다. 다른 지역처럼 한자어가 아닌 순수한 우리말이라는 점에서부터, 그 안에 담긴 역사와 언어학적 의미까지 매우 특별하죠. 오늘날에는 수도이자 도시 이름으로 '서울'이라는 말을 쓰고 있지만, 이 단어는 원래 '수도'를 뜻하는 일반명사였다는 사실을 아는 사람은 그리 많지 않습니다.

서울이라는 말의 뿌리는 신라의 수도 서라벌에서 찾는 설이 가장 널리 알려져 있습니다. 서라벌은 신라 왕경(王京)을 의미했으며, '벌'은 고대어로 '도시', '큰 들'을 뜻하는 말입니다. 이 서라벌이 시간이 흐르면서 '서라벌' → '셔벌(블)' → '서울'로 음운 변화되었다는 것이 대표적인 설이죠. 국어학적으로 볼 때 이는 고대 지명이 현대어로 변화하는 과정에서 음운 축약과 의미 일반화가 동시에 일어난 사례라 할 수 있습니다.

더 흥미로운 점은 '서울'이 하나의 특정 도시가 아니라, 한 나라의 수도를 뜻하는 보통명사로 사용되었다는 점입니다. 예를 들어, 백제의 수도 부여는 '소부리(所夫里)'라 불렸고, 이는 당시에도 수도 개념이 우리말로 존재했음을 보여줍니다. 실제로 조선 시대 사람들에게도 수도 한양은 '서울'이었으며, 고려의 개성 또한 그들에게는 '서울'이었습니다. 즉, '서울'은 본래 '한 나라의 정치 중심지'를 가리키는 공통된 인식의 언어 표현이었던 셈이죠.

지명의 변천 과정에서도 서울은 여러 이름을 거쳐왔습니다. 고대에는 위례성, 풍납토성, 몽촌토성 등 성곽 중심의 이름으로 불렸고, 백제 시대에는 '한성(漢城)'으로, 고려와 조선에 이르러서는 '한양(漢陽)', '경성(京城)', '남경(南京)' 등 다양한 명칭이 사용되었습니다. 이들 명칭은 대부분 한자어 기반으로, 통치자의 정치적 이상이나 지리적 위치를 담아낸 상징적인 지명이었습니다.

하지만 광복 이후, 1946년 서울시 헌장 발표를 통해 '서울'이라는 이름이 처음으로 도시 명칭이자 수도로서의 공식 지위를 얻게 됩니다. 1949년에는 행정 구역상 '서울특별시'로 전환되며, 비로소 '서울'은 고유명사로 자리 잡게 되었죠. 이 과정은 보통명사가 고유명사로 승격된 국어사적 전환점이라 할 수 있습니다.

오늘날 서울은 정치, 경제, 문화의 중심지로서 명실상부한 세계 도시가 되었지만, 그 이름 속에는 한민족이 오랜 세월 수도를 인식하고 불러온 말의 흔적이 살아 있습니다. 한자 없이도 고유어만으로 수도를 표현할 수 있었던 우리의 언어 감각, 그리고 그 말이 살아남아 현대의 공식 지명이 된 사례는 전 국어사적으로도 드물고 의미 있는 일입니다.

결국 '서울'은 단지 땅의 이름이 아니라, 시대와 정체성을 관통하는 말의 역사입니다. 우리는 지금도 그 이름을 부르며, 과거의 수도들을 기억하고, 말 속에 깃든 문화의 빛을 이어가고 있는 셈입니다.

02

'한밭'에서 '대전'까지
— 고유어와 한자어가 빚은 지명의 언어학

　지명은 단순한 땅의 이름이 아닙니다. 그 속에는 언어의 흐름과 사람들의 삶, 사고방식이 오롯이 녹아 있습니다. 대전이라는 이름 역시 예외가 아닙니다. 지금은 누구나 '대전'이라는 한자 지명에 익숙하지만, 그 뿌리는 순수한 우리말 '한밭'에 있습니다.

　'한밭'은 고유어 지명으로, 여기서 '한'은 '크다'는 뜻의 옛말이며, '밭'은 지금도 쓰이는 말 그대로의 '밭'을 의미합니다. 이 조합은 의미 중심의 언어 구조를 잘 보여줍니다. '한밭'은 곧 '큰 밭' 또는 '넓은 들판'을 뜻하며, 지역의 지형적 특성과도 잘 어울립니다. 고유어 지명은 이처럼 주변 환경과 밀접한 관계를 맺으며 생성되는 경우가 많죠.

　하지만 근대 사회에 들어서면서 공식 문서나 행정 체계에서는 한자를 기반으로 지명을 표기해야 했습니다. 이 과정에서 '한밭'은 음차가 아닌 의미 번역을 통해 '대전(大田)'이라는 한자 지명으로 바뀌게 됩니다. '한(크다)'은 '대(大)'로, '밭'은 '전(田)'으로 각각 대응되었고, 이렇게 한밭은 문자적으로 '대전'이 된 것입니다.

　여기서 주목할 점은, '한밭'을 단순히 소리나는 대로 적은 것이 아니라, 고유어의 의미를 보존한 채 한자로 전환했다는 점입니다. 이는 언어 간 번역 방식 중 하나인 '의미 대응 번역'의 대표적인 사례로, 당시 한자 사용 사회에서 고유 지명의 의미를 존중하려는 노력이 엿보입니다.

한편, '태전(太田)'이라는 이름도 한때 등장했는데, 이는 '대(大)' 대신 '태(太, 클 태)'를 쓴 형태로, 언뜻 더 강조된 표현처럼 보일 수 있습니다. 그러나 실제로는 조선 시대 문헌에는 나타나지 않고, 1904년 근대 행정 정비 시기, 일제가 대전역을 처음 세울 때 잠깐 등장한 이름으로 확인됩니다. 음의 유사성과 한자 선택의 혼동에서 비롯된 일시적 표기였으며, 결국 '대전'이라는 명칭이 표준화되어 오늘에 이르게 됩니다.

광복 이후 1949년 8월 15일, '대전시'가 공식 출범하면서 지명은 도시 행정의 이름으로 자리 잡습니다. 이후 1989년에는 대덕군 전역을 편입하며 '대전직할시'로 승격되었고, 1995년에는 전국적인 광역 행정 체제 개편에 따라 '대전광역시'라는 이름으로 바뀌게 됩니다.

언어학적으로 볼 때, 대전은 고유어 지명이 한자어로 바뀌면서도 그 의미를 그대로 품은 사례 중 하나입니다. 현대의 도시 이름 뒤에는 우리말의 결이 살아 숨 쉬고 있고, 문자와 언어의 전환 과정 속에서 민중의 언어 감각과 지리적 인식이 고스란히 드러나 있습니다.

오늘날 우리는 대전을 과학, 교통, 행정의 중심지로 기억하지만, 그 이름의 가장 깊은 뿌리에는 '한밭'이라는 따뜻한 우리말이 살아 있습니다. 지명의 언어적 여정은 단순한 표기의 문제가 아니라, 문화와 역사의 교차로에서 언어가 어떻게 사회와 함께 변화하는지를 보여주는 흥미로운 언어학의 장입니다.

03

'가마산'에서 '부산'까지
— 지명의 풍경에 담긴 말맛과 역사

지명은 그 땅의 기억을 품은 언어입니다. 부산이라는 이름 역시 바닷바람에 실려 온 역사와 함께, 국어학적으로도 흥미로운 이야기를 담고 있습니다. 지금은 '부산광역시'라는 이름으로 전국에서 두 번째로 큰 도시지만, 그 시작은 아주 소박하고, 형태학적으로도 독특한 변화를 겪은 지명이었습니다.

부산의 옛 이름은 '부산포(富山浦)'였습니다. 조선 초기, 특히 15세기 전반까지는 '풍요로운 산의 포구'라는 뜻으로 이렇게 불렸죠. 당시의 '부(富)'는 '부유하다, 풍족하다'는 의미로, 일본과의 교역이 활발하던 포구의 성격을 드러냅니다. 하지만 15세기 후반, 이 지명은 전혀 다른 한자어인 '부산(釜山)'으로 바뀌게 됩니다.

이 변화는 단순한 음의 치환이 아니라 지형의 시각적 인식에서 비롯된 '의미 중심' 명명 방식입니다. '부산'의 '부(釜)'는 '가마솥'을 뜻하고, '산(山)'은 말 그대로 산입니다. 즉, 이 지역의 상징적 지형인 '증산'이 가마솥처럼 생겼다는 인식에서 '가마산'이라는 뜻의 '釜山'이 붙은 것입니다. 자연을 바라보는 민중의 시각과 언어 감각이 반영된 것입니다. 이는 고유어가 아닌 한자어임에도 불구하고, 국어적 사고의 시각적 은유성을 잘 보여주는 사례라 할 수 있습니다.

1760년, 조선 후기 화가 변박이 그린 〈부산진순절도〉에도 이 증산이 그려져 있어, '부산'이라는 지명이 시각적인 인상에서 유래했음을 다시금 확인할 수 있습니다. 이름 하나에 지형, 역사, 문화가 모두 녹아 있는 것이지요.

부산의 하위 지명들에도 언어적 변화의 흐름은 이어집니다. '부산진(釜山鎭)'은 조선시대 이곳에 설치된 방어 기지, 즉 '부산포진'에서 유래했습니다. '진(鎭)'은 군사 거점이라는 의미를 담고 있어, 당시의 지역 기능을 그대로 보여주는 명칭입니다. 현재의 '부산진구'는 이 역사적 어원이 살아 있는 행정구역이라 할 수 있습니다.

또한, '서면'이라는 이름은 단순히 '서쪽 지역'이라는 뜻이 아니라, 조선 시대 '동래군 서면'에서 유래한 것입니다. 여기서 '면(面)'은 지방 행정단위였고, 지금은 부산의 번화가이자 젊은이들의 중심지로 탈바꿈했지만, 이름은 그 뿌리를 그대로 간직하고 있습니다.

'중구'의 경우는 현대적인 행정명에서 비롯된 명칭입니다. 전쟁이 한창이던 1951년, 부산이 임시 수도로 지정되며 6개의 출장소가 설치되었는데, 그 중 도심에 위치한 곳이 '중부출장소'였고, 이후 '중구'라는 이름으로 자리잡게 되었습니다. 이는 지리적 중심성을 기반으로 지명 생성의 예로, 행정기관명이 행정 지역명으로 굳어진 흥미로운 사례입니다.

이처럼 부산의 지명은 단순히 한자어로만 이해할 것이 아니라, 고유어적 사고, 시각적 인식, 기능 중심의 명명 방식 등 다양한 국어학적 요소가 교차하면서 형성되었습니다. 거리에서 무심코 마주치는 동네 이름 하나에도, 언어와 지형, 사람의 이야기가 오롯이 깃들어 있다는 사실은 우리의 일상을 더욱 풍요롭게 만들어 줍니다.

부산, 가마솥처럼 넉넉하고 넓은 그 이름처럼, 말맛과 기억이 어우러진 살아 있는 언어의 현장입니다.

04

'미추홀'에서 '인천'까지
— 말 속에 담긴 도시의 시간

　우리가 오늘날 '인천'이라 부르는 이 도시는, 예로부터 많은 이름을 갈아입으며 긴 시간을 지나왔습니다. 그 변화는 단순한 행정상의 조정이 아니라, 당시 사람들의 언어관과 시대의 흐름, 그리고 지역에 대한 인식이 담긴 언어학적 여정이라 할 수 있습니다.

　인천의 가장 오래된 이름은 바로 '미추홀(彌鄒忽)'입니다. 삼국사기에는 고구려의 시조 주몽의 아들 비류가 이곳에 도읍을 정했다는 기록이 남아 있죠. '미추홀'은 고대 국어의 흔적이 남아 있는 지명으로, '홀(忽)'은 고구려 계통 지명에서 자주 나타나는 접미어입니다. 이는 당시 말소리 중심의 지명 명명 방식과 더불어, 고대어가 오늘날 지명에 남아 있는 드문 사례이기도 합니다.

　이후 고구려 장수왕이 한강 유역을 차지하면서 이 지역은 '매소홀현(買召忽縣)'이라 불렸고, 신라가 삼국을 통일한 후 경덕왕 때에는 '소성현(召城縣)'으로 개명됩니다. 이 시기의 지명 변화는 단순히 이름만 바뀐 것이 아니라, 한자화 정책과 정치적 통합 의지가 반영된 국어사적 변화라 볼 수 있습니다. 즉, 한자식 의미 중심의 명명 방식이 고유어 지명을 대체하기 시작한 시점이죠.

조선이 건국된 후, 태종은 이 지역을 '인주(仁州)'로 격하하는데, '인(仁)'이라는 한자는 유교적 가치인 '어짊'이나 '인자함'을 담고 있어, 당시 지명을 통해 통치 이념을 투영한 흔적이 보입니다. 그리고 마침내 1413년, 태종이 전국의 '주(州)' 자 지명들을 정리하며, 군현 명칭에 '산(山)' 혹은 '천(川)' 중 하나를 붙이는 정책을 시행하면서 '인천(仁川)'이라는 현재의 이름이 정착됩니다. 이때 '천(川)'이 붙은 이유는 이 지역이 바닷물과 강물이 만나는 지리적 특성, 즉 수변 환경을 반영한 것으로 보입니다.

이런 지명의 변화는 지리적 이미지에 따른 이름 부여와 시대 이념 반영이 어우러진 언어적 진화라 할 수 있습니다. '인천'이라는 이름은 그저 '어질 인(仁)'과 '내 천(川)'이 아니라, 시대마다 사람들의 세계관과 언어 의식이 반영된 결과물인 셈입니다.

오늘날 우리는 인천공항, 인천항, 인천도시철도 등 '인천'이라는 이름을 수없이 접하지만, 그 짧은 두 글자 뒤에는 '미추홀'이라는 신비한 고대어에서부터, '매소홀' '소성' '인주'를 거쳐, 시대의 흐름에 따라 모습을 달리해온 말의 궤적이 담겨 있습니다.

지명은 그저 공간을 부르는 이름이 아니라, 시간을 담은 말입니다. '인천'이라는 말 한마디에도 천 년이 넘는 언어의 흐름과 사람들의 삶이 고요히 스며 있는 것이죠. 우리가 걷는 이 도시의 거리 위에는, 말의 시간이 함께 흐르고 있습니다.

05

'달구벌'에서 '대구'까지
— 지명의 말맛과 공간의 기억

지명은 단순한 이름이 아니라, 땅을 바라보는 사람들의 생각과 언어 습관이 녹아 있는 말의 유산입니다. 오늘날 우리가 부르는 '대구'라는 이름도 그 속을 들여다보면, 고대어의 흔적과 국어사적 변화의 흐름이 담긴 흥미로운 지명입니다.

대구의 옛 이름은 바로 '달구벌'입니다. 이 이름은 신라 시대부터 사용되던 고유어 지명으로, 넓은 벌판을 의미하는 고대어 '달'과 '벌'이 결합된 형태입니다. 국어학적으로 보면, '달'은 '넓다', '크다', 또는 '산이 있는' 공간을 뜻하는 말로, '원(圓)', '주(周)'와 같은 넓은 공간 개념과도 통합니다. '벌'은 우리가 지금도 사용하는 '들판'의 의미이며, 때로는 촌락이나 읍성을 가리키기도 했습니다. 즉, '달구벌'은 산이 둘러싼 넓은 들판, 또는 큰 마을이 있는 평야라는 의미를 지닌 말이었습니다.

이처럼 '달구벌'은 지형적 특성과 공동체 구조를 함께 반영한 지명이었습니다. 실제로 대구는 사방이 산지로 둘러싸인 분지 지형이며, 중심에는 넓은 평야가 펼쳐져 있어 고대인들의 공간 인식과 언어 감각이 고스란히 드러납니다.

신라 경덕왕(재위 742~765) 때, 지방 행정체계를 정비하면서 고유어 지명을 한자식으로 바꾸는 정책이 시행됩니다. 이때 '달구벌'도 한자어 '대구(大邱)'로 바뀌게 되죠. 이 과정은 단순히 음을 따서 표기한 것이 아니라, 고유어의 의미를 반영한 한자 변환입니다. '달'의 '넓다'는 의미는 '대(大)'로, '벌(伐 또는 坡)'은 '구(邱)'로 바뀌며, '큰 언덕' 또는 '큰 들'이라는 뜻의 '대구'가 탄생합니다. 이는 고유어에서 한자어로의 의미 대응 변환(semantic translation) 사례로, 국어사에서 일반적인 지명 변환 방법 양식입니다.

오늘날 대구는 대한민국 제3의 도시이자 산업, 문화, 교육의 중심지로 성장했지만, 그 이름 속에는 여전히 달구벌이라는 고대의 말맛과 공간 인식이 살아 숨 쉬고 있습니다. 우리가 쓰는 '대구'라는 두 글자 속에는 수천 년 전 사람들이 바라보던 산과 들, 마을의 풍경이 고스란히 담겨 있는 셈이죠.

지명은 시간 속에 살아 있는 말입니다. '달구벌'이 '대구'로 바뀌는 과정은, 언어가 공간을 어떻게 인식하고, 시대에 따라 어떻게 표기되고 전승되는지를 보여주는 국어학적 이야기입니다. 지금 우리가 부르는 대구라는 이름도, 알고 보면 먼 옛날부터 이어져 온 말의 기억을 품고 있습니다.

06
'무진주'에서 '광주'까지
— '빛고을'에 담긴 언어의 빛

 전라도의 중심 도시, 광주는 '빛고을'이라는 애칭으로 잘 알려져 있습니다. 문화와 예술의 도시로, '빛'이라는 상징어가 도시의 정체성을 설명해주는 듯하지만, 이 지명에는 그보다 훨씬 오래된 이야기와 언어의 흐름이 숨어 있습니다. '광주'라는 말이 처음 등장한 건 고려 태조 23년, 즉 940년의 일이었습니다. 통일신라 시절 '무주(武州)'였던 이름을 고려 왕조가 바꾸면서 지금의 '광주(光州)'가 탄생한 것입니다.

 지명의 역사적 흐름을 따라가 보면, 광주는 삼한시대에는 마한에 속해 있었고, 삼국시대에는 백제의 영역이었습니다. 이때 사용된 이름이 무진주(武珍州)였고, 이후 통일신라 시대에는 간단히 줄여 무주(武州)로 불렸습니다. 여기서 '무(武)'는 '무진'이라는 고유 지명에서 따온 글자이자, 당시 지명의 전형적인 구성 방식인 '한자 두 글자 체계'의 일환이었습니다.

 고려 태조는 나라를 새로 세우며 행정 체계를 정비하고, 지명을 새롭게 바꿔 나갔습니다. 이 과정에서 기존의 군·현 이름을 상징적이고 덕목 중심의 한자어로 개칭하는 흐름이 강하게 나타났습니다. 그렇게 해서 무주는 '광주(光州)'라는 새로운 이름을 얻게 되었죠.

이 지명 변화는 단순한 표기 변경을 넘어, 언어의 상징성을 새롭게 부여한 사례로 볼 수 있습니다. '광(光)'은 빛, 밝음, 번영, 문화 등의 이미지를 담고 있는 한자입니다. '광주'는 문자 그대로는 '빛의 고을'이며, 이는 당시 지명 개칭 정책 속에서 지역의 긍정적 이미지를 형상화하려는 시도였던 것입니다.

오늘날 광주는 이 언어적 상징을 도시 브랜딩에 적극 활용하고 있습니다. '빛고을 광주'라는 별칭은 단순히 지명의 해석을 넘어서, 예술, 인권, 평화의 이미지를 담은 문화적 메시지로 재탄생했습니다. 도시 곳곳에 설치된 빛을 테마로 한 공공예술, '광주비엔날레' 같은 국제 문화 행사는 이러한 언어적 상징을 현실 속에서 확장시킨 사례입니다.

국어학적으로 보면 '광주'는 고유 지명(무진 → 무주)에서 상징적 한자 지명(광주)으로의 의미 전환이 이루어진 사례입니다. 이러한 지명 개칭은 해당 지역에 새로운 정체성과 역할을 부여하는 한편, 언어의 사회적 기능 ─ 즉 사람들의 인식과 행위에 영향을 주는 언어의 힘 ─ 을 잘 보여줍니다.

무진주의 역사가 흐르고, 광주의 빛이 퍼져나간 오늘, 우리는 지명 하나에 깃든 오랜 시간의 언어적 결을 다시금 느낄 수 있습니다. '광주'라는 이름은 단지 한 도시를 가리키는 행정 명칭이 아니라, 시대의 이상과 문화적 상징이 어우러진 살아 있는 언어입니다. 오늘도 그 이름은, 말 그대로 도시 위에 '빛'을 비추고 있습니다.

07

'우시산'에서 '울산'까지
— 지명의 음과 뜻이 만든 언어의 풍경

울산은 오늘날 대한민국 산업 수도로 불릴 만큼 현대적인 도시지만, 그 이름 속에는 아주 오래된 말의 기억과 언어 변화의 흔적이 살아 있습니다. '울산(蔚山)'이라는 지명은 단순한 한자어가 아니라, 고대어와 이두 표기, 그리고 지형에 대한 인식이 결합된 언어학적 유산이라 할 수 있습니다.

울산이라는 이름의 뿌리는 삼한시대까지 거슬러 올라갑니다. 당시 이 지역에는 '우시산국(于尸山國)'이라는 작은 나라가 있었고, 이 이름이 훗날 울산의 어원이 됩니다. 여기서 흥미로운 점은 '시(尸)'라는 한자가 실제로 '시체'를 의미하는 것이 아니라, 이두 표기법에서 'ㄹ' 받침을 나타내는 기호로 쓰였다는 점입니다. 즉 '우+시+산'은 소리로 따지면 '울산'이 되는 셈이죠. 이는 한자의 음과 뜻을 빌려 우리말을 적던 옛 표기법, 이두의 활용 방식을 보여주는 대표적인 예입니다.

'울'이라는 소리는 단순히 발음의 결과가 아니라, 지형적 인식과도 깊은 관련이 있습니다. 연구에 따르면, 울산은 '산이 울타리처럼 둘러싸인 곳', 즉 '산으로 감싸진 평지'라는 의미를 지닌다고 볼 수 있습니다. 실제로 울산은 동쪽은 바다, 서쪽과 북쪽은 산지가 감싸는 형태의 분지 구조를 갖고 있어, 고대인들이 이 지형을 그렇게 느꼈을 가능성이 높습니다. 지형적 인식을 소리로 담아낸 지명이 바로 울산입니다.

지명은 시대에 따라 그 형태도 달라졌습니다. 고려시대와 조선 초기까지 울산은 '울주(蔚州)'라 불렸습니다. '주(州)'는 널리 쓰이던 행정 단위이고, '울(蔚)'은 '울창하다', '무성하다'는 뜻이지만 여기서도 소리 중심의 명명이라는 점이 중요합니다. 울산이라는 지명은 1413년, 조선 태종 13년에 행정 구역 개편에 따라 공식적으로 등장합니다. 이때부터 울산은 단순한 지역 명칭을 넘어 행정적 정체성을 갖춘 도시로 변모해 갔습니다.

그 이전에도 울산은 다양한 이름으로 불렸습니다. '공화(恭化)', '흥례(興禮)', '하곡(河谷)', '굴아화(屈阿火)' 등은 각 시대의 문화적 배경이나 정치적 영향에 따라 나타난 지명들입니다. 이들 이름에는 존경, 번영, 강과 계곡, 혹은 신성한 장소의 이미지가 담겨 있으며, 고대 지명들이 단순한 위치 표시가 아니라 정체성과 신화적 상징을 담은 언어적 장치였음을 보여줍니다.

오늘날 울산은 현대적 도시 이미지를 앞세우고 있지만, 그 이름을 천천히 되짚어 보면, 고대의 말소리, 표기법, 지형에 대한 감각이 오롯이 담겨 있는 지명입니다. 우리가 무심코 부르는 '울산'이라는 이름 속에는, 고대 언어의 흔적과 국어학적 사고방식, 그리고 땅을 바라보는 선조들의 감각이 오랜 시간 동안 겹겹이 쌓여 있습니다.

08

왕도 곁의 땅, '경기'
― 이름 속에 담긴 거리와 권력의 언어

'경기도'라는 이름은 오늘날 수도권의 핵심 지역을 가리키는 말이지만, 그 언어적 뿌리를 따라가다 보면, 이 지명은 왕과 거리, 그리고 통치의 방식을 담은 깊은 의미를 지니고 있습니다. 국어학적으로도 '경기'는 고유 명사가 아니라, 공간 인식과 권력 구조가 언어로 구현된 지명이라 할 수 있습니다.

경기도라는 이름은 두 한자 '경(京)'과 '기(畿)'에서 비롯되었습니다. '경'은 왕이 거처하는 도읍, 즉 수도를 뜻하며, '기'는 그 수도를 중심으로 펼쳐진 주변 지역을 의미합니다. 다시 말해, '경기'란 곧 '왕이 사는 서울 근처의 땅'이라는 뜻입니다. 이는 단순히 땅의 위치를 설명하는 것이 아니라, 권력의 중심이 어디에 있고, 그 영향력이 어디까지 미치는지를 보여주는 사회적 공간과 범위를 보여주는 말이라 할 수 있습니다.

이 용어는 고려시대에 이르러 처음 공식적으로 등장합니다. 당시 수도였던 개성을 중심으로 주변 지역을 통치하는 개념으로 '경기'가 사용되었고, 당나라의 행정 제도를 참조해 왕도 주변을 '경현(京縣)'과 '기현(畿縣)'으로 나누는 방식이 도입되었습니다. '경현'은 수도와 맞닿은 가장 가까운 지역, '기현'은 그 경현을 둘러싼 외곽 지역이었습니다. 즉 왕과의 거리, 그것이 곧 행정적, 정치적 위계로 반영된 셈입니다.

이러한 용어가 조선으로 이어지면서 수도가 한양으로 옮겨지자, 경기도 역시 그 중심을 바꾸게 됩니다. 1414년, 조선 태종 14년 1월 18일에 '경기좌도'와 '경기우도'로 나뉘어 있던 지역이 통합되어 하나의 경기도가 되었고, 이때부터 지금의 지명 체계가 확립되기 시작합니다.

'경기'는 단지 지리적 범위를 가리키는 말이 아니라, 지명의 의미가 정치적 권위와 공간 질서를 반영하는 방식을 잘 보여주는 예입니다. 수도권 주변 지역을 통칭하는 이 명칭은 시대에 따라 수도가 이동하면서 그 범위도 변화해 왔는데, 이는 지명 자체가 고정된 공간이 아니라 수도와의 상대적 위치에 따라 결정되는 동적인 개념임을 보여줍니다.

오늘날 우리는 경기도를 서울의 주변 지역, 혹은 수도권의 일원으로 생각하지만, 그 이름 속에는 단순한 위치를 넘어서, 왕과 백성의 거리, 권력과 일상의 접점이 언어로 표현된 역사가 숨어 있습니다. 지명을 부른다는 것은 곧 그 땅의 성격을 이해하고, 시대의 사고방식을 읽는 일입니다. '경기'는 그 대표적인 예로, 한 단어 속에 권력, 거리, 정체성의 언어적 풍경이 살아 있는 말입니다.

09

'충청도'의 이름
─ 두 고을에서 온 말의 여정

'충청도'라는 지명은 오늘날 누구에게나 익숙하지만, 그 이름이 두 지역 이름에서 비롯되었다는 사실을 알고 있는 사람은 많지 않습니다. 충청도는 충주(忠州)와 청주(淸州)라는 두 고을의 앞 글자를 따서 만든 복합 지명으로, 말 그대로 '충청(忠淸)의 땅'이라는 뜻을 갖고 있습니다. 국어학적으로도, 지역의 대표 도시 이름을 조합해 도 전체를 명명하는 방식은 합성 명사의 형태를 띠며, 지역 인식과 행정 구조가 언어에 반영된 대표적인 사례입니다.

충청도와 관련한 지명의 최초 등장 시점은 고려 예종 1년, 즉 1106년입니다. 당시 '관내도', '중원도', '하남도'라는 세 지역이 통합되며 '양광충청주도(楊廣忠淸州道)'라는 긴 이름이 등장합니다. 이 가운데 '충청주도'가 줄어들고 간소화되어 '충청도'라는 이름이 처음 탄생한 것입니다. 이후 시간이 흐르며 양광(楊廣) 지역은 오늘날의 경기도로 분리되었고, 충청도라는 명칭이 도 전체를 대표하게 되었습니다.

조선 태조 4년(1396년)에는 '양광도'를 분리해 경기도와 충청도로 나누었으며, 선조 31년(1598년)에는 도청의 기능을 하던 감영을 충주에서

공주로 옮기게 됩니다. 이처럼 감영의 위치와 행정의 중심이 변하면서, 충청도는 조선 8도 중에서도 유독 자주 명칭과 구성이 바뀐 지역이었습니다. 이는 지명의 안정성과 행정체계 간의 상호작용을 보여주는 사례로, 지명은 고정된 표지가 아니라, 정치적 변동에 따라 유동적으로 변화하는 '살아 있는 언어'였다는 것을 말해줍니다. 충청도의 도명은 여러 번 바뀌었지만, 사람들이 가장 자연스럽게 받아들이고 오래 불렀던 이름이 살아남은 것이죠.

생활 속에서도 '충청도'는 단순한 행정 지명이 아니라, 사람들의 정서와 말투, 즉 '충청도 사투리'라는 지역 언어의 정체성과도 밀접한 관계를 맺고 있습니다. 말의 억양 하나에도 충청 사람들의 느긋한 성격과 특유의 여유가 담겨 있고, 그것이 곧 지역성을 말해주는 상징이 되기도 합니다. 지명이 단지 땅을 가리키는 말이 아니라, 사람들의 말과 삶, 감정까지 담아내는 그릇이라는 사실을 실감하게 됩니다.

이처럼 충청도라는 이름은 두 고을 이름이 만나 탄생한 합성 지명이자, 역사와 행정, 언어의 흐름이 교차하면서 완성된 말의 결정체입니다. 과거의 정치적 경계가 오늘날에도 여전히 말 속에 살아 숨 쉬고, 그 이름을 부르는 순간 우리는 무심코 오랜 역사의 언어적 기억을 함께 떠올리게 되는 것이죠.

10
'전주'와 '나주'에서 '전라도'까지
— 이름에 담긴 말과 역사

'전라도'라는 이름은 지금도 남도 사람들의 정체성을 상징하는 말로 널리 쓰이고 있습니다. 이 지명은 전주(全州)와 나주(羅州), 두 지역의 이름을 조합해 만든 말로, 복합 지명 구성의 예입니다. 단순한 약칭이 아니라, 지역의 중심지를 바탕으로 땅의 이름을 정한 것으로, 사람들의 인식 속에서 어떤 도시가 '중심'이었는지를 보여주는 언어적 증거이기도 합니다.

전라도라는 이름이 처음 등장한 것은 고려 현종 9년, 즉 1018년입니다. 당시 '강남도'와 '해양도'라는 두 개의 행정구역을 통합하면서 새로운 이름이 필요했는데, 그 중심지였던 전주와 나주의 앞 글자를 따 '전라주도(全羅州道)'라는 이름이 생겼습니다. 이후 '전라주도'는 점차 줄여 '전라도'로 불리게 되었고, 조선시대에도 그대로 이어졌습니다. 이처럼 도시 이름의 병렬 결합으로 도 전체의 명칭을 구성하는 방식은 지명 구성의 효율성과 지역 대표성이라는 두 요소를 동시에 고려한 언어 전략이라 할 수 있습니다.

그러나 이 이름도 시대에 따라 여러 변화를 겪습니다. 1896년, 대한 제국 정부가 13도제를 시행하면서 전라도는 전라남도와 전라북도로 나뉘게 됩니다. 이는 단순한 행정 분할이 아니라, 도 내부의 지역 정체성이 세분화되는 과정을 반영한 변화이기도 합니다. 그전까지는 하나의 지역으로 묶여 있던 전라도 사람들이, 이 시기를 기점으로 '남도'와 '북도'라는 새로운 지역적 자의식을 형성하게 된 것입니다.

이후에도 변화는 계속됩니다. 1946년, 제주도가 전라남도에서 분리되어 독립된 도로 승격되며 행정구역상 변화가 생겼고, 1986년에는 광주가 직할시가 되면서 전라도 내부의 도시들이 각각 자치적 위상을 갖기 시작합니다. 1995년에는 광역시로 명칭이 바뀌면서 오늘날의 전라도는 전라남도, 전라북도, 광주광역시로 나뉜 형태가 되었죠.

그런데 흥미로운 점은, 이처럼 행정적으로는 분리되었음에도 불구하고, 여전히 사람들은 이 세 지역을 묶어 '전라도'라고 부른다는 것입니다. 이는 지명의 언어적 생명력이 단지 제도에 따라 바뀌는 것이 아니라, 사람들의 말과 기억, 지역 감정에 따라 유지된다는 특성을 보여줍니다.

이처럼 전라도라는 이름은 단순한 두 도시의 조합이 아니라, 역사적 통합과 언어적 정체성이 맞물린 지명입니다. 그 이름 안에는 천년 가까운 시간이 스며 있고, 행정과 말, 사람과 땅이 서로 어떻게 연결되는지를 말해주는 살아 있는 언어의 흔적입니다. 오늘날 우리가 부르는 '전라도'라는 말 한마디에는, 지속과 분화, 전통과 변화를 함께 담은 지역의 기억이 고스란히 담겨 있습니다.

11

'경주'와 '상주'에서 시작된 이름
— '경상도'의 말과 역사

'경상도'라는 이름은 오늘날에도 '경상도 사람', '경상도 사투리'처럼 지역 정체성을 대표하는 말로 널리 쓰이고 있습니다. 이 지명은 경주(慶州)와 상주(尙州)라는 두 도시의 이름을 조합하여 만든 것으로, 어학적으로는 병렬 합성 방식의 지명 구성이라는 특징을 갖습니다. 단순한 지역 표시를 넘어, 두 고을이 그 지역에서 차지했던 역사적 위상과 상징성이 고스란히 반영된 명칭입니다.

경상도라는 이름은 고려 충숙왕 때인 1314년에 공식적으로 사용되기 시작했지만, 그보다 앞선 1106년(예종 1년)에는 이미 '경상진주도(慶尙晉州道)'라는 명칭이 존재했습니다. 이 이름은 경주, 상주, 진주 세 도시의 이름을 조합한 것으로, 당시 지역 중심지를 기반으로 한 도명 구성 방식을 보여주는 사례입니다. 이후 고려 말과 조선 초기까지도 이 명칭은 유지되다가, 점차 '진주'가 빠지고 '경상도'로 간략화되며 오늘날 우리가 아는 형태가 정착된 것입니다.

조선시대에 들어서도 '경상도'라는 도명은 계속 사용되었습니다. 1519년(중종 14년)에는 경상도를 좌도와 우도로 분할해 행정 구역을 세

분화했고, 1601년에는 감영을 상주에서 대구로 옮기면서 행정 중심지가 이동하게 됩니다. 이러한 변화는 지명의 의미는 그대로 유지하면서도, 행정 실체와 권력 중심의 이동이 지명 사용 방식에 영향을 주는 모습을 보여줍니다.

근대에 들어, 1896년(고종 33년)에 실시된 13도제에 따라 경상도는 경상북도와 경상남도로 분리됩니다. 이 시점에서 '경상도'는 공식적인 행정 단위로서의 기능은 사라지지만, 언어 속에서는 여전히 살아남아 두 도를 통칭하는 이름으로 계속 사용됩니다. 즉, 법적으로는 없어졌지만, 사람들의 언어 속에서는 여전히 '경상도 사람', '경상도 음식' 등과 같이 실생활에서 널리 쓰이는 생활언어적 지명으로 남아 있는 것입니다.

1997년, 울산이 울산광역시로 승격되면서 경상도는 현재 대구, 부산, 울산 3개 광역시와 경상남도, 경상북도로 나뉘게 되었습니다. 그럼에도 불구하고 여전히 사람들은 이 지역들을 통틀어 '경상도'라 부르고, 그 말 한마디로 고유의 말투와 기질, 음식과 문화를 떠올립니다. 이는 지명이 단순한 행정 구분이 아니라, 집단 정체성과 언어 감각이 함께 작동하는 말의 공동체적 기능을 보여주는 예입니다.

결국 '경상도'라는 이름은 두 도시 이름이 결합된 단순한 약칭을 넘어, 수백 년에 걸쳐 지리, 행정, 생활, 언어가 맞물려 형성된 상징입니다. 고려부터 이어진 행정적 명칭이자, 오늘날까지 사람들의 말 속에 살아 있는 '경상도'는, 시대가 바뀌고 지도는 변해도 여전히 하나의 지역으로 존재하는 이름입니다.

12
'강릉'과 '원주'가 만난 이름
— '강원도'의 말과 역사

'강원도'라는 이름은 지금도 자연과 산의 이미지로 익숙하지만, 그 명칭의 뿌리를 따라가 보면 지리와 행정, 언어가 맞물려 만들어진 흥미로운 언어적 구조임을 알 수 있습니다. 국어학적으로도 강원도라는 지명은 복합 지명의 전형적인 예로, 지역의 중심지 이름을 조합해 도 전체의 이름을 만드는 방식을 보여줍니다.

강원도라는 이름은 1395년(조선 태조 4년)에 탄생합니다. 이때 고려시대의 '강릉도'를 개편하여 새로 도를 만들면서, 강릉의 '강(江)'자와 원주의 '원(原)'자를 따와 '강원도(江原道)'라 명명하게 됩니다. 이 명칭은 단순한 조합이 아니라, 당시 지역의 정치·행정적 중심지를 기준으로 도 전체의 정체성을 설정한 것이죠.

강릉은 오랜 시간 동해안 지역의 주요 거점 도시였으며, 해양 교역과 문화 중심지로서 중요한 역할을 해왔습니다. 반면 원주는 내륙에 위치하면서 감영 소재지, 즉 도의 행정 중심지로 기능했습니다. 이처럼 '강원도'라는 이름에는 해안과 내륙, 문화와 행정이라는 두 축이 하나의 지명 안에 공존하고 있는 셈입니다.

지명 구성 방식으로 볼 때, 강원도는 병렬식 합성 지명에 해당합니다. 이는 전라도(전주+나주), 경상도(경주+상주)처럼 조선시대 도명 제정 방식의 특징 중 하나로, 지역 대표성을 확보하면서도 발음이 유려한 두 글자 지명을 만드는 방식입니다. 이 방식은 기억하기 쉽고, 지역민의 소속감을 자연스럽게 형성한다는 점에서 오늘날까지도 지명 구성 원리로 자주 활용됩니다.

강원도라는 이름은 단순한 행정 단위를 넘어 지역적 이미지와 말의 정체성을 형성해왔습니다. 예를 들어, "강원도 산골"이라는 말만 들어도 사람들은 깊은 산, 맑은 계곡, 겨울 눈이라는 자연적 이미지와 함께 푸근한 인간미 넘치는 사람들, 특유의 억양이 담긴 강원도 사투리를 떠올립니다. 이는 지명이 단지 '이름'이 아니라, 지역 정체성의 핵심적 언어 요소라는 점을 보여줍니다.

강원도는 오늘날 남과 북으로 나뉘어 있지만, 그 이름은 여전히 하나의 지역을 떠올리게 합니다. 정치적 경계와는 무관하게, 사람들은 '강원도'라는 말을 들으면 설악산과 정선, 강릉과 평창, 태백과 철원을 하나의 이야기로 엮어냅니다. 이는 지명의 언어적 지속성이 단순한 행정 구획보다 더 강한 영향력을 가질 수 있다는 점을 말해줍니다.

결국 강원도라는 이름은, 단순히 두 도시의 글자를 합친 것이 아니라, 지역성과 문화가 어우러져 형성된 지명의 결정체입니다. '강'과 '원', 동해와 내륙, 사람과 말이 함께 만들어낸 이 지명은, 지금도 우리 삶 속에서 살아 움직이고 있습니다.

13

'탐라'에서 '제주'까지
— 말과 섬이 함께 건너온 시간

　제주도는 한국에서 가장 독립적인 정체성을 가진 지역 중 하나입니다. 지리적으로도, 문화적으로도, 그리고 언어적으로도 '섬'이라는 특성이 뚜렷하지만, 그 중심에는 오랜 시간에 걸쳐 바뀌어 온 지명의 흐름이 있습니다. 지금 우리가 부르는 '제주(濟州)'라는 이름은 단순한 행정 지명이 아니라, 말의 시간이 켜켜이 쌓인 국어의 유산입니다.

　제주의 옛 이름은 탐라(耽羅)였습니다. 탐라는 원래 고유의 독립된 왕국으로, '고을나'의 15대 후손인 세 아들 — '후', '청', '계'가 신라에 입조하며 국호를 받았다고 전해집니다. 이때부터 탐라는 외부 세계와 교류하면서도 독자적인 문화와 정체성을 유지해왔습니다. 고려 시대에도 탐라국은 한동안 독립적인 지위를 유지하다가, 1105년, 고려 예종 때 행정구역 개편으로 탐라군이 되면서 중앙 통치 체계에 편입됩니다.

　하지만 '제주'라는 이름이 본격적으로 사용된 것은 1223년(고종 10년 경)입니다. 이때 탐라군이 행정적 개편을 거치며 '제주'라는 새로운 지명으로 바뀌게 된 것이죠. '제(濟)'는 '건너다', '돕다'는 뜻으로, '먼 바다를 건너는 섬'이라는 상징적 의미를 담고 있습니다. '주(州)'는 지역을 나타내는 일반적인 행정 단위로, 이 조합은 섬의 지리적 특징과 바다를 통한 교류의 의미를 함께 담아낸 이름이라 할 수 있습니다. 국어학적으로도 '제주'는 의미 중심의 한자 지명 구성으로, 지형과 공간적 개념이 언어화된 사례로 볼 수 있습니다.

고려 말기, 제주는 원나라의 간섭을 받으며 명칭이 수시로 바뀌었습니다. 원 간섭기에는 탐라총관부라는 이름으로 불리기도 했고, 제주 지역의 실질적 지배권이 외세에 넘어가면서 지명의 주체성도 흔들렸던 시기였습니다. 하지만 1374년(공민왕 23년), 원나라 세력이 물러나고 고려가 제주를 다시 수복하면서, '제주'라는 이름은 고정된 공식 지명으로 자리를 잡게 됩니다.

오늘날 제주는 행정구역으로는 제주특별자치도, 자연지리적으로는 화산섬의 보고(寶庫)라는 별칭을 얻을 만큼 독특한 지형을 자랑합니다. 한라산, 오름, 용암동굴, 주상절리 등 수많은 화산지형은 제주만의 풍경이자 정체성을 형성하고 있으며, 이는 제주 방언과 같은 지역어에도 뚜렷하게 반영되어 있습니다.

우리가 오늘날 아무렇지 않게 부르는 '제주'라는 이름은, 고유한 문화와 독립성을 가진 섬이 중앙 국가와 관계를 맺으며 변화해 온 말의 역사를 품고 있습니다. '제주'는 단순한 행정명칭이 아니라, 바다를 건너온 고유문화, 그 위에 쌓인 역사, 그리고 말 속에 남은 섬의 기억이 모두 어우러진 살아 있는 지명입니다.

12장

사투리에 담긴 우리말

01 "기집애, 겨란 좀 줘봐라" - 서울 사투리는 살아 있다
02 "아부지, 어머이, 괴기드세요." - 정겨운 경기도 사투리
03 "제리제리헌 게 감자옹심이 좀 묵어봐야지"
   - 강원도 사투리의 깊은 맛
04 "시방 뭐허는겨~" - 정 많고 여유로운 충청도 사투리의 맛
05 "그라제~ 얼른 와부러!" - 구수하고 정겨운
   전라도 사투리 이야기
06 "우야꼬, 고마바서 우짜노!" - 강한 억양 속 진심이
   묻어나는 경상도 사투리
07 "혼저 옵서양~" - 정과 풍경이 살아 있는
   제주도 사투리 이야기

01

"기집애, 겨란 좀 줘봐라"
― 서울 사투리는 살아 있다!

"기집애, 겨란 좀 줘봐라."

이 말을 들었을 때, 느낌이 어땠나요? 어딘가 익숙하고 정겹지만, 어쩐지 표준어와는 살짝 다른 느낌. 사실 이 말은 서울 사투리입니다. 많은 사람들이 '서울말은 곧 표준어'라고 생각하지만, 알고 보면 서울 사람들도 사투리를 쓰고 있습니다. 단지 너무 익숙해서, 아니면 표준어와 너무 비슷해서 눈치채지 못할 뿐이죠.

서울 사투리는 오랜 시간 조선의 수도였던 한양, 즉 지금의 서울에서 자연스럽게 형성된 지역 방언입니다. 조선 시대의 중심지였던 만큼, 그 언어도 권위 있고 표준적인 이미지로 자리잡았고, 실제로 오늘날의 표준어는 서울말을 토대로 만들어졌습니다. 하지만 '서울말 = 표준어'는 반만 맞는 이야기입니다. 서울 사람들 특유의 말투, 억양, 발음은 여전히 표준어와는 다른 색깔을 지니고 있기 때문입니다.

대표적인 예가 '단모음화 현상'입니다. 표준어에서 '계란'이라고 하면, 서울 사투리에선 '겨란'이 되고, '계집애'는 '기집애'가 됩니다. 발음이 더 편하고 부드럽게 변형되죠. 또 '아기야'를 '애기야', '창피하다'를

'챙피하다'처럼 말하는 건 '전설모음화 현상' 때문입니다. 말하자면 서울 사람들은 말을 할 때 살짝 '요령'을 부리는 셈입니다.

좀 더 재미있는 현상도 있습니다. '예쁘다'는 '이쁘다', '네가'는 '니가', '더럽다'는 '드럽다'로 변하는 '후설모음화 현상'이죠. 혀가 말 뒤로 가면서 소리가 변하는 건데, 이건 서울뿐 아니라 다른 지역에서도 일부 나타나지만, 서울에선 꽤 자연스럽게 굳어져 있습니다. "아우, 드러워!" 같은 말, 한 번쯤은 들어본 적 있지 않나요?

또 '조그맣다'가 '쪼그맣다', '과자'가 '까자'처럼 바뀌는 '어두경음화 현상'도 흥미롭습니다. 말의 첫머리를 강하게 발음해서 생기는 변화인데, 듣다 보면 오히려 더 생생하고 정감 있게 느껴집니다.

뿐만 아니라 '~했어'를 '~했구', '삼촌'을 '삼춘'이라고 말하는 모음 교체도 익숙한 서울 사투리 중 하나입니다. 여기에 '그러니까'를 '긍까', '그런데'를 '그른데', '그리고'를 '그르구'라고 말하는 것도 아주 서울스럽습니다. "이제 잘려고 했는데", "엄마가 할라고 했어" 이 문장 속 '잘려고', '할라고'도 바로 서울 사투리입니다.

서울 사투리는 영화나 드라마, 문학 작품 속에서도 자주 등장합니다. 특히 주요섭 작가의 사랑방 손님과 어머니 속 등장인물의 대사는 서울 사투리의 정수를 보여줍니다. 이런 작품을 보면, 당시 사람들의 일상과 말투가 얼마나 생생했는지, 또 서울말이 얼마나 정감 넘치는 언어였는지를 느낄 수 있습니다.

오늘날은 전국의 말이 표준화되어 가고 있지만, 여전히 "니가 뭔데?", "이쁘다", "그러니까" 같은 말들은 우리 일상 속에서 살아 숨 쉬고 있습니다. 서울 사투리는 말의 편리함뿐 아니라, 그 시대를 살아간 사람들의 정서와 생활 방식까지 담고 있는 언어의 한 갈래입니다. 그러니 다음에 누군가 "기집애, 겨란 좀 줘봐라" 하고 말한다면, 그저 웃지 말고 이렇게 말해보세요.

"아, 서울 사투리 쓰시네요?"

그 말 속에 담긴 오래된 서울의 향기, 생각보다 훨씬 더 흥미롭고 깊은 이야기들이 숨어 있을지도 모릅니다.

02

"아부지, 어머이, 괴기드세요."
— 정겨운 경기도 사투리

경기도 사투리는 서울지역을 포함하여 한 경기도 전역에서 사용되는 중부 방언입니다. 흔히 "서울말은 표준어니까 사투리가 없지 않느냐"는 말을 듣곤 하지만, 실은 서울과 경기도에서도 고유한 말투와 억양이 존재합니다. 그것이 바로 경기도 사투리입니다. 표준어와 매우 유사해 구분이 쉽지는 않지만, 그 속을 들여다보면 지역의 역사와 생활, 정서가 고스란히 담겨 있습니다.

경기도 사투리는 발음, 억양, 단어, 어미 등 다양한 면에서 독특한 특성을 보입니다. 먼저 발음의 경우, 과거에는 10개의 단모음(ㅣ, ㅔ, ㅐ, ㅟ, ㅚ, ㅡ, ㅓ, ㅏ, ㅜ, ㅗ)이 분명히 구분되었지만, 최근 젊은 세대에서는 'ㅟ'와 'ㅚ'가 이중모음으로 발음되거나 'ㅐ'와 'ㅔ'의 구별이 흐려지고 있습니다. 예를 들어 '참외'를 참웨'로, '네'와 '내'를 같은 발음으로 인식하는 경우가 대표적입니다. 이 변화는 발음을 조금이라도 더 편하게 하려는 현상으로 세대 간 언어차이를 만들어 내기도 합니다.

경기도 지역은 지형적으로 산이 낮고 강이 많아, 예로부터 비교적 평화롭고 여유로운 생활문화가 형성되었습니다. 이와 맞물려 사투리도 부드럽고 다정한 어투가 특징입니다. 말끝을 살짝 올리는 억양, 다정하게 말을 던지는 화법 등은 정겨운 인상을 줍니다.

가족 호칭에서도 특유의 표현이 돋보입니다. 아버지는 '아부지', 어머니는 '어머이', 할아버지는 '할아부지', 할머니는 '할머이'처럼 발음합니다. 입에 착 붙는 이 말들은 어린 시절 할머니댁에서 들었던 기억을 떠올리게 만들며, 말 속에 따뜻한 정이 묻어납니다.

어미 사용에서도 차이를 보입니다. 경기도 사투리에서는 '-련', '-온', '-게' 같은 종결어미를 자주 사용하며, 상황에 따라 "오늘 날씨 좋온 게~"처럼 쓰입니다. 이 어미들은 중부 방언권에서 널리 쓰이던 표현으로, 현재는 점점 사라지고 있지만 여전히 농촌 지역이나 노년층 화법 속에서 살아 있습니다. 또한 '좋다'의 반대말로 '나쁘다' 대신 '망하다'를 쓰는 것도 흥미로운 특징입니다. "이 음식 망했네"라는 말이 자연스럽게 들리는 이유입니다.

단어의 변화도 눈여겨볼 만합니다. '삼촌'을 '삼춘', '먹고 싶다'를 '먹구 싶다'로 말하는 경우처럼, 'ㅗ'가 'ㅜ'로 바뀌는 현상은 경기도 사투리의 대표적인 발음 변화입니다. 종결어미도 '-고'에서 '-구', '-도'에서 '-두'로 변형되어 "재밌구", "그래두" 같은 표현이 흔히 쓰입니다.

이외에도 'ㅣ' 모음 탈락으로 서울 사투리와 같이 '계란'을 '겨란', 'ㅣ' 역행동화로 '참기름'을 '챔기름'이라 발음하는 경우도 경기도 사투리에 해당된다고 볼 수 있습니다. 발음의 간편함과 생활의 자연스러움이 결합된 결과라 할 수 있습니다.

경기도 사투리는 눈에 띄게 화려하지는 않지만, 그만큼 소박하고 정감 넘칩니다. 빠르게 변화하는 언어 환경 속에서도 여전히 실생활 속에 살아 있으며, 지역의 고유한 문화와 생활 방식이 녹아 있는 소중한 문화 자산입니다. 표준어만을 고집할 것이 아니라, 이러한 지역어의 다양성과 아름다움을 인정하고 보존하려는 노력이 필요합니다.

다음에 아이가 "어무이, 겨란 프라이 해줘" 하고 말한다면, 웃으며 이렇게 대답해보세요. "그래, 챔기름 두르고 금방 해드릴게." 그 말 한마디에, 정겨운 경기도의 말맛과 마음이 함께 전해질 것입니다.

03

"제리제리헌 게 감자옹심이 좀 묵어봐야지"
― 강원도 사투리의 깊은 맛

"가마이 펴놓고 감자옹심이 한 사발 해봐야지, 가들 올 때까지 제리제리허니 기다려야 쓰겄어."

이 말이 자연스럽게 들린다면, 당신은 강원도의 언어 감각에 꽤나 익숙한 사람입니다. 정감 넘치는 이 말투는 바로 강원도 사투리입니다. 태백산맥을 넘고 동해의 바닷바람을 따라 흐르는 이 방언은, 거친 자연 속에서도 사람 사는 따뜻한 마음과 억양이 살아 있는 독특한 언어 문화입니다.

강원도 사투리는 지역에 따라 크게 영동 방언과 강릉 방언으로 나눌 수 있습니다. 먼저 영동 방언은 태백산맥 동쪽, 그러니까 강릉, 삼척, 양양, 정선, 영월, 고성 등에서 사용됩니다. 말끝을 살짝 올리는 억양이 특징이며, 문장 끝에 '~야', '~요'를 붙여 부드럽게 마무리합니다. 예를 들면, "어디 가요?", "좀 줘봐야" 같은 식으로, 부드러우면서도 정감 있는 분위기를 자아냅니다. 반면 강릉 방언은 강원도 전체 방언을 대표하는 말로, 옛 강릉대도호부 관할권을 중심으로 사용되었습니다. 억양은 살짝 강하지만 단어가 매우 풍부하고 독특합니다. 강릉 남쪽 삼척 지역보다는 말투가 부드럽고, 북쪽 양양보다는 다소 억센 편입니다. 이처럼 지역에 따라 말의 끝이 조금씩 다르고, 표현하는 방식도 다르지만, 공통적으로 자연과 밀접한 삶에서 나온 말이 많다는 점이 특징입니다.

실제로 강원도 사투리에는 자연과 노동, 일상에서 파생된 어휘가 아주 많습니다. 예를 들어, "(가슴이) 제리제리하다"는 '저리다'는 뜻이고, "(땅을) 재다"는 '갈다', "(때를) 에우다"는 '끼니를 잇다'는 의미입니다. 이 단어들은 척박한 산골 생활과 땅을 일구며 살아온 사람들의 삶이 녹아든 말들입니다.

또한, 사물이나 자연물을 가리키는 표현도 독특합니다. '소갈비'는 고깃집에서 나오는 갈비가 아니라 '솔잎'이나 '낙엽'을 뜻하는 말이고, '가래비쿨'은 어망의 '그물코'를, '가마이'는 짚이나 싸리를 엮어 만든 '가마니'를 말합니다. 들판에서, 마당에서, 장터에서 이런 말들이 자연스럽게 오갔습니다.

'감자옹심이'도 빼놓을 수 없습니다. 옛날 강원도 사람들에게 감자는 그저 식재료가 아니라 삶의 동반자 같은 존재였습니다. '감자옹심이'는 강원도 사투리와 삶이 만나는 지점으로, 그 말 속에는 고된 노동 끝에 끓여낸 따뜻한 한 끼의 온기와 정이 담겨 있습니다.

강원도 사투리의 종결 표현도 재미있습니다. "~하민"은 "~하면서"의 의미로, "일 하민 밥 먹자" 식으로 쓰입니다. 또 "가들"은 '그 아이들'을 뜻하는 말로, 말하는 이의 애정이 듬뿍 담긴 표현이죠. 이런 말투 하나하나에는 뚝심과 인정이 녹아 있습니다.

오늘날 강원도 사투리는 TV 예능이나 드라마를 통해 많이 알려졌지만, 여전히 그 본모습은 지역민들의 일상 언어 속에 살아 숨 쉽니다. 농촌 어르신들의 말씨, 시장 상인의 억양, 옹심이 가게 주인의 손끝에서 흘러나오는 말들 속에서 우리는 고스란히 살아 있는 방언의 아름다움을 느낄 수 있습니다.

강원도 사투리는 단순히 '말'이 아니라, 그 지역 사람들의 땀과 눈물, 그리고 따뜻한 웃음이 담긴 삶의 언어입니다. 다음에 강원도에 가서 "제리제리헌 게 감자옹심이 좀 묵어봐야지"라는 말을 듣게 된다면, 그 말속에 담긴 온기와 삶의 깊이를 꼭 느껴보시기 바랍니다.

04

"시방 뭐허는겨~"
― 정 많고 여유로운 충청도 사투리의 맛

"오늘 날이 엄청 션~하유."

이 한마디만 들어도 마음이 사르르 풀리는 듯하지 않으신가요? 천천히, 느긋하게, 부드럽게 이어지는 말투. 바로 충청도 사투리의 매력입니다. 단어 하나하나에 여유가 묻어나고, 억양 하나에도 온화한 성정이 담겨 있는 충청도 사투리는 우리말 속에서도 가장 정겨운 사투리 중 하나로 꼽힙니다.

충청도 사투리는 지리적으로 서울, 경기와 가까운 중부에 위치하면서도, 남쪽으로는 전라도와 접하고 있어 언어적으로도 두 방언의 특성을 두루 간직하고 있습니다. 특히 충청도의 북쪽 사투리는 표준어와 거의 유사하지만 말끝의 억양과 특유의 여유로운 템포가 섞여 있어 차분하고 부드러운 느낌을 줍니다. 반면, 남부로 갈수록 서남 방언의 특징이 더 강하게 배어들며 사투리의 개성이 뚜렷해집니다.

충청도 사투리의 가장 큰 특징 중 하나는 바로 종결어미 '-유'입니다. "왔슈?", "좋아유~", "모르겠슈"처럼 문장 끝에 붙는 이 어미는 단순히 말투의 특징이 아닙니다. 정중하면서도 친근한, 충청도만의 특별한 높임 표현입니다. 표준어에서 '-요'가 공손한 말투라면, 충청도에서는 '-유'가 그 역할을 톡톡히 해내며, 듣는 사람의 마음을 편안하게 만들어 줍니다.

또한 충청도 말은 '시방', '욜리', '저그', '낭구' 등 다소 낯설지만 정감 어린 단어들을 품고 있습니다. "낭구(나무) 하러 왔는디 시방(지금) 땡삐(땅벌)가 가랑이(가랑이) 새루(사이로) 들어왔나벼유" 같은 문장을 들으면, 말하는 사람의 표정과 손짓, 심지어 주변 풍경까지 그려질 정도로 생생합니다. 이처럼 충청도 사투리는 단순히 의사소통의 수단을 넘어, 삶의 정서와 지역의 정취를 오롯이 담아내는 언어입니다.

사투리에는 그 지역 사람들의 기질이 스며들어 있습니다. 충청도 사람들은 급하게 말하지 않습니다. 말도 행동도 '대강대강' 하면서도, 필요한 건 꼭 짚어 넘어가는 실속파입니다. 그들의 사투리 역시 급하지 않고, 돌려 말하는 듯하면서도 핵심은 분명히 전달합니다. "행복해서 웃는 게 아녀유, 웃으니께 행복한 겨유." 이 한 문장에 충청도식 인생 철학이 담겨 있습니다.

실생활 속 충청도 사투리는 농촌과 시장, 가족 간의 대화에서 더욱 살아 있습니다. 어르신들이 손주에게 "욜리 쪼르르 와봐" 하고 부르거나, "시방 뭐허는겨~ 밥은 묵었슈?" 하고 인사하는 장면은 우리 일상에서 가장 따뜻한 언어의 순간일지도 모릅니다.

이처럼 충청도 사투리는 느릿하고 조용하지만, 그 속에 정과 여유, 그리고 살아 있는 삶의 리듬이 흐릅니다. 세련된 도시 언어와 빠른 소통이 강조되는 시대지만, 말 한마디에 사람 냄새 가득한 충청도 사투리는 우리의 언어문화 속에서 결코 잊히지 말아야 할 소중한 자산입니다.

다음에 충청도 사람을 만나면 이렇게 인사해 보세요.

"요즘 날씨가 참 션하유~"

그 한마디에, 웃음이 번지고 마음이 가까워지는 걸 느끼게 될 겁니다.

05

"그라제~ 얼른 와부러!"
— 구수하고 정겨운 전라도 사투리 이야기

"그라제~ 날이 추우니께 국물 있는 거 한 그릇 하시게라."

이 한마디만 들어도 마음이 푸근해지고, 어디선가 갓 지은 밥 냄새가 솔솔 풍겨오는 듯하지 않으신가요? 구수한 말맛, 정겨운 억양, 그리고 사람 냄새 가득한 표현들. 전라도 사투리는 단순한 방언이 아니라, 말 한마디에 정이 묻어나는 살아 있는 문화입니다.

전라도 사투리, 또는 호남 방언은 주로 전라북도와 전라남도, 광주광역시 등지에서 사용되며, 노령산맥을 경계로 전북 방언과 전남 방언으로 나뉩니다. 지역에 따라 억양과 표현이 조금씩 달라지지만, 공통적으로 말의 어미가 길고 부드러우며 억양이 리드미컬하다는 특징을 지닙니다. 그래서인지 드라마나 영화 속 인물들이 전라도 사투리를 사용하면 훨씬 더 인간적이고 현실감 있는 캐릭터로 다가오는 경우가 많습니다.

전라도 사투리는 그 어휘부터가 정겹습니다. 일상적인 단어도 지역 고유의 말로 바뀌며, 듣기만 해도 친근함이 묻어납니다. 예를 들어 "밥 먹었어?"는 "밥 무것냐?", "그랬구나"는 "그랑께~"처럼 바뀝니다. '-께',

'-제', '-라우' 같은 말투는 전라도 사람들 특유의 느긋함과 따뜻함을 드러내 줍니다.

어미 표현의 다양성은 전라도 사투리의 백미입니다. '-께'는 표준어의 '-니까'에 해당하는 이유 표현으로, "춥다니께 옷 따숩게 입어야제."처럼 사용됩니다. '-제'는 표준어의 '-지'에 해당하며, 상대방에게 공감을 유도할 때 자주 씁니다. "거 참 맛있제~"처럼요. '-능가'는 의문형 종결어미로, 다소 하대하는 느낌을 담고 있어 친구나 후배 사이에 "그거 먹었능가?" 식으로 쓰입니다. 또 '-(지)라오', '-(지)라우'는 설명하거나 반문할 때 사용하는 표현으로, "거 참 사람이 인자 좋더라오." 같은 말투에서 볼 수 있습니다. 존대 선어말어미로는 '-게-, -기-, -겨-' 등이 사용되어, 말투를 부드럽고 공손하게 만들어줍니다. 예를 들어 "드셨는겨?", "가시게요?"처럼 표현되며, 높임말 속에도 푸근한 정서가 스며들어 있습니다.

전라도 사투리의 매력은 단지 언어학적인 다양성에 있는 것이 아닙니다. 그 말투 하나하나에는 사람과 사람 사이의 거리를 좁혀 주는 정서적 연결고리가 담겨 있습니다. 시장에서는 상인이 "이거 좀 싸게 줄라니까~" 하고 말하며, 마을 어르신들은 "그라제, 얼른 와서 밥 무그랑께" 하고 손을 잡아끌며 정을 나눕니다.

전북과 전남 방언의 차이도 흥미롭습니다. 예를 들어, 전북에서는 '-으니까'를 '-응개'로, 전남에서는 '-응깨'로 발음하는 차이를 보입니다. 같은 말이라도 억양이나 어미의 길이에 따라 그 지역 특유의 말맛이 살아나는 것이죠. 이런 미묘한 차이는 지역 정체성을 만들어 주고, 같은 전라도 사람들 사이에서도 "너 전북 쪽 아이가?" 하는 식의 말로 구분되기도 합니다.

전라도 사투리는 느릿느릿하고 정이 많다는 인상을 줍니다. 하지만 그 속에는 웃음도, 위로도, 뼈 있는 농담도 함께 들어 있습니다. "어메, 그라고보니 니 참 얄밉더라~" 같은 말에는 가벼운 핀잔과 유쾌한 친밀감이 뒤섞여 있죠. 이런 말맛 덕분에 전라도 사투리는 말 자체가 하나의 감정 표현 도구가 됩니다.

오늘날 전라도 사투리는 대중문화 속에서 점점 더 많이 등장하고 있으며, 사투리의 아름다움을 새롭게 재조명받고 있습니다. 다음에 전라도 사람을 만나게 된다면, 이렇게 말해보세요.

"거 참 인자하이 좋다 아이가. 그라제~"

그 한마디에 웃음꽃이 피고, 당신도 어느새 전라도 말의 구수한 매력에 푹 빠져 있을지도 모릅니다.

06

"우야꼬, 고마바서 우짜노!"
— 강한 억양 속 진심이 묻어나는 경상도 사투리

"아이고 미안시럽구로! 이거 고마바서 우짜노~"

이 한마디 속에는 놀람, 미안함, 고마움, 심지어 정까지 담겨 있습니다. 짧은 문장이지만 듣는 순간 마음이 확 와닿는 이 말, 바로 경상도 사투리입니다. 억양이 세고 직설적인 것처럼 들릴 수 있지만, 그 속을 들여다보면 사람 냄새 물씬 나는 따뜻한 언어가 펼쳐집니다.

경상도 사투리는 흔히 영남 방언 또는 경상 방언이라고 불리며, 경북과 경남, 대구, 부산, 울산 등에서 널리 사용되는 방언입니다. 강한 억양과 리듬감 있는 말투가 가장 큰 특징이며, 표준어와 비교해도 단어와 문장 구성에서 뚜렷한 차이를 보입니다.

특히 문어체와 구어체를 혼용해 사용하는 경향이 매우 독특합니다. 예를 들어, 누군가 "집 간다"고 말하면, 이는 문어체에 가까운 표현입니다. 반면, 일상 대화에서는 "집에 가"라고 말하죠. 두 표현이 한 사람의 입에서 자유롭게 오간다는 점이 경상도 말의 유연함이자 매력입니다. 문어체가 딱딱하지 않고, 구어체는 가볍지만 결코 가벼워 보이지 않는 그 중간 어딘가에서 묘한 말맛을 만들어 냅니다.

경상도 사투리에는 다양한 감탄사가 존재하는데, 그 표현력은 실로 놀랍습니다. "우짜노", "우야꼬", "얄굿데이", "엄마야", "시아마시야(놀랄 때 쓰는 감탄사)" 등은 단순한 말이 아니라 상황 전체를 담아내는 감정의 덩어리입니다. 누군가 실수를 했을 때 "우야꼬" 하고 말하면, 그 안에는 놀람, 걱정, 답답함이 한꺼번에 들어 있고, "얄굿데이~"라고 하면 기가 막히거나 웃긴 상황에 대한 감탄이 담겨 있습니다. 듣는 이의 귀뿐 아니라 마음까지 툭 건드리는 말투죠.

이처럼 경상도 사투리는 억양이 강하다는 특징으로도 유명합니다. 말끝이 올라갔다가 툭 떨어지고, 단어마다 힘이 실리는 경상도 억양은 처음 들으면 다소 세거나 퉁명스러워 보일 수 있습니다. 하지만 실제로는 직설적이지만 솔직하고, 표현은 거칠어도 정이 깊은 경상도 사람들의 성격이 그대로 드러나는 부분입니다.

실생활 속에서 경상도 사투리는 활기차고 유쾌하게 사용됩니다. 시장에서는 "이거 싸게 주이소~"라는 말이 오가고, 친구들끼리는 "밥 묵었나?" "우째 지냈노?" 같은 인사로 툭툭 대화를 엽니다. 말은 거칠게 들려도, 그 안에는 상대를 챙기고 배려하는 마음이 묻어 있어 오히려 더 인간적입니다.

또한, 경상도 사투리는 지역에 따라 차이가 큽니다. 부산은 경쾌하고 빠른 리듬을, 대구는 조금 더 무겁고 단단한 느낌을, 울산은 중간적인 억양을 가지고 있어 같은 경상도 사투리 안에서도 다채로운 지역색이 느껴집니다.

오늘날 TV 드라마나 영화, 예능에서도 경상도 사투리는 자주 등장합니다. 주로 유쾌하고 강한 캐릭터가 사용할 때 효과적인 언어로 묘사되며, 현실감과 개성을 살리는 데 한몫합니다. 하지만 그 속을 들여다보면, 유쾌함만이 아니라 삶의 고단함, 서로를 아끼는 마음, 그리고 정이 깊게 녹아 있는 언어라는 걸 알게 됩니다.

"고마바서 우짜노"라는 말 한마디에 감사와 미안함이 동시에 느껴지고, "우야꼬" 속에는 다정한 걱정이 담겨 있습니다. 경상도 사투리는 말만 센 게 아니라, 정과 진심도 센 사투리입니다. 다음에 경상도 사람을 만나면, 웃으며 이렇게 말해보세요.

"니, 요즘 잘 지내제?"

그러면 아마 이렇게 답할 겁니다.

"아이고야~ 그라모, 잘 지내지. 니는 우야노?"

그 한마디 속에서 당신은, 경상도 사투리의 진짜 매력을 느끼게 될 겁니다.

07

"혼저 옵서양~"
— 정과 풍경이 살아 있는 제주도 사투리 이야기

"맛조수다게! 도르멍 도르멍 갑서양!"

이 말이 다소 낯설게 느껴진다면, 당신은 아직 제주도 사투리의 매력에 빠지지 않은 사람입니다. 제주도 사투리는 단순한 지역 방언이 아니라, 하나의 독립된 언어처럼 독특한 체계를 갖추고 있으며, 그 속에는 섬 사람들의 삶과 정서, 그리고 자연과의 교감이 깊이 스며 있습니다.

제주도 사투리는 '제주어', '제주방언', 혹은 '제주지역어'라고 불리며, 제주시 전역과 서귀포시를 포함해 제주 섬 전역에서 사용됩니다. 단, 추자도 지역은 비교적 표준어와 가까운 육지 방언을 사용하기 때문에, 제주어의 주된 사용 지역에서는 제외됩니다. 놀라운 점은, 제주어가 9개의 단모음과 20개의 자음 체계를 갖추고 있어, 한국어의 다른 지역 방언들과 비교해도 구조적으로 상당히 독립적이라는 것입니다. 실제로 유네스코에서는 제주어를 소멸 위기 언어로 지정하기도 했을 만큼, 그 가치를 인정받고 있습니다.

제주도 사투리는 육지 사람들에게 종종 외국어처럼 들리기도 합니다. 하지만 제주 사람들에게는 일상 속 정겨운 말, 곧 삶의 언어입니다.

할머니가 손주에게 "혼저 옵서" 하고 부르면, 그 말에는 "어서 와라" 이상의 따뜻한 정이 담겨 있고, 친구들끼리 "도르멍 도르멍 가게마씀" 하고 말하면, 단순한 '뛰어간다'가 아니라 서로 보조를 맞춰 달리는 정겨운 장면이 연상됩니다. 어휘 역시 독특합니다. "맛조수다게"는 "맛있습니다", "볕이 과랑과랑 허다"는 "햇볕이 쨍쨍하다"는 뜻으로, 제주도의 자연과 생활이 고스란히 담겨 있습니다. '도르멍'은 '뛰면서'라는 뜻으로, 반복적인 운율이 살아 있어 듣기만 해도 리듬감이 느껴집니다. 이렇듯 제주어는 의미 전달을 넘어서, 감각과 정서를 표현하는 언어라 할 수 있습니다.

가족 호칭에서도 차이가 납니다. 아버지를 '아방', 어머니를 '어멍'이라 부르는데, 이 말은 단순한 명칭이 아니라 정서적 연결을 보여줍니다. 고유의 삶의 방식과 유대가 깊은 제주도에서는, 이런 단어 하나에도 공동체의 향기가 배어 있습니다. "어멍, 와리지 말앙 천천히 헙써"라고 하면, "엄마, 서두르지 말고 천천히 하세요"라는 의미인데, 그 안에는 다정한 걱정과 배려가 함께 담겨 있죠.

제주도 사투리에는 오래된 말과 새로 생긴 말이 공존합니다. 과거에는 조선 시대의 고어, 몽골어, 일본어 등 다양한 언어적 요소가 섞여 있었고, 섬이라는 지리적 특성 때문에 그 변화가 육지보다 더 천천히, 그러나 더욱 독창적으로 이루어졌습니다. 이로 인해 제주어는 한국어의 살아 있는 언어 박물관이라고도 불릴 정도입니다.

현대에 들어와 제주어는 점차 사용이 줄어들고 있습니다. 특히 젊은 세대는 표준어에 익숙해지면서 제주어를 잘 모르는 경우도 많습니다. 하지만 다행스럽게도, 최근에는 제주도 내 학교와 방송, 문화 프로그램 등에서 제주어 보존을 위한 노력이 활발히 이루어지고 있습니다. 제주 도민들 스스로도 "제주어는 우리의 뿌리이자 정체성"이라며 자부심을 갖고 지켜 나가고 있습니다.

제주도에 여행을 가게 된다면, "혼저 옵서양", "놀당 갑서양"이라는 말을 직접 들을 수 있을지도 모릅니다. 그 말은 단순한 인사 이상의 의미, 제주만의 환대와 따뜻함을 담고 있습니다. 이왕이면 "맛조수다게!" 하고 화답해 보세요.

그 말 한마디로, 제주 사람과 한층 더 가까워질 수 있을 테니까요.

13장

시공간을 나타내는 우리말

01 '한뉘' – 사람의 삶을 아우르는 깊은 말
02 '해뜰참' – 어둠이 물러가고 빛이 오는 시간
03 '열나절' – 오래오래, 긴 시간의 정서
04 '살어둠' – 어둠이 살며시 스며드는 첫 순간
05 '해오름과 해거름' – 하루의 시작과 끝을 품은 고운 말
06 '마당' – 삶의 중심이자 소통의 공간
07 '뒤꼍' – 기억이 자라는 마당 한 칸
08 '광' – 시간과 물건이 잠드는 곳

01

'한뉘'
— 사람의 삶을 아우르는 깊은 말

"그분은 한뉘를 그렇게 살았지요."

이 한 문장 속에는 누군가의 지난한 삶, 희로애락이 담긴 세월, 그리고 인생 전체를 아우르는 깊은 울림이 있습니다. '한뉘'는 바로 그런 말입니다. 단순히 시간을 가리키는 것이 아니라, 한 사람의 '한평생'을 뜻하는 우리말입니다.

'한뉘'는 '한'과 '뉘'로 이루어진 합성어입니다. 여기서 '한'은 하나, 또는 일생을 의미하고, '뉘'는 사람의 한세상, 한평생, 또는 한 세대를 뜻하는 옛말입니다. 요즘은 거의 쓰이지 않지만, '뉘'는 예전 문헌이나 옛말 속에서 사람의 삶 전체를 지칭할 때 자주 등장했습니다. 즉 '한뉘'는 한 사람의 일생, 곧 한평생을 뜻하는 말입니다.

이 '뉘'는 뜻에 따라 다르게 사용되기도 했습니다. 예를 들어 '뉘보다'라는 표현은 '자손을 보다' 또는 '후손을 보다'라는 의미로, 자손이 이어지는 것을 의미했습니다. 이는 한 개인의 생애가 단절되지 않고 다음 세대로 이어지는 생명의 흐름을 담은 표현이기도 합니다. 생물학적 자손을 넘어 삶의 흔적이 후대에 전해지는 것을 포괄적으로 나타낸 셈입니다.

또한 '볕뉘'처럼 '뉘'가 접미사로 붙는 경우에는 별로 대단하지 않거나 미미하고, 어딘가에 붙어 있는 그림자 같은 존재를 의미하기도 합니다. '볕뉘'는 볕의 언저리, 즉 햇볕이 스치듯 비치는 자리나 그늘 아래를 말하지요. 이처럼 '뉘'는 삶의 중심과 그 주변, 세상의 한가운데와 그 그림자까지 품는 다의적이고 깊은 말입니다.

실생활에서 '한뉘'라는 표현을 직접 듣거나 쓰는 일은 드물어졌습니다. 그러나 그 정서는 여전히 살아 있습니다. "한평생 고생만 하셨지", "그 사람 참 치열하게 살았어" 같은 말 속에도 '한뉘'의 개념은 담겨 있습니다. 한 사람의 생애를 하나의 덩어리로 바라보고, 그 안에 담긴 의미와 무게를 인정하는 마음. 그것이 바로 '한뉘'라는 말이 가진 아름다움입니다.

이처럼 '한뉘'는 단순히 시간의 흐름을 세는 단어가 아니라, 사람의 삶 전체를 따뜻하게 포괄하는 말입니다. 그것은 인생의 총합이며, 기억의 궤적이고, 존재의 서사이기도 합니다. 다시 말해, '한뉘'는 누군가의 삶을 가볍게 여기지 않고, 무겁게 존중하는 마음에서 태어난 우리말입니다. 그러니 언젠가 누군가의 인생을 돌아볼 때, "그 사람의 한뉘는 참 아름다웠어"라고 말할 수 있다면, 그보다 더 따뜻한 찬사는 없을지도 모릅니다.

02

'해뜰참'
— 어둠이 물러가고 빛이 오는 시간

"해뜰참에 일어나 밭으로 나갔지."

 이런 말을 들으면, 왠지 이슬 맺힌 풀잎과 안개 자욱한 들판이 먼저 떠오릅니다. '해뜰참'은 그 자체로 풍경이고, 정서이며, 하루의 시작을 알리는 순우리말입니다. '해뜰참'은 말 그대로 해가 뜰 무렵, 해가 막 떠오르려는 찰나의 시간을 의미합니다. 어둠과 빛이 맞닿은 순간, 밤과 낮이 교차하는 그 찰나의 고요한 시간이 바로 '해뜰참'입니다. 비슷한 표현으로는 '해가 뜰 때', '해 뜨기 직전', 또는 한자로는 '일출(日出)'이 있지만, 이들보다 훨씬 더 따뜻하고 시적인 느낌을 줍니다.

 '참'은 우리말에서 '무렵', '즈음'이라는 뜻을 지닌 말입니다. '밥참'은 밥 먹을 무렵, '잠참'은 잠들 무렵을 뜻하지요. 그렇기에 '해뜰참'은 해가 뜰 무렵이라는 시간적 의미를 가지면서도, 단순히 시각을 넘어서 어떤 분위기와 감정을 함께 전해줍니다.

 '해뜰참'은 하루 중 가장 조용하고 신비로운 시간입니다. 아직 세상이 모두 깨어나기 전, 온갖 소리들이 잠든 시간 속에서 새들의 지저귐이 첫 인사를 건네고, 동쪽 하늘이 희미하게 물들기 시작합니다. 농촌에서는 이 시간에 맞춰 일을 시작하고, 어부는 뱃전에 몸을 싣고, 장사꾼은 짐을 꾸리며 시장으로 향합니다.

이처럼 '해뜰참'은 단순히 '일출 시간'이 아니라, 누군가의 하루가 시작되는 순간이고, 희망이 다시 고개를 드는 시간입니다. 그래서 이 말에는 은근한 기운과 생명이 깃들어 있습니다. 또한 '해뜰참'은 반대 의미를 갖는 '해거름'과 함께 쓰이기도 합니다. '해거름'이 하루의 끝, 노을 지는 시간이라면 '해뜰참'은 그 하루의 출발선입니다. 이 두 단어만으로도 하루의 흐름, 나아가 인생의 아침과 저녁까지 은유할 수 있으니, 우리말의 깊이는 참 대단하지요.

오늘날 우리는 자명종 소리에 겨우 눈을 뜨고, 바쁘게 하루를 시작하지만, 예전 사람들은 '해뜰참'이라는 말 하나로 하루의 시작을 느긋하고 조용하게 받아들였습니다. 그 시간은 단지 해가 뜨는 물리적 현상이 아니라, 하루라는 삶의 막이 다시 열리는 신비한 찰나였습니다. '해뜰참'은 사라져가는 말이지만, 결코 잊혀져서는 안 되는 우리말로 이 말을 입에 담는 순간, 마음에도 한 줄기 햇살이 드는 듯한 따스함이 스며듭니다.

언젠가 새벽녘에 일어나 동쪽 하늘을 바라볼 기회가 있다면, 이렇게 말해 보세요.

"지금이 딱, 해뜰참이네."

그 한마디에 담긴 정서와 시간의 깊이가, 오늘 하루를 조금 더 따뜻하게 밝혀줄지도 모릅니다.

03

'열나절'
— 오래오래, 긴 시간의 정서

"정말 열나절을 기다렸어요."
어디선가 이런 말을 들으면, '며칠 동안'이 아니라 '너무도 오랫동안'이라는 느낌이 먼저 다가옵니다. '열나절'은 시간의 길이를 숫자로 딱 자르기보다는, 기다림의 길이와 감정의 무게를 담아내는 표현입니다. 단순한 숫자보다 더 오래, 더 지치고 더 간절한 시간을 말할 때, 우리는 이 말을 씁니다.

'열나절'은 '한나절', '반나절' 같은 시간 표현에서 출발했지만, 실제로는 정확한 열 번의 나절을 의미하지 않습니다. 여기서 '나절'은 낮 시간을 의미하는 우리말로, '하루 중 낮 동안'을 뜻합니다. 따라서 문자 그대로 해석하면 '열 번의 낮시간'이지만, 우리가 이 말을 쓸 때는 보통 과장 섞인 표현으로 '한참 동안', '오랫동안'이라는 뜻으로 사용합니다.

예를 들어, 아이가 엄마를 기다리며 "열나절을 기다렸어!"라고 말하면, 그건 실제로 열나절을 기다렸다는 의미라기보다는, '너무 오래 기다렸다'는 감정 표현인 것이지요. 우리말 특유의 과장과 정서가 살아 있는 표현입니다.

'열나절' 같은 말은 실생활에서 누구나 공감할 수 있는 순간에 자연스럽게 튀어나옵니다.

또한 "열나절을 서서 일했더니 다리가 끊어질 것 같아."

여기서도 역시 정확한 시간을 셈하기보다, 지칠 정도로 오래했다는 느낌을 전달하는 데 초점이 있습니다. 이처럼 '열나절'은 시간 그 자체보다, 그 시간에 담긴 감정과 체험을 강조하는 말입니다. 우리말에는 이처럼 숫자를 활용해 강도를 표현하는 말들이 많은데, '열나절'이 그중 하나입니다. 숫자 '열'을 붙여 강조함으로써 오랜 시간 동안 어떤 상태가 계속되었음을 드러냅니다.

한편, 이 말은 우리 일상의 리듬과 정서도 반영합니다. 바쁜 현대인들은 실제로는 긴 시간을 가지지 못하지만, 마음속으로는 '열나절쯤은 쉬고 싶다', '열나절은 잠만 자고 싶다'는 소망을 안고 살아갑니다. 그런 마음이 자연스럽게 이 말을 만들어 쓰게 한 것 아닐까요?

'열나절'은 그래서 단순한 시간 표현이 아니라, 고단한 마음을 담아내는 정서적 언어입니다. 그리고 그 안에는 일상의 피곤함과 함께, 잠깐이라도 쉬고 싶은 바람, 지친 삶에 대한 작은 투정이 담겨 있습니다.

언젠가 누군가에게 이렇게 말해보세요.

"열나절만큼이나 너를 기다렸어."

그 말에는 단순한 시간 이상의 무게와 진심이 담겨 있을 것입니다. 그게 바로 우리말의 아름다움입니다.

04

'살어둠'
— 어둠이 살며시 스며드는 첫 순간

저녁이 되면, 어둠은 어느새 우리 곁에 와 있습니다. 하지만 그것은 어느 날 갑자기 훅 하고 들이닥치지 않습니다. 빛이 조금씩 힘을 잃고, 색이 서서히 빠져나가는 그 찰나의 순간, 어둠은 아주 조심스럽고도 은근하게 자리를 잡기 시작합니다. 그런 미묘한 변화를 표현하는 말이 바로 '살어둠'입니다.

'살어둠'은 '살'과 '어둠'이 결합된 순우리말입니다. 여기서 '살-'은 접두사로, '온전하지 못한' 또는 '약간', '조금'의 뜻을 더하는 말입니다. '살얼음'처럼 얇고 완전하지 않은 상태를 표현하거나 아주 작은 기운이나 상태를 표현할 때 유용하게 쓰이는 아름다운 말입니다.

'어둠'은 말 그대로 빛이 사라지는 상태이지만, '살어둠'은 그 어둠이 막 시작되는 순간, 그것도 아주 약하게 깃드는 시점을 가리킵니다. 완전히 밤이 되기 전, 저녁노을이 지고 하늘이 흐릿하게 어두워지기 시작할 때, 어둠이 깃들고 있음을 느낄 수 있는 그 순간이 바로 '살어둠'입니다.

이 단어의 아름다움은 단지 어둠을 설명하는 데 있지 않습니다. 예를 들어, 누군가와 대화를 나누다가 말없이 창밖을 내다보며 "살어둠이 깔렸네"라고 말한다면, 단순히 날이 어두워졌다는 뜻이 아니라, 하루가 저물고 있다는 정서, 어딘가 조용해지고 있다는 분위기까지 함께 전달됩니다.

이 말은 삶의 조용한 풍경을 그려내는 데 딱 알맞습니다. 마당 끝 장독대가 그림자를 길게 드리우고, 아이들이 하나둘 집으로 돌아오는 시간. 어스름한 빛 속에서 대문 앞에 앉아 잠시 하늘을 올려다보면, 그때 느껴지는 감각이 바로 '살어둠'입니다.

도시에서는 밝은 인공조명 때문에 이런 변화를 느끼기 어렵지만, 시골이나 자연 속에서는 '살어둠'의 시간을 분명하게 느낄 수 있습니다. 등불 하나 없이 맞는 저녁은, 해거름도 없이 갑자기 밤이 되는 것이 아니라, 아주 서서히, 그러나 확실하게 어둠이 스며드는 살어둠의 순간으로 시작되곤 하지요.

'살어둠'은 단지 빛과 어둠의 경계를 표현하는 말이 아닙니다. 그것은 하루의 끝자락, 혹은 삶의 어느 한 고요한 시점에 찾아오는 내면의 변화도 담아낼 수 있는 말입니다. 가령, 마음이 조용히 가라앉고 생각이 깊어질 때, 사람들은 말합니다.

"요즘 마음에 살어둠이 드는 것 같아."

그건 슬픔이라기보다는, 조용한 고요, 또는 새로운 상태로의 이행일 수도 있습니다. 이처럼 '살어둠'은 섬세함과 감각의 깊이를 잘 보여주는 단어입니다. 어느 날 저녁, 문득 하늘을 올려다봤을 때 이렇게 한마디 해보세요.

"지금은 살어둠이 내리는 시간이네."

그 순간, 주변의 풍경도 내 마음도 더욱 깊어질 것입니다.

05

'해오름과 해거름'
― 하루의 시작과 끝을 품은 고운 말

　우리가 흔히 쓰는 '일출'과 '일몰'이라는 말, 사실 한자로 된 표현입니다. 해가 뜨고 지는 자연스러운 현상을 뜻하지만, 왠지 딱딱하고 학문적인 느낌이 들기도 하지요. 그런데 여기에 비해 우리말에는 그 현상을 더욱 따뜻하고 정서적으로 표현한 말이 있습니다. 바로 '해오름'과 '해거름'입니다.

　'해오름'은 해가 떠오르는 시간, 즉 해가 막 떠오르기 시작하는 무렵을 말합니다. 어둠을 뚫고 수평선 너머에서 붉은 기운이 올라오고, 점점 환해지며 세상이 깨어나는 그 순간을 상상해 보세요. '해오름'이라는 단어에는 단지 해가 뜬다는 사실뿐만 아니라, 새로운 하루를 시작하는 생명력과 희망의 기운까지 담겨 있습니다.

　반대로 '해거름'은 하루를 마무리하는 시간입니다. 해가 서쪽으로 천천히 넘어가며 어둠이 찾아오기 시작하는 무렵, 하늘은 붉게 물들고, 그림자는 길어지며, 사람들의 하루도 점차 고요 속으로 들어갑니다. '해거름'은 단지 해가 지는 시간이 아니라, 하루의 끝자락에서 느끼는 여운과 정적, 그리고 쉬어야 할 때가 왔다는 자연의 알림 같은 말입니다.

이 두 단어는 단순한 시각 정보가 아니라, 하루라는 삶의 단위를 감정과 함께 표현하는 말입니다. '해오름'이라는 말에는 새로움과 기대가 깃들어 있고, '해거름'에는 고요함과 마무리의 감성이 스며 있습니다.

재미있는 점은 '해거름'의 '거름'입니다. '해가 걸어간다'는 뜻처럼 느껴지지만, 실제로는 '해가 서쪽으로 기울거나 넘어가는 때'를 의미합니다. '거름'은 '걸음'이나 '이동'의 의미와 닿아 있지만, 발음 그대로 '해거름'이라 써야 옳은 표현입니다.

실생활에서도 이 말들은 여전히 살아 있습니다. "해오름에 맞춰 산에 오르자", "해거름쯤 도착하겠다", "해거름이 되니 바람이 차다" 같은 문장 속에서, 우리는 시간의 흐름뿐 아니라 그 안에 담긴 분위기까지 자연스럽게 전할 수 있습니다.

이제부터는 '일출'이나 '일몰' 같은 한자어 대신, '해오름'과 '해거름'이라는 우리말을 한번 써 보세요. 말 한마디가 풍경이 되고, 그 풍경은 마음의 색을 바꿔 놓을 수 있습니다.

해가 뜨는 순간엔,

"지금이 바로 해오름이구나."

해가 지는 순간엔,

"이제 해거름이야."

그렇게 하루의 시작과 끝을 우리말로 담아내는 것, 그것이야말로 언어 속 자연을 사랑하는 첫걸음일지도 모릅니다.

06
'마당'
— 삶의 중심이자 소통의 공간

 우리 생활 속에서 자주 접하는 공간인 '마당'은 단순한 외부 공간 이상의 의미를 지니고 있습니다. 마당은 집의 안과 밖을 연결하는 중간 지점으로, 가족의 일상과 계절의 변화가 함께 어우러지는 특별한 장소입니다. 이처럼 친숙하면서도 정겨운 마당은 그 어원에서도 흥미로운 의미를 품고 있습니다.

 '마당'이라는 말은 '맏+앙'에서 비롯되었습니다. '맏'은 '으뜸' 또는 '가장 큰'이라는 뜻을 지니며, '앙'은 장소를 나타내는 접미사입니다. 이를 합치면 '마당'은 곧 '가장 크고 중심이 되는 장소'라는 의미가 됩니다. 실제로 전통 가옥 구조를 살펴보면, 마당은 집의 중심부에 위치하면서도 외부와 맞닿아 있는 가장 넓은 공간입니다. 주거 공간이 실내에 국한되지 않았던 예전에는 마당이야말로 생활의 중심이자 삶의 무대였습니다.

 마당은 실생활 속에서 다양한 기능을 수행했습니다. 빨래를 널고 곡식을 말리는 일상의 장소이자, 아이들이 뛰어노는 놀이터였고, 때로는 이웃과의 교류가 이루어지는 소통의 장이 되기도 했습니다. 잔치를 열거나 조상을 모시는 제사를 지낼 때도 마당이 중요한 역할을 했습니다. 마당은 사람과 사람, 사람과 자연을 자연스럽게 이어주는 매개체였던 셈입니다.

현대 사회에서는 아파트나 고층 주거 형태가 보편화되면서 마당의 모습이 많이 사라졌지만, 여전히 '마당 있는 집'에 대한 로망은 남아 있습니다. 이는 단순한 공간에 대한 그리움이 아니라, 삶의 여유와 공동체의 따뜻함을 바라는 마음이 반영된 것이라 할 수 있습니다. 마당은 우리가 잊고 지내는 여백과 쉼, 그리고 사람 사이의 온기를 상징하는 공간입니다.

결국 마당은 단순한 건축 요소가 아니라, 우리 삶과 문화가 스며 있는 중심 공간입니다. 그 어원처럼 '으뜸가는 장소'로서, 마당은 과거와 현재를 잇고 사람과 자연을 이어주는 소중한 존재임을 다시금 느끼게 됩니다.

07

'뒤꼍'
— 기억이 자라는 마당 한 칸

어릴 적 여름밤, 별을 보며 뛰놀던 그곳.

장독대 옆 호박 넝쿨이 얽혀 있고, 어머니가 고추를 널어 말리던 햇살 가득한 공간. 그곳이 바로 '뒤꼍'입니다.

'뒤꼍'은 '집 뒤에 있는 뜰이나 마당'을 뜻하는 순우리말입니다. 지금은 아파트와 빌라에 사는 사람이 많아 흔히 볼 수 없는 풍경이지만, 옛날 집 구조를 떠올려 보면 집 앞에는 사랑채나 안채로 들어가는 길이 있고, 그 반대편 뒤쪽에는 조금은 조용하고 실용적인 공간이 따로 있었습니다. 바로 그 공간이 '뒤꼍'입니다.

'꼍'은 '뜰'이나 '마당'을 뜻하는 옛말로, 지금은 잘 쓰이지 않지만 '앞꼍', '뒤꼍'처럼 방향을 붙여 공간을 구분하던 말입니다. '뒤뜰', '뒤란', '뒷마당'이라는 말도 있지만, '뒤꼍'은 특히나 정서적이고 다정한 느낌을 주는 단어입니다.

뒤꼍은 단순한 공간이 아닙니다. 그곳은 삶의 흔적이 묻어나는 작은 무대입니다. 부엌에서 가까워 장작이나 연탄을 쌓아두기도 하고, 장독대를 놓고 간장을 담가 익히기도 하며, 때론 배추를 다듬어 김장 준비를 하던 자리이기도 했습니다. 또한 아이들은 그 뒤꼍에서 개구리를 잡고, 숨바꼭질을 하며 하루를 보내곤 했지요.

계절도 뒤꼍에서 흘렀습니다. 봄이면 냉이와 달래가 고개를 내밀고, 여름이면 상추와 고추가 무성하게 자랐습니다. 가을이면 감이 붉게 익고, 겨울에는 눈 덮인 장독이 그림처럼 앉아 있었습니다. 그런 사계절이 뒤꼍에 고스란히 쌓이며 가족의 일상이 되었습니다.

하지만 도시화와 주거 구조의 변화로 '뒤꼍'이라는 말은 점차 우리의 언어 속에서 사라져가고 있습니다. 공간 자체도 줄어들었지만, 그 안에 깃든 여유와 정서 또한 점점 잊혀지고 있는 것이지요.

그래도 여전히 누군가의 기억 속엔 뒤꼍이 살아 있습니다. 고양이가 낮잠을 자고, 할머니가 무를 다듬으며 조용히 중얼거리던 그 풍경은 마음 한구석에서 따뜻하게 남아 있습니다. '뒤꼍'은 단순히 '집 뒤의 마당'이 아닙니다. 그것은 우리가 잊고 있는 소박한 일상, 가족의 이야기, 자연과 함께했던 삶의 방식이 담긴 장소입니다. 그리고 그 단어 하나로, 우리는 다시 그 시절로 돌아가 마음의 문을 살짝 열 수 있게 됩니다.

그러니 오늘 하루, '뒤꼍'이라는 말을 한 번 입에 올려 보세요. 말하는 순간, 그리운 풍경 하나가 마음에 피어날지도 모릅니다.

08

'광'
— 시간과 물건이 잠드는 곳

"그거 광에 있지 않니?"

어릴 적 시골집에서 무언가를 찾다가 이런 말을 들은 기억이 있을지도 모릅니다. 어둑하고 서늘한 공간, 오래된 장독이나 농기구, 묵은 책상 같은 것이 놓여 있던 그곳이 바로 '광'입니다. 지금은 쉽게 들을 수 없는 이 말에는 오랜 생활의 흔적과 함께 우리 조상들의 지혜가 고스란히 담겨 있습니다.

'광'은 '창고'와 비슷한 뜻으로, 주로 곡식이나 생활용품 등 다양한 물건을 보관해 두는 공간을 의미합니다. 한자로는 '창고 庫(고)' 자를 쓰며, 예전에는 '고방(庫房)'이라고 불렸습니다. '고'는 물건을 보관하는 창고를 뜻하고, '방'은 우리가 잘 아는 그 '방(房)'으로, 곧 창고 역할을 하는 방이라는 의미였습니다.

시간이 흐르면서 '고방'은 '고왕'을 거쳐 발음이 점차 변했고, 지금은 '광'이라는 짧고 단단한 단어로 굳어졌습니다. 이런 발음의 변화는 우리말에서 자주 나타나는 자연스러운 음운 현상이지만, 그 안에는 삶과 언어의 긴 역사가 숨어 있습니다.

조선시대의 전통 가옥을 보면, '광'은 집의 안채나 행랑채의 일부를 간단히 구분하여 만들기도 하고, 또는 마당의 한쪽에 아예 독립된 '곳간채'를 따로 지어 사용하기도 했습니다.

광은 단순히 물건을 쌓아두는 곳이 아니라, 집안 살림의 중심 공간 중 하나였습니다. 해마다 거두어들인 곡식을 저장하고, 김장을 담글 소금과 젓갈, 겨울 내 쓸 장작이나 연장을 넣어 두는 등, 일상의 기반이 되는 물건들이 모두 그곳에 있었습니다.

실생활에서는 광이 단순한 창고 이상의 역할을 하기도 했습니다. 아이들에게는 조금 무섭고도 신비로운 공간이었고, 어른들에게는 살림을 책임지는 든든한 공간이었습니다. "광에 넣어 둬라", "광에서 꺼내 와라"는 말은 단순한 명령이 아니라, 그 집의 질서와 살림살이가 어떻게 돌아가는지를 보여주는 생활의 풍경이었습니다.

오늘날에는 아파트나 빌라 등 현대식 주거 공간에서 '광'이라는 공간은 사라졌습니다. 대신 다용도실이나 수납장 같은 이름의 기능성 공간이 그 역할을 대신하고 있지요. 하지만 '광'이라는 단어를 떠올릴 때 우리는 여전히 오래된 문을 삐걱 열고, 희미한 햇살이 드는 먼지 낀 방에서 무언가를 찾는 장면을 떠올릴 수 있습니다.

'광'은 단순한 저장 공간이 아니라, 시간이 보관되는 장소입니다. 오래된 물건과 함께 추억도, 계절도, 생활의 흔적도 고스란히 잠들어 있는 그 공간. 말 하나에 그런 정서가 함께 담겨 있다는 것이야말로 우리말의 아름다움이 아닐까요?

그러니 오래된 단어 하나에도 귀 기울여 보세요. 잊힌 말 속에는 여전히 살아 숨 쉬는 삶의 풍경이 담겨 있습니다.

14장

살려 쓰고 싶은 우리말

01 '도르리' – 잊혀가는 우리말의 따뜻한 매력
02 '미쁘다' – 믿음직한 우리말
03 '슬겁다' – 넉넉하고 따뜻한 우리말
04 '이르집다' – 묻어둔 일을 들추어내는 말
05 '느루' – 조금 느리지만 꾸준하게
06 '매지구름' – 비를 품은 검은 구름
07 '모람모람' – 조금씩 모아서 한꺼번에
08 '섬서하다' – 서먹서먹하고 소홀한 관계
09 '에멜무지로' – 대충 묶거나, 기대 없이 해보는 일
10 '하르르하다' – 보드랍고 가벼운 감촉

01

'도르리'
― 잊혀가는 우리말의 따뜻한 매력

어느 날 친구들과 모임을 가졌습니다. 맛있는 음식을 주문하고, 계산을 하려던 중 문득 이런 생각이 들었습니다. '이런 상황을 표현할 수 있는 딱 맞는 우리말이 있을까?' 요즘은 '더치페이'라는 말을 흔히 사용하지만, 사실 우리에게는 훨씬 오래전부터 쓰여 온 아름다운 우리말이 있습니다. 바로 '도르리'입니다.

'도르리'는 여러 사람이 음식을 차례로 돌려 가며 내어 함께 먹는 것을 뜻합니다. 또는 똑같이 나누어 주거나 골고루 돌려주는 행위도 포함됩니다. 단순히 비용을 나누는 경제적 개념을 넘어, 서로 돌아가며 베풀고 함께 나눈다는 따뜻한 정서가 담긴 말이지요. 우리말에는 이렇게 '정(情)'이 살아 있는 단어들이 많습니다. '도르리'는 그중에서도 공동체의 나눔 문화를 잘 보여주는 말입니다.

예로부터 우리 조상들은 '나눌수록 커진다'는 가치를 중요하게 여겨왔습니다. 친구, 가족, 이웃과 함께 음식을 나누고, 돌아가며 한턱을 내며 정을 쌓아갔던 문화는 우리 사회 곳곳에 스며 있었습니다. 그런데 현대에 들어서는 이런 정서가 여전히 실천되고 있음에도 불구하고, 이를 표현하는 우리말은 점점 잊혀지고 있는 현실이 안타깝습니다.

우리말을 잊는다는 것은 단지 단어 하나를 놓치는 것이 아닙니다. 그 단어 속에 담긴 정서, 문화, 삶의 태도까지 사라지는 일입니다. 그렇기에 우리가 '도르리' 같은 아름다운 우리말을 다시금 일상에 되살려 써야 하는 이유가 여기에 있습니다. 도르리는 실천이 어렵지 않습니다.

"우리 도르리해서 내자."
"오늘은 내가 사고, 다음에는 네가 사자. 도르리하는 거지."

이렇게 말을 꺼내는 순간, 우리는 자연스럽게 나눔의 문화를 이어가고, 그 속에서 정을 쌓아가게 됩니다.

우리말이 살아남으려면, 사전에만 존재해서는 안 됩니다. 우리가 직접 쓰고, 느끼고, 즐겨야 말은 비로소 생명력을 갖게 됩니다. 한때는 널리 쓰였지만 지금은 잊혀져 가는 말들 가운데, 우리가 일상에서 다시 꺼내 쓸 수 있는 단어들이 분명히 존재합니다. 도르리는 그런 말 중 하나입니다.

익숙한 외래어 '더치페이' 대신, 따뜻한 우리말 '도르리'를 다시 꺼내 써보는 건 어떨까요? 우리가 자주 사용하고 의미를 되새길수록, 이 말은 다시금 우리 삶 속에 뿌리를 내릴 것입니다. 도르리를 통해 나눔의 정서를 되살리고, 한민족의 따뜻함을 함께 나누어 보기를 바랍니다. 그것이 바로, 우리가 잊지 말아야 할 우리말의 힘입니다.

02

'미쁘다'
― 믿음직한 우리말

요즘 사람들에게 "미쁘다"라는 말을 아느냐고 물어보면, 대부분 고개를 갸웃합니다. 생소하다는 반응이 대부분이지요. 반면 "믿음직스럽다"나 "미덥다"는 비교적 익숙하게 받아들여집니다. 그렇다면 같은 뜻을 가진 '미쁘다'는 왜 잊혀 가고 있는 걸까요?

'미쁘다'는 "믿음성이 있다"는 뜻을 가진 아름답고 고유한 우리말입니다. 하지만 지금은 일상에서 거의 사용되지 않고, 사전 속에서만 겨우 명맥을 이어가고 있습니다. 정작 우리 일상에서 충분히 쓸 수 있는 말임에도, 조용하지만 천천히 외면받고 있는 셈이지요.

하지만 '미쁘다'는 단어가 짧고 간결하면서도, 우리말 특유의 따뜻한 정서를 품고 있습니다. 단순히 신뢰할 수 있다는 뜻을 넘어, 마음이 가고, 안심할 수 있는 감정까지 함께 담겨 있는 말이지요. 그렇기에 우리는 이 단어를 다시 꺼내 써야 할 이유가 충분합니다.

'미쁘다'는 간단하고 쓰기 쉬운 말입니다. '믿음직하다'보다 훨씬 짧고, '미덥다'와는 또 다른 부드러운 어감을 가지고 있습니다. 그리고 무엇보다 우리말의 뿌리와 정서를 품고 있습니다. 그렇다면 이 아름다운 우리말을 어떻게 다시 쓸 수 있을까요? 생각보다 어렵지 않습니다. 이미 우리가 쓰고 있는 문장 속에서 자연스럽게 대체해 볼 수 있습니다.

"너는 항상 약속을 잘 지키니 참 미뻐."
"이 가게는 물건이 항상 신선해서 미쁘네."

이처럼 '미쁘다'는 딱딱하지 않고, 말하는 이와 듣는 이 모두에게 따뜻한 느낌을 주는 말입니다.

오늘날 외래어나 신조어는 빠르게 퍼져 나가지만, 그에 비해 정서가 담긴 고유한 우리말은 점점 자리를 잃어가고 있습니다. 하지만 그것이 단지 '시대의 흐름'이기만 할까요? 우리가 조금만 더 의식적으로 쓰고, 주변에 알리고, 아이들에게 알려 준다면 '미쁘다' 같은 우리말도 다시 살아 숨 쉬게 될 수 있습니다.

오늘부터 한번 말해 보세요.

"너 참 미쁘다."

그 한마디가, 듣는 사람의 마음에 오래도록 따뜻하게 남을지도 모릅니다. 그리고 바로 그 순간, 한 단어가 살아나는 기적이 시작되는 것입니다.

03

'슬겁다'
— 넉넉하고 따뜻한 우리말

요즘 같은 각박한 세상에서 가장 필요한 덕목이 무엇일까요? 아마도 많은 이들이 "마음의 여유"나 "너그러움"을 떠올릴 것입니다. 바쁘고 치열한 일상 속에서도 넓은 마음으로 타인을 배려하는 사람을 보면, 자연스럽게 신뢰가 가고 함께 하고 싶다는 생각이 들지요. 이런 따뜻한 마음씨를 표현할 수 있는 우리 고유의 아름다운 말, 바로 '슬겁다'가 있습니다.

하지만 안타깝게도 오늘날 이 말을 쓰는 사람은 거의 없습니다. 우리는 대신 "마음이 넓다"거나 "너그럽다", "믿음직하다"는 표현을 자주 사용합니다. 그런데 이 모든 뜻을 단 한 단어로 담을 수 있는 말이 있다는 걸, 많은 사람들이 잊고 있는 것이지요. '슬겁다'는 두 가지 뜻을 지니고 있습니다.

첫째로, '집이나 물건이 겉보기보다 속이 꽤 넓다'는 의미로 겉보기엔 작아 보이던 집 안에 들어가 보니 예상보다 널찍할 때, "이 집 참 슬겁네."라고 말할 수 있습니다.

둘째로, '마음씨가 너그럽고 믿음직하다.'라는 의미로 작은 일에 쉽게 화내지 않고, 늘 여유 있게 사람들을 대하는 사람에게 "저 사람 참 슬겁다."라고 표현할 수 있죠.

즉, 슬겁다는 단순한 물리적 크기를 말하는 것이 아닙니다. 겉으로 보이는 것보다 속이 더 넓고, 마음마저도 넉넉한 상태를 말합니다. 이런 따뜻한 뜻을 지닌 단어가 사라지고 있다는 것은 참으로 안타까운 일입니다. 그럼 왜 '슬겁다'를 다시 살려 써야 할까요?

우선 단어가 짧고 간결하지만 뜻은 풍부합니다. '슬겁다'는 단 세 음절로, "마음이 넓고 믿음직한 사람"이라는 복합적인 뜻을 자연스럽게 전달합니다. 또 간단하면서도 강한 인상을 남길 수 있는 표현이지요. 더욱이 우리말 특유의 정서가 담겨 있습니다.

"밖에서 볼 땐 작아 보였는데, 안에 들어오니 참 슬겁네!"

"네가 그렇게 슬거운 마음으로 대해 주니 정말 고맙다."

"우리 팀장님은 언제나 직원들 편이 되어 주시니, 참 슬겁지."

이처럼 '슬겁다'는 우리가 이미 사용하고 있는 말들과 매우 가까운 느낌을 가지고 있어, 일상 속에서 충분히 활용할 수 있습니다. 조금만 의식적으로 사용해 본다면, 금세 입에 익고 자연스러워질 것입니다. 오늘부터 가까운 사람에게 한마디 건네 보세요.

"너 참 슬겁다."

또는 집을 방문했을 때,

"이 집이 생각보다 참 슬겁네."

그 따뜻한 말 한마디가, 듣는 사람의 마음을 넓히고 세상에 조금 더 여유를 퍼뜨리는 작은 시작이 될지도 모릅니다. 슬거운 말 한마디가, 오늘 하루를 더 따뜻하게 만들어 줄 것입니다.

04

'이르집다'
— 묻어둔 일을 들추어내는 말

살다 보면 꼭 한 사람쯤은 있습니다. 굳이 묻어둔 옛일을 들추어내거나, 하지도 않은 말을 지어내서 괜한 소란을 일으키는 사람 말입니다. 그런 상황을 우리는 보통 "괜히 문제를 만든다", "과거를 들춰서 말썽을 부린다"고 표현하곤 하지만, 이렇게 길고 복잡하게 설명하지 않아도 되는 우리말이 있습니다. 바로 '이르집다'입니다.

안타깝게도 이 말을 쓰는 사람은 이제 거의 없습니다. 대신 "일을 키운다", "없는 일을 만든다", "괜한 말썽을 부린다"는 식의 표현이 자리를 대신하고 있지요. 하지만 '이르집다'라는 단어를 알고 나면, 우리는 훨씬 더 간결하고 정확하게 감정과 상황을 표현할 수 있습니다.

'이르집다'는 크게 세 가지 의미를 지닌 단어입니다. 먼저, 흙이나 물건을 파헤치다는 뜻이 있습니다. 예를 들어, "고양이가 마당의 흙을 이르집고 다녔다"는 표현처럼 말이지요. 두 번째는 오래된 일을 다시 들추어낸다는 의미입니다. 흔히 누군가가 과거 이야기를 꺼내 갈등을 일으킬 때 "그 일을 왜 지금 이르집어?"라고 표현할 수 있습니다. 마지막으로 없는 일을 만들어 말썽을 일으킨다는 것으로, 사실이 아닌 이야기를 꾸며서 사람들 사이를 갈라놓거나 문제를 일으키는 상황에도 딱 들어맞는 표현입니다.

무엇보다 '이르집다'는 우리말 고유의 감정과 어감을 담고 있는 단어입니다. 요즘 우리는 외국어나 신조어에 점점 익숙해지며, 정작 우리말은 서서히 잊혀지고 있습니다. 단어 하나가 사라지면, 그에 담긴 문화와 정서까지도 함께 사라지기 마련입니다. 풍부한 표현을 가능하게 해주는 단어들이 점점 자리를 잃는 지금, 우리는 의식적으로라도 이런 말들을 다시 일상 속에 불러내야 합니다.

'이르집다'를 다시 써야 하는 이유는 명확합니다. 우선, 짧고 간결한 표현이 가능하다는 점입니다. "없는 말을 만들어서 괜한 문제를 만든다"는 복잡한 설명 대신, 단 한 마디 "이르집다"로 감정을 전달할 수 있으니까요.

우리말은 우리가 쓰지 않으면 점점 사라질 수밖에 없습니다. 그리고 우리말을 살리는 가장 좋은 방법은 지금, 이 순간부터 다시 써보는 것입니다. 다음에 누군가가 괜히 묻어둔 일을 꺼내 문제를 만들려 할 때, 이렇게 말해보세요.

"그만 좀 이르집어!"

그 짧은 한마디가, 우리말을 지키는 소중한 시작이 될 수 있습니다.

05

'느루'
— 조금 느리지만 꾸준하게

우리는 빠름을 미덕으로 여기는 시대에 살고 있습니다. 빠르게 배우고, 빠르게 성장하고, 빠르게 성과를 내야 한다고 강요받는 요즘, 천천히, 그러나 꾸준히 나아가는 삶은 점점 설 자리를 잃고 있는 듯합니다. 하지만 정말 중요한 것들은 빠르게 얻을 수 없는 경우가 많습니다. 그럴 때 필요한 것이 바로 '느루'입니다. 안타깝게도 지금은 잘 쓰이지 않지만, '느루'는 여전히 우리의 삶을 깊이 있게 표현할 수 있는, 잊기 아까운 아름다운 우리말입니다.

'느루'는 크게 두 가지 뜻을 가지고 있습니다. 첫째, 한꺼번에 하지 않고 오래도록 나누어 한다는 의미입니다. 예를 들어, "일을 느루 나눠서 하면 더 효율적일 거야"처럼 쓸 수 있습니다. 둘째, '늘'이라는 말처럼, 꾸준히 계속되는 상태를 의미하기도 합니다. "그는 느루 성실하게 일해 왔다"는 문장에서처럼 말이지요. 결국 '느루'는 서두르지 않으면서도 끈기 있게, 끝까지 해나가는 태도를 가리키는 말입니다.

이 단어를 다시 써야 하는 이유는 분명합니다. 우선, 빠름만을 추구하는 세상 속에서 '느루'는 잊지 말아야 할 삶의 미덕을 상기시켜줍니다. 아이를 키우는 일, 좋은 관계를 맺는 일, 오랜 시간 쌓아야 하는 기술처럼 중요한 일들은 대체로 빠르게 끝낼 수 없습니다. 오히려 느리지만 꾸준한 과정 속에서 진짜 결과가 나오기 마련이지요. '느루'라는 단어에는 바로 이러한 철학이 담겨 있습니다.

실제로 '느루'는 우리 일상에서 생각보다 쉽게 활용할 수 있습니다. 예를 들어, 공부할 때는 "하루에 많이 하려고 하지 말고, 느루 해 나가는 게 더 중요해"라고 조언할 수 있습니다. 직장에서 과중한 업무를 분담할 때도 "한꺼번에 다 하려면 힘드니까, 느루 진행합시다"라고 말할 수 있지요. 또 관계를 맺는 데 시간이 걸릴 때는 "우리 친해지는 데 시간이 걸려도 괜찮아. 느루 알아가면 되지"라는 표현이 자연스럽고 따뜻하게 다가옵니다.

이처럼 '느루'는 우리가 자주 사용하는 표현들을 부드럽고 고유한 말로 바꿔줄 수 있는 실용적인 단어입니다. 자주 사용하지 않으면 단어는 기억에서 사라지고, 언젠가는 말 자체가 없어져 버릴 수도 있습니다. 그렇게 되면 그 안에 담긴 문화와 감정, 그리고 삶의 철학까지도 함께 잃게 되는 것입니다.

조급함에 지친 현대인들에게 '느루'는 새로운 가치관을 제시하는 말이 될 수 있습니다. 빠르지 않아도 괜찮다는, 그리고 느릴수록 더 단단해질 수 있다는 위로와도 같은 말이지요. 오늘부터 한번 이렇게 말해보세요. "서두르지 말고, 느루 하자."

그 한마디가 나와 누군가의 삶에 여유를 더하고, 잊혀가던 우리말 하나를 다시 살아 숨 쉬게 하는 작은 시작이 될 것입니다.

06

'매지구름'
— 비를 품은 검은 구름

여름철 하늘을 올려다보면 금방이라도 쏟아질 듯한, 검고 묵직한 구름이 떠 있는 모습을 자주 보게 됩니다. 우리는 흔히 이런 구름을 "비구름" 혹은 "먹구름"이라 부르지만, 사실 이를 표현하는 더 고유하고 정감 있는 우리말이 있습니다. 바로 '매지구름'입니다.

하지만 안타깝게도 이 아름다운 우리말은 점점 사람들의 기억 속에서 잊혀지고 있습니다. '비구름'이라는 말이 보편화되면서, 그보다 더 섬세하고 정서를 담은 표현인 '매지구름'은 쓰이는 일이 드물어졌습니다. 그렇다면 왜 우리는 '매지구름'이라는 단어를 다시 써야 할까요?

'매지구름'은 "비를 머금은 검은 조각구름"을 뜻합니다. 즉, 아직 비는 내리지 않았지만 곧 쏟아질 것 같은 징조를 보이는, 비를 머금은 작은 구름들을 말합니다. 단순히 어두운 색을 띤 구름을 의미하는 '먹구름'과는 조금 다릅니다. 먹구름이 하늘을 뒤덮은 전체적인 어두운 구름층을 뜻한다면, 매지구름은 그중에서도 비가 내릴 준비를 하고 있는, 작고 짙은 구름 덩어리를 지칭하는 말입니다.

'매지구름'이라는 말을 다시 써야 하는 첫 번째 이유는, 기상현상을 더 세밀하게 표현할 수 있기 때문입니다. 단순히 "비가 올 것 같다", "먹구름이 꼈다"고 말하면 그저 막연한 느낌만 줄 뿐입니다. 하지만 "매지구름이 몰려오네. 이제 곧 비가 오겠다"라고 말하면 훨씬 더 정확하게 현재의 하늘 상태와 날씨의 변화를 설명할 수 있습니다.

두 번째 이유는, '매지구름'이라는 말이 감정을 표현하는 데에도 효과적이라는 점입니다. 날씨는 종종 우리의 기분과 연결되곤 합니다. 어딘지 모르게 가슴이 먹먹하고 우울할 때, "요즘 내 기분이 마치 매지구름 같아."라고 말하면 단순히 "기분이 안 좋아"라는 말보다 훨씬 감성적이고 공감 가는 표현이 됩니다. 또는 "그 사람 표정에 매지구름이 끼었네. 뭔가 안 좋은 일이 있나 봐"처럼 누군가의 감정 상태를 은유적으로 표현할 때도 쓸 수 있습니다.

이처럼 '매지구름'이라는 단어는 자연과 감정 모두를 섬세하게 담아낼 수 있는 표현력을 가지고 있습니다. 날씨를 이야기할 때 "하늘에 매지구름이 가득하네. 우산 챙겨야겠다"처럼 직접적인 용도로 사용할 수 있고, "네 얼굴이 매지구름 낀 것처럼 어두워. 무슨 일 있어?", 감정 표현에도 자연스럽게 활용할 수 있습니다.

"매지구름이 몰려오는 걸 보니, 곧 비가 내리겠네."

이 한마디가, 오늘 당신의 말에서부터 우리말을 되살리는 작은 첫걸음이 될 수 있습니다.

07

'모람모람'
— 조금씩 모아서 한꺼번에

살다 보면 우리는 무언가를 한꺼번에 몰아서 처리하는 경우가 많습니다. 예를 들어, 며칠 동안 쌓아둔 빨래를 한꺼번에 돌린다든가, 틈틈이 모은 돈을 어느 날 한 번에 꺼내 쓰는 일, 혹은 간식이나 필요한 물건들을 조금씩 사두었다가 한 번에 챙겨 먹거나 정리할 때가 그렇지요. 이럴 때 우리는 보통 "몰아서 했다", "한꺼번에 처리했다"는 표현을 씁니다. 하지만 이 일상적인 상황을 더 정확하게, 그리고 정감 있게 표현할 수 있는 우리말이 있습니다. 바로 '모람모람'입니다.

'모람모람'은 "이따금씩 한데 몰아서"라는 뜻을 지닌 부사입니다. 한 번에 몰아서 하는 행동을 가리키되, 무작정 쌓아놓기보다는 이따금씩 조금씩 모아두는 과정이 포함되어 있다는 점이 특징입니다. 즉, 단순히 즉흥적으로 하는 일이 아니라, 계획적으로 조금씩 챙기고 모은 끝에 한 번에 처리한다는 의미가 담겨 있는 셈입니다.

'모람모람'이라는 단어를 다시 써야 하는 이유는 단순합니다. 첫째, 실생활에서 정말 자주 쓰이는 표현을 더 정교하게 만들어 주기 때문입니다. "몰아서 했다"는 말은 흔히 쓰이지만, 그 말에는 '조금씩 모아가는 과정'이라는 의미는 담기지 않습니다. 반면 "모람모람 모아두었다가 했다"는 표현은 과정과 결과를 함께 설명해 주는 풍부한 말입니다.

둘째, '모람모람'은 짧고 간결하면서도 의미가 깊은 단어입니다. "조금씩 모아서 한꺼번에"라는 긴 문장을 단 한 단어로 줄일 수 있는 표현이기 때문입니다.

실제로 '모람모람'은 일상 속에서 매우 자연스럽게 활용할 수 있습니다. 예를 들어, 가사일을 할 때 "설거지를 매번 하지 말고, 모람모람 한 번에 하자"라고 말할 수 있습니다. 빨래를 빨 때도 "빨래를 모람모람 돌리는 게 더 효율적이야"라고 표현할 수 있지요. 쇼핑할 때도 "필요한 물건을 모람모람 사둬야 나중에 급하지 않아"라든가, "장 보는 김에 필요한 것들은 모람모람 사두자"와 같이 사용할 수 있습니다.

우리는 하루에도 몇 번씩 무언가를 한꺼번에 처리하고, 몰아서 해결하며 살아갑니다. 하지만 그런 행동을 표현하는 데 딱 맞는 우리말 '모람모람'은 거의 쓰이지 않고 있다는 사실은 안타깝기만 합니다. 그렇기에 우리가 이 말을 다시 꺼내어 사용해야 하는 것이 우리말을 지키는 길입니다.

08

'섬서하다'
— 서먹서먹하고 소홀한 관계

살다 보면 한때는 가까웠던 사람과 점점 서먹해지는 순간이 있습니다. 늘 연락하던 친구와 자연스럽게 멀어지고, 오랜만에 만난 자리에서는 어색한 침묵이 흐르기도 하지요. 혹은 처음에는 정성을 다했던 일이 시간이 지나며 점점 소홀해지기도 합니다. 새로 산 물건을 아끼다가 어느새 함부로 다루게 되거나, 열심히 시작했던 일이 흐지부지되어버리는 경험 — 이런 순간은 누구나 겪게 됩니다.

이런 상황을 우리는 보통 "서먹하다", "소홀하다", "대충하다" 같은 말로 설명하지만, 사실 이 모든 뜻을 한 번에 포괄할 수 있는 우리말이 있습니다. 바로 '섬서하다'입니다. 안타깝게도 지금은 이 말을 아는 사람도, 사용하는 사람도 많지 않습니다. 의미도 분명하고 쓰임새도 분명한 단어인데도 불구하고, 점점 사람들의 입에서 멀어지고 있는 것이죠. 그렇기에 우리는 '섬서하다'라는 말을 다시금 되살릴 필요가 있습니다.

'섬서하다'는 크게 지내는 사이가 서먹서먹해졌을 때 쓰거나, 대접이나 관리가 소홀해졌을 때도 사용할 수 있습니다. 즉, '섬서하다'는 단순히 서먹하다는 의미를 넘어, 관계나 태도가 점점 느슨해지고 소홀해지는 변화의 흐름을 담은 단어입니다.

'섬서하다'를 다시 써야 하는 이유는 무엇보다도 그 섬세한 어감에 있습니다. '서먹하다'는 어색한 분위기나 거리감을 표현하는 데 주로 쓰이고, '소홀하다'는 신경을 덜 쓴다는 의미에 가깝습니다. 반면 '섬서하다'는 이 둘을 모두 포함하는 단어로, 관계의 변화와 정서적 거리감, 관심의 퇴색까지 함께 표현할 수 있습니다. 예를 들어, 친구와의 관계를 설명하며 "그 친구랑 좀 섬서해졌어"라고 하면, 단순히 어색해졌다는 느낌을 넘어, 정서적으로 소원해지고 관심도 줄어든 상태까지 함께 표현할 수 있는 것이죠.

또한 '섬서하다'는 인간관계뿐 아니라 일상 속 다양한 상황에도 적용할 수 있는 단어입니다. 사람과의 관계뿐 아니라 일이나 사물에 대한 태도에서도 점차 소홀해지는 변화를 표현할 수 있습니다. 예를 들어, "처음엔 청소를 열심히 했는데, 요즘은 좀 섬서해졌어"라고 말하면, 단순히 게을러졌다는 의미를 넘어, 처음의 애정이나 관심이 줄어들었다는 느낌까지 담아낼 수 있습니다. 물건을 대할 때도 "이 운동화, 처음엔 아끼다가 요즘은 섬서하게 신게 되네"라고 표현하면 더욱 풍부한 어감을 전달할 수 있습니다.

"우리 좀 섬서해진 것 같아." 이 한마디가, 잊혀 가던 우리말을 다시 불러내는 따뜻한 시작이 되어줄 것입니다. 오늘부터 '섬서하다'라는 말, 하루 속에 한 번쯤 꺼내 써보는 건 어떨까요?

09

'에멜무지로'
— 대충 묶거나, 기대 없이 해보는 일

    살다 보면 신발 끈을 단단히 묶지 않고 대충 묶어두거나, 머리끈을 헐겁게 감아놓고 외출한 날이 있습니다. 포장할 때도 꼼꼼하게 묶지 않고 살짝만 묶어두는 일이 있지요. 또 어떤 날은 큰 기대 없이 그냥 무언가를 해보는 경우도 있습니다. 시험 삼아 요리를 해보거나, 결과는 신경 쓰지 않고 가볍게 그림을 그려보거나, 별다른 목적 없이 기타를 퉁겨보는 것처럼요.

    이럴 때 우리는 흔히 "대충 묶다", "그냥 해보다", "시험 삼아 하다" 같은 말을 사용하지만, 사실 이 모든 상황을 더 정확하고 정감 있게 표현할 수 있는 우리말이 있습니다. 바로 '에멜무지로'입니다. '에멜무지로'는 두 가지 뜻을 가지고 있는 독특한 단어입니다. 첫째, 단단하게 묶지 않은 모양을 뜻합니다. 예를 들어, 신발 끈이나 머리끈을 느슨하게 묶었을 때, 또는 가방끈을 살짝만 감아둔 상황을 표현할 수 있습니다.

    "짐을 에멜무지로 묶어 놨더니 금방 풀려버렸다."

    "머리를 에멜무지로 묶고 다녀서 자꾸 흘러내린다."

    이처럼 묶는 행위의 헐거움을 자연스럽게 표현할 수 있습니다.

둘째, '에멜무지로'는 결과에 연연하지 않고, 가벼운 마음으로 시도하는 모습을 표현하기도 합니다. 무언가를 시험 삼아 해보거나, 별다른 목적 없이 시작하는 태도를 나타내는 말이지요.

"그냥 에멜무지로 시작한 일이었는데, 생각보다 잘돼서 놀랐다."

"이 일은 에멜무지로 한 거니까 결과에 연연할 필요 없어."

이런 표현에서는 도전이나 시작에 담긴 가벼운 시선과 여유로운 마음이 느껴집니다. '에멜무지로'라는 말은 두 가지 전혀 다른 듯한 상황 — 느슨하게 묶는 행위와, 큰 기대 없이 해보는 마음가짐 — 을 하나의 단어로 자연스럽게 포괄합니다. "대충 묶었더니 풀렸다"는 문장은 단지 묶는 행위에 초점을 둔 표현이지만, "에멜무지로 묶었더니 풀렸다"는 말은 그 행위가 가지는 성격까지 함께 전달합니다. 마찬가지로, "그냥 시험 삼아 해봤어"보다 "에멜무지로 해봤어"라고 말하면, 정말 기대 없이, 가벼운 마음으로 해본 뉘앙스가 더 강하게 전달됩니다.

이처럼 '에멜무지로'는 단어 하나만으로도 풍부한 감정과 상황을 표현할 수 있어 언어적으로도 매우 효율적이며 감성적인 표현입니다. 그럼에도 불구하고, 이 단어는 일상에서 거의 쓰이지 않고 있습니다. 아이러니하게도 우리는 매일 신발 끈을 묶고, 무언가를 시험 삼아 해보며 살아가는데도, 이를 딱 맞게 표현해주는 '에멜무지로'는 잊혀지고 있는 것이죠. 그렇기에 이 단어를 의식적으로 다시 사용해 보는 것만으로도 우리말을 지키는 데 큰 힘이 됩니다.

10

'하르르하다'
— 보드랍고 가벼운 감촉

부드럽고 가벼운 천이 바람에 살랑살랑 흔들릴 때, 손끝에 닿는 감촉이 너무나도 보드라울 때, 우리는 종종 "얇고 성기다", "보드랍다", "가볍다"는 말을 사용하곤 합니다. 하지만 이 모든 감각을 한꺼번에, 그리고 더욱 정감 있게 표현할 수 있는 아름다운 우리말이 있습니다. 바로 '하르르하다'입니다.

안타깝게도 이 단어를 알고 있는 사람은 많지 않습니다. 일상 속에서 충분히 활용할 수 있음에도 불구하고, 점점 사람들의 입에서 멀어지고 있는 것이죠. 그렇기에 지금 우리가 이 단어를 다시 꺼내어 써야 하는 이유가 분명합니다.

'하르르하다'는 종이나 천(피륙)이 매우 얇고 성기며, 풀기가 없어 보드랍다는 의미를 지닌 형용사입니다. 단순히 얇거나 가볍다는 것을 넘어, 부드럽고 섬세한 촉감까지 함께 담고 있는 말이지요. '하르르하다'는 실크처럼 부드러운 원단, 손끝에서 부서질 듯 얇은 한지, 바람에 살랑이는 얇은 커튼 등 가볍고 보드라운 질감과 움직임이 함께 어우러진 것들을 표현할 때 딱 맞는 단어입니다.

예를 들어, "이 스카프 진짜 하르르하네. 너무 보드랍다"라고 하면, 단순히 가볍고 부드럽다는 말보다 더 풍부한 감각이 전달됩니다. "고풍스러운 한지가 하르르한 촉감이라 만지는 것만으로도 기분이 좋다", "하르르한 원단이라 여름에 입으면 시원하겠다"는 표현에서도 그 섬세한 느낌이 생생하게 드러납니다.

또한 '하르르하다'는 시각적, 촉각적 이미지를 동시에 전달할 수 있는 감각적인 단어입니다. 단순히 "부드럽다"는 촉각적 느낌에 머무는 것이 아니라, 가볍게 흘러내리는 움직임까지 포괄할 수 있습니다. "할머니가 만드시던 한지 공예, 그 얇고 하르르한 느낌이 손끝에 남아 있다"는 표현에서처럼, 이 단어는 장면의 아름다움과 감각을 더욱 섬세하게 묘사해 줍니다.

오늘날 우리는 패션과 디자인 측면에서 감각적인 표현을 할 일이 많아졌습니다. 그럴 때 외국어에 기대기보다, 우리말로도 충분히 감각적이고 세련된 표현이 가능하다는 사실을 기억할 필요가 있습니다.

다음번에 얇고 부드러운 천을 만졌을 때, 혹은 바람에 흩날리는 커튼을 바라볼 때, 이렇게 말해보세요.

"이 커튼 너무 하르르해서 기분이 좋아."

"이 원단은 하르르해서 만지는 재미가 있네."

이 작은 한마디가 우리말을 다시 살리는 시작이 될 수 있습니다. 오늘부터 '하르르하다'라는 단어를 여러분들의 말 속에 한 번만 살며시 얹어 보세요. 당신의 감각도, 우리의 언어도 조금 더 풍성해질 수 있습니다.

15장

속담으로 보는 우리말

01 '같은 값이면 다홍치마' – 선택의 미학과 실용적 가치
02 '쇠 뿔도 단김에 빼라' – 기회는 놓치지 말고 잡아야 한다
03 '개는 잘 짖는다고 좋은 개는 아니다' – 말보다 행동이 중요하다
04 '건드리지 않은 벌이 쏠까' – 이유 없는 결과는 없다
05 '나는 바담풍 해도 너는 바람풍 해라' – 자기 모순과 이중 잣대
06 '맑은 물에 고기 안 논다' – 지나치게 깨끗하면 오히려 사람이 떠난다
07 '망건 쓰고 세수한다' – 순서가 뒤바뀌면 아무 소용없다
08 '물이 깊을수록 소리가 없다' – 진정한 실력자는 조용하다
09 '윷짝 가르듯 한다' – 명확하고 단호한 결정을 내리다
10 '철나자 노망든다' – 깨달음을 얻을 즈음에는 이미 늦다

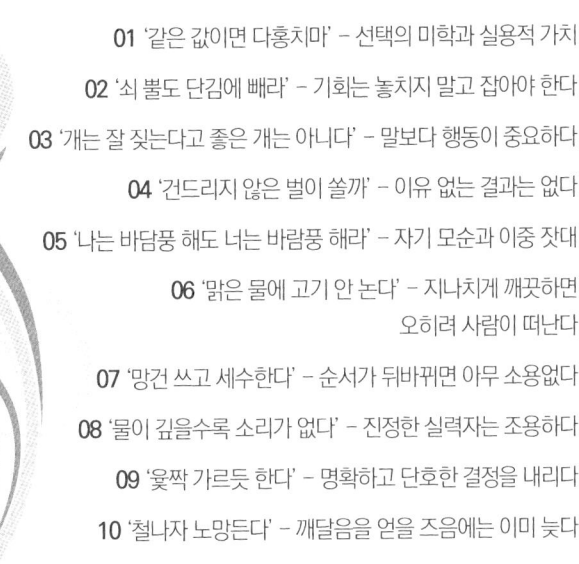

01

'같은 값이면 다홍치마'
― 선택의 미학과 실용적 가치

우리는 일상에서 선택을 해야 하는 순간을 수없이 맞닥뜨립니다. 점심 메뉴를 고를 때부터 시작해 옷을 구매하고, 서비스를 이용하는 것까지 선택의 연속입니다. 이때 우리가 흔히 떠올리는 속담 중 하나가 바로 '같은 값이면 다홍치마'입니다. 이는 같은 조건이라면 더 나은 것, 더 아름다운 것을 선택하는 것이 당연하다는 뜻을 담고 있습니다.

'같은 값이면 다홍치마'라는 속담에서 '다홍치마'는 붉고 화려한 치마를 의미합니다. 예부터 우리 조상들은 색깔을 매우 중시했으며, 특히 다홍색은 부귀와 길상을 상징하는 색이었습니다. 조선시대 여성들은 치마를 입을 때도 가능한 한 화려하고 예쁜 색상을 선호했는데, 같은 가격이라면 당연히 다홍색 치마를 고르는 것이 일반적인 경향이었을 것입니다. 이러한 문화적 배경에서 자연스럽게 이 속담이 탄생되었다고 볼 수 있습니다.

이 속담은 단순히 의류 선택을 넘어, 현대인의 소비 패턴과 가치 판단에도 영향을 미치고 있습니다. 예를 들어, 스마트폰을 구매할 때 같은 가격대의 제품이 있다면 디자인이 세련되고 기능이 더 우수한 제품을 선택하는 것이 일반적입니다. 또한, 취업 시장에서도 동일한 연봉과 복지를 제공하는 회사라면 근무 환경이 더 좋은 곳을 선택하려고 합니다. 뿐만 아니라, 음식점이나 카페를 고를 때도 우리는 같은 가격이라면 인테리어가 더 예쁘고 서비스가 좋은 곳을 선택합니다. 이는 소비자들이 단순한 가격 비교를 넘어서, 심미적 만족감과 서비스 품질을 고려하는 시대가 되었음을 보여줍니다.

'같은 값이면 다홍치마'라는 속담은 단순한 미적 선호를 넘어서, 더 나은 가치를 추구하는 인간의 본능적인 심리를 반영합니다. 현대 사회에서는 단순히 겉모습만을 보고 선택하기보다는, 가격 대비 성능, 브랜드 가치, 사회적 영향력 등 다양한 요소를 고려하는 것이 중요해졌습니다. 사회적 기업에서 만든 친환경 제품과 일반 제품이 같은 가격이라면, 환경을 생각하는 소비자는 친환경 제품을 선택할 가능성이 높습니다. 이처럼 우리의 선택은 단순한 소비 행위를 넘어서 윤리적 가치와 사회적 책임까지 반영하는 중요한 요소가 되고 있습니다.

이 속담은 예나 지금이나 우리의 삶에서 중요한 선택 기준이 되어왔습니다. 그러나 현대 사회에서는 단순히 겉모습의 아름다움만이 아니라, 품질과 가치, 윤리적 기준까지 고려하는 시대가 된 것이지요. 결국, 더 나은 선택을 하기 위해서는 다양한 요소를 비교하고 자신에게 맞는 최선의 선택을 하는 것이 중요합니다. 그리고 그러한 선택이 모여 더 나은 사회를 만들어가는 원동력이 될 것입니다.

02

'쇠 뿔도 단김에 빼라'
— 기회는 놓치지 말고 잡아야 한다

우리는 살면서 결정을 내리고 행동해야 할 순간을 수없이 맞닥뜨립니다. 어떤 일은 미루면 미룰수록 더 어렵고, 결국 하지 못하는 경우도 많습니다. 이러한 상황을 잘 표현하는 속담이 바로 '쇠 뿔도 단김에 빼라'입니다. 이는 어떤 일을 하기로 마음먹었으면 뜸 들이지 말고 즉시 실행하는 것이 좋다는 의미를 담고 있습니다.

이 속담에서 '쇠 뿔'은 소의 뿔을 의미하며, '단김'은 뜨겁게 달궈진 상태를 뜻합니다. 옛날에 안전을 위해서 수소의 뿔을 뺄 때, 뜨겁게 달궈진 상태에서는 뿔이 부드러워져 빼기 수월했는데, 차갑게 식기 전에 얼른 빼야 했지요. 이러한 작업 방식에서 유래한 말로, 기회가 왔을 때 망설이지 말고 신속하게 행동해야 한다는 뜻으로 이 속담이 전해지게 되었습니다.

이 속담은 현대 사회에서도 다양한 상황에 적용 가능합니다. 예를 들어, 직장 생활에서 중요한 프로젝트가 생겼을 때 즉시 실행하지 않으면 기회를 놓칠 수 있습니다. 결정을 내릴 수 있는 적절한 타이밍이 있고, 그것을 놓치면 더 많은 노력과 시간이 들 수도 있습니다. 중요한 기획안을 제출해야 하는데 차일피일 미루다 보면 경쟁사에 선점당하거나, 시장의 흐름이 바뀌어 기획 자체가 무용지물이 될 수도 있습니다.

또한, 개인적인 목표를 세울 때도 마찬가지입니다. 운동을 시작해야겠다고 마음먹었지만 '내일부터 하자'라고 미루다 보면 결국 시작도 못하게 됩니다. 반면, 마음을 먹었을 때 바로 실행하면 규칙적인 습관을 만들고 성공 가능성을 높일 수 있습니다.

이 속담은 우리에게 결단력과 신속한 행동이 중요하다는 교훈을 줍니다. 어떤 일이든 타이밍이 중요하며, 기회를 놓치면 다시 잡기가 어렵습니다. 또한 변화가 빠른 현대 사회에서는 신속한 결정이 경쟁력을 좌우하기도 합니다.

'쇠뿔도 단김에 빼라'라는 속담은 기회는 항상 오는 것이 아니며, 왔을 때 놓치지 않고 잡는 것이 중요하다는 점을 말해 줍니다. 망설이다 보면 더 많은 장애물이 생기고 실행 자체가 어려워질 수 있습니다. 따라서 우리 삶에서도 중요한 일일수록 신중하게 판단하되, 결정이 내려졌다면 빠르게 행동하는 자세를 가져야 합니다.

03

'개는 잘 짖는다고 좋은 개는 아니다'
— 말보다 행동이 중요하다

세상을 살다 보면 말만 번지르르하게 하고 실제 행동은 뒤따르지 않는 사람들을 자주 볼 수 있습니다. 이러한 상황을 경계하는 속담이 바로 '개는 잘 짖는다고 좋은 개는 아니다'입니다. 이는 말만 앞세우고 실천이 따르지 않거나, 시끄럽게 굴지만 실속이 없는 사람을 비유하는 표현입니다.

이 속담에서 '잘 짖는 개'는 크고 요란하게 짖지만 실질적인 역할은 하지 못하는 개를 의미합니다. 개는 원래 집을 지키는 역할을 했지만, 너무 짖기만 하고 정작 주인을 보호하거나 실질적인 행동을 하지 못하면 그 역할을 제대로 수행하는 개라고 보기 어렵습니다. 이런 모습에서 유래하여, 말만 앞세우고 실천이 부족한 사람을 비판하는 뜻으로 사용되게 되었습니다.

이 속담은 예로부터 농경 사회에서 집을 지키는 개의 역할이 중요했던 배경 속에서 자연스럽게 생겨났을 가능성이 큽니다. 주인을 위해 충실하게 행동하는 개가 아니라 시끄럽게 짖기만 하고 도망가는 개는 신뢰받지 못하는 것처럼, 사람도 행동 없이 말만 하는 것은 의미가 없다는 교훈을 담고 있습니다.

    이 속담은 현대 사회에서도 중요한 교훈을 줍니다. 예를 들어, 직장에서는 계획이나 아이디어를 말로만 떠들지만 실제로 일을 하지 않는 사람이 종종 있습니다. 회의 때는 거창한 전략을 이야기하지만, 정작 실행 단계에서는 아무 역할도 하지 않는 경우가 많습니다. 이런 사람들은 조직 내에서 신뢰를 얻기 어렵습니다.

    이렇듯 이 속담은 우리에게 말보다는 행동이 중요하며, 실천을 통해 신뢰를 얻어야 한다는 교훈을 줍니다. 우리가 누군가를 평가할 때, 그 사람이 얼마나 그럴듯한 말을 하느냐보다는 실제로 행동으로 보여주는지를 봐야 합니다. 말뿐인 사람은 시간이 지나면서 신뢰를 잃지만, 행동으로 증명하는 사람은 인정받게 됩니다. 기업에서도 고객들에게 최고의 서비스를 제공하겠다고 말만 하고 실제 서비스 품질을 개선하지 않는다면, 결국 고객들은 떠나게 됩니다. 반면, 조용히 고객을 위한 가치를 창출하는 기업은 꾸준히 신뢰를 얻고 성장합니다.

    이 속담은 말만 앞세우고 행동이 따르지 않는다면 신뢰를 얻을 수 없다는 것을 보여줍니다. 따라서 우리는 자신이 한 말을 실천하고, 조용히 행동으로 증명하는 사람이 되어야 합니다. 결국 말보다는 행동이 더욱 강력한 메시지를 전달하는 법이니까요.

04
'건드리지 않은 벌이 쏠까'
— 이유 없는 결과는 없다

우리는 살면서 예상치 못한 결과를 마주하는 경우가 많습니다. 그러나 대부분의 일에는 원인이 있으며, 갑자기 발생하는 것처럼 보이는 일도 사실은 어떤 계기가 존재하는 법입니다. 이를 잘 표현하는 속담이 바로 '건드리지 않은 벌이 쏠까'입니다. 이는 원인을 제공하지 않았다면 결과도 나타나지 않는다는 의미를 담고 있습니다.

이 속담에서 '벌'은 작은 자극에도 민감하게 반응하는 곤충을 의미하며, '쏜다'는 벌이 공격적으로 반응하는 상황을 나타냅니다. 벌은 본래 평온하게 날아다니지만, 누군가 벌집을 건드리거나 위협을 가하면 즉각적으로 반응하여 침을 쏘게 됩니다. 따라서 원인을 제공하지 않는다면 벌이 일부러 공격할 이유가 없다는 점이 이 속담이 전하는 의미라 할 수 있습니다.

이 속담은 예로부터 자연 속에서 인간이 체득한 경험에서 비롯되었을 가능성이 큽니다. 조상들은 벌집을 건드리면 벌들이 흥분해 공격한다는 사실을 알게 되었고, 이를 인간관계나 사회적 상황에 빗대어 표현한 것으로 볼 수 있습니다.

이 속담은 현대 사회에서도 다양한 상황에서 적용할 수 있습니다. 직장에서 누군가 이유 없이 다른 사람에게 화를 내거나 다투는 경우는 드뭅니다. 대부분의 갈등은 사소한 오해나 행동이 원인이 되며, 결국 그 원인을 제공한 사람이 갈등을 유발하게 됩니다. 또한, 정치나 외교 문제에서도 이 속담이 자주 떠오릅니다. 국가 간의 갈등이 갑자기 발생하는 것처럼 보이지만, 실상을 들여다보면 경제적 이해관계나 역사적 문제가 얽혀 있는 경우가 많습니다. 어떤 행동이 특정한 반응을 불러일으켰다면, 그 원인을 면밀히 살펴볼 필요가 있습니다.

이 속담은 우리에게 '원인 없는 결과는 없다'는 사실을 다시 한번 일깨워 줍니다. 사람과의 관계에서도 마찬가지로, 누군가 갑자기 냉담해지거나 화를 낸다면 그에 대한 원인이 있을 가능성이 큽니다. 따라서 문제의 본질을 파악하고 상대방이 왜 그렇게 행동했는지 고민하는 자세가 필요합니다. 친구나 지인이 갑자기 거리감을 두는 것처럼 느껴질 때, 먼저 자신이 혹시 상대방에게 불편함을 주거나 실수를 했는지를 돌아보는 것이 중요합니다. 무조건 상대방의 반응을 탓하기보다는 그 이유를 찾아 해결하는 것이 관계를 원만하게 유지하는 방법입니다.

예상치 못한 일이 벌어졌을 때, 감정적으로 반응하기보다는 먼저 그 일이 발생한 원인을 돌아보고 해결책을 모색하는 태도가 중요합니다. 결국, 현명한 사람은 문제의 본질을 이해하고, 불필요한 갈등을 피하는 법을 아는 사람입니다.

05

'나는 바담풍 해도 너는 바람풍 해라'
— 자기 모순과 이중 잣대

    우리는 종종 자신이 하지 않는 행동을 남에게 요구하는 사람을 보곤 합니다. 말과 행동이 일치하지 않는 태도를 비판하는 속담이 바로 '나는 바담풍 해도 너는 바람풍 해라'입니다. 이는 자신은 잘못된 방식대로 행동하면서도 남에게는 올바른 것을 강요하는 태도를 꼬집는 말입니다.

    이 속담에서 '바담풍'은 '바람 풍(風)'을 잘못 발음한 것입니다. 즉, 스스로는 틀린 발음을 하면서도 남에게는 정확한 발음을 하라고 가르치는 모습에서 유래한 것입니다. 이는 자신은 규칙을 어기면서도 타인에게는 엄격한 잣대를 들이대는 이중적 태도를 비판하는 의미로 사용됩니다.

    이 속담의 유래는 과거 전통사회 교육과 관련이 깊을 것으로 추측됩니다. 당시 한자를 배우면서 정확한 발음을 익히는 것이 중요했는데, 제대로 발음하지 못하면서도 남에게만 올바른 발음을 강요하는 모습이 이러한 속담으로 이어졌을 가능성이 큽니다. 이후 이 속담은 말뿐인 가르침이나 위선적인 태도를 비판하는 표현으로 널리 사용되었습니다.

    이 속담은 현대 사회에서도 다양한 상황에서 적용됩니다. 예를 들어,

직장에서 상사는 직원들에게 시간 엄수를 강조하면서 정작 본인은 지각을 일삼는 경우가 있습니다. 이는 명백한 '나는 바담풍 해도 너는 바람풍 해라'의 사례입니다. 또한, 정치나 공직 사회에서도 이 속담이 자주 떠오릅니다. 일부 지도자들은 국민에게 법과 도덕을 강조하지만, 정작 본인은 부정부패를 저지르거나 특권을 누리는 경우가 많습니다. 이러한 태도는 사회적 신뢰를 무너뜨리고 사람들의 반감을 사게 됩니다.

이 속담은 우리에게 신뢰를 얻기 위해서는 말과 행동이 일치해야 한다는 교훈을 줍니다. 누군가를 지도하거나 가르칠 때, 본인이 먼저 모범을 보이지 않으면 그 가르침은 힘을 잃게 됩니다. 즉, 말뿐인 가르침보다는 스스로 실천하는 모습이 더욱 강한 영향력을 발휘합니다. 부모가 자녀에게 정직하라고 가르치면서도 거짓말을 한다면, 아이는 부모의 말을 따르기 어려울 것입니다. 교육뿐만 아니라 인간관계에서도 솔선수범하는 태도가 중요한 이유입니다.

'나는 바담풍 해도 너는 바람풍 해라'라는 속담은 위선적인 태도를 지적하고, 말과 행동의 일관성을 강조하고 있습니다. 우리는 다른 사람에게 무엇을 요구하기 전에, 스스로 그에 맞는 행동을 실천하고 있는지 돌아보아야 합니다. 결국, 신뢰받는 사람이 되기 위해서는 말보다 행동으로 보여주는 것이 가장 중요합니다.

06

'맑은 물에 고기 안 논다'
— 지나치게 깨끗하면 오히려 사람이 떠난다

우리는 흔히 깨끗하고 완벽한 환경이 최선이라고 생각하지만, 때로는 지나치게 엄격한 기준이 사람들을 불편하게 만들기도 합니다. 이러한 상황을 잘 표현하는 속담이 바로 '맑은 물에 고기 안 논다'입니다. 이는 너무 깔끔하고 완벽한 곳에서는 오히려 사람이 머물기 어렵다는 의미를 담고 있습니다.

이 속담에서 '맑은 물'은 티 없이 깨끗한 환경을 의미하며, '고기'는 생명을 상징합니다. 물이 너무 맑으면 물속의 영양분이 부족하거나 은신처가 없어 물고기가 살기 어려워집니다. 즉, 지나치게 깔끔한 환경이 오히려 생명력을 잃게 만드는 것을 비유한 것입니다.

이 속담은 자연 속에서 얻은 교훈에서 비롯된 것으로 볼 수 있습니다. 예로부터 사람들은 다양한 환경에서 물고기를 잡으며 깨달았습니다. 너무 탁한 물에서는 고기가 살 수 없지만, 반대로 너무 맑고 깨끗한 물에서도 숨을 곳이나 먹이 부족으로 인해 고기가 살기 어렵다는 사실을 알게 되었습니다. 이러한 자연의 법칙을 인간 사회에 적용하면서 이 속담이 생겨난 것입니다.

이 속담은 현대 사회에서도 여러 가지 상황에 적용될 수 있습니다. 조직이나 직장에서 규율이 지나치게 엄격하면 직원들이 자유롭게 의견을 내거나 창의적인 생각을 펼치기 어려울 수 있습니다. 너무 완벽한 시스템을 만들려고 하다 보면 오히려 사람들이 위축되어 적극적으로 참여하지 않게 되는 것입니다.

이 속담은 우리에게 균형 잡힌 태도를 유지하는 것이 중요하다는 교훈을 줍니다. 완벽을 추구하는 것도 중요하지만, 때로는 어느 정도의 여유와 포용력이 있어야 사람들이 편하게 머물 수 있습니다. 조직, 사회, 인간관계에서도 지나친 엄격함보다는 적절한 유연성이 필요합니다. 자녀를 교육할 때도 너무 엄격하게 규칙을 정하면 아이가 창의성을 발휘하기 어려울 수 있습니다. 또한, 지나치게 깨끗한 환경에서 자란 아이가 면역력이 약해지는 경우도 있습니다. 즉, 너무 완벽함을 추구하기보다 적절한 균형을 찾는 것이 중요합니다.

모든 것이 완벽해야 한다는 강박에서 벗어나, 적절한 여유와 포용력을 갖춘 환경이 더욱 건강한 사회와 관계를 만들어냅니다. 결국, 너무 깔끔하고 엄격한 것보다, 어느 정도의 융통성과 포용력이 있는 곳에서 사람들은 더 자유롭고 행복하게 살아갈 수 있습니다.

07

'망건 쓰고 세수한다'
— 순서가 뒤바뀌면 아무 소용없다

우리는 무언가를 할 때 올바른 순서와 절차가 중요하다는 것을 알고 있습니다. 하지만 때때로 서두르거나 상황을 잘못 판단하여 엉뚱한 순서로 일을 진행하는 경우가 있습니다. 이를 잘 표현하는 속담이 바로 '망건 쓰고 세수한다'입니다. 이는 일을 해야 할 순서를 지키지 않아 헛수고를 하게 되는 상황을 비유한 말입니다.

이 속담에서 '망건'은 조선 시대 남성들이 머리카락을 단정히 정리하기 위해 쓰던 그물망 형태의 머리띠를 의미합니다. 망건은 보통 세수를 한 후 머리를 단정하게 정리할 때 착용하는데, 세수도 하기 전에 망건을 먼저 쓰면 오히려 방해가 되겠지요. 즉, 이 속담은 해야 할 일을 올바른 순서대로 하지 않으면 결과가 좋지 않다는 교훈을 담고 있습니다.

이 속담은 당대 생활 방식이 포함된 것으로 보아 조선 시대부터 사용되어 온 것으로 보입니다. 망건은 양반들이 주로 착용했기 때문에, 이를 잘못 착용하거나 착용한 상태로 세수를 하는 등의 모습은 우스꽝스럽거나 무의미한 행동으로 여겨졌을 것입니다.

이 속담은 현대 사회에서도 다양한 방식으로 적용됩니다. 예를 들어,

시험을 준비할 때 기본 개념을 익히지 않은 채 문제 풀이만 반복하면, 결국 기초가 부족하여 좋은 성적을 거두기 어렵습니다. 또한, 직장에서 프로젝트를 진행할 때도 마찬가지입니다. 기획과 계획이 충분히 이루어지지 않은 상태에서 성급하게 실행에 옮기면 예상치 못한 문제가 발생할 가능성이 큽니다. 따라서 기초 작업과 준비 과정을 철저히 한 후 실행하는 것이 효과적인 업무 방식이 됩니다.

    이 속담은 우리가 어떤 일을 할 때 순서와 절차를 지키는 것이 중요하다는 점을 강조합니다. 올바른 계획 없이 성급하게 실행에 옮기면 결국 시간과 자원을 낭비하게 될 수 있습니다. 따라서 체계적인 접근 방식을 유지하고, 기본 원칙을 지키는 태도가 필요합니다. 운동을 할 때도 스트레칭 없이 갑자기 격한 운동을 하면 부상을 입을 위험이 큽니다. 또한, 요리를 할 때도 재료 손질과 준비를 마친 후 조리를 해야 맛있는 요리를 완성할 수 있습니다. 이처럼 어떤 일이든 단계와 순서를 지키는 것이 성공의 중요한 요소입니다.

    아무리 좋은 계획과 아이디어가 있어도 실행 순서가 잘못되면 원하는 결과를 얻기 어렵습니다. 따라서 우리는 언제나 해야 할 일을 논리적인 순서에 맞춰 진행하며, 철저한 준비와 계획을 통해 성공적인 결과를 이끌어내야 합니다.

08

'물이 깊을수록 소리가 없다'
— 진정한 실력자는 조용하다

　세상을 살다 보면 말이 많고 스스로를 과시하는 사람이 있는 반면, 조용하고 묵묵히 자신의 역할을 다하는 사람이 있습니다. 하지만 진정한 실력과 깊은 내면을 가진 사람일수록 겉으로 드러내지 않고 조용히 행동하는 경우가 많습니다. 이를 잘 표현하는 속담이 바로 '물이 깊을수록 소리가 없다'입니다. 이는 지식과 경험이 풍부한 사람일수록 말이 적고 겸손하다는 의미를 담고 있습니다.

　이 속담에서 '물이 깊다'는 것은 지혜와 경험이 많다는 뜻이며, '소리가 없다'는 것은 함부로 떠들지 않는다는 의미입니다. 얕은 개울은 물살이 작아도 소리가 크게 나지만, 깊고 넓은 강이나 호수는 잔잔하고 조용합니다. 이는 곧 아는 것이 적고 얕은 사람일수록 말이 많고, 지식과 경험이 많은 사람일수록 겸손하게 행동한다는 것을 비유적으로 표현한 것입니다.

　이 속담은 오래전부터 전해 내려오는 자연의 원리를 바탕으로 한 교훈입니다. 과거 유학(儒學)의 가르침을 강조하던 시기 학자들은 깊은 학문을 탐구할수록 더욱 겸손한 자세를 유지해야 한다고 강조했습니다.

이는 진정한 지식인은 남을 깎아내리거나 허세를 부리지 않고, 묵묵히 행동으로 자신의 가치를 증명한다는 철학과 연결됩니다.

이 속담은 현대 사회에서도 다양한 방식으로 적용할 수 있습니다. 직장에서 진정한 전문가일수록 자신을 과시하기보다 조용히 자신의 역할을 수행하며 실력으로 인정받습니다. 반면, 경험이 부족한 사람일수록 불필요한 말을 많이 하거나 스스로를 과시하려는 경향이 있습니다.

이 속담은 우리에게 겸손과 내실을 다지는 것이 중요하다는 것을 말해 줍니다. 겉으로 보여지는 것보다 진정한 실력을 갖추고, 말보다 행동으로 증명하는 것이 더욱 가치 있는 태도입니다. 지혜로운 사람은 스스로를 자랑하기보다 타인을 배려하며, 깊이 있는 사고와 행동으로 자신의 가치를 드러냅니다. 학문이나 기술을 배우는 과정에서도 말로만 아는 척하는 것보다 꾸준히 배우고 연습하는 것이 중요합니다. 또한, 기업 경영에서도 단기적인 홍보와 마케팅보다 꾸준한 품질 개선과 고객 만족을 우선할 때 더 신뢰받는 브랜드가 될 수 있습니다.

'물이 깊을수록 소리가 없다'라는 속담은 진정한 실력자는 말보다 행동으로 가치를 증명하며, 겸손한 태도를 유지해야 한다는 교훈을 줍니다. 겉으로 드러나는 것이 전부가 아니라, 내실을 다지고 차분하게 자신의 길을 걸어가는 것이 결국 더 큰 성공으로 이어질 것입니다. 우리는 겸손과 성실을 바탕으로 스스로를 발전시키고, 진정한 실력을 갖춘 사람이 되도록 노력해야 합니다.

09

'윷짝 가르듯 한다'
— 명확하고 단호한 결정을 내리다

우리는 살아가면서 결정을 내려야 하는 순간을 자주 맞이합니다. 어떤 사람은 결정을 내리는 데 오래 고민하는 반면, 어떤 사람은 명확하게 판단하고 즉시 결정을 내립니다. 이러한 상황을 잘 표현하는 속담이 바로 '윷짝 가르듯 한다'입니다. 이는 판단이나 결정을 단호하고 명확하게 내린다는 의미를 담고 있습니다.

이 속담에서 '윷짝'은 윷놀이에서 사용하는 네 개의 나무조각을 의미합니다. 윷놀이는 네 개의 윷짝을 던져 나온 결과에 따라 말을 움직이는 전통 놀이로, 윷짝은 두 면으로 나뉘어 한쪽은 평평하고, 한쪽은 둥글게 되어 있습니다. 윷을 던지면 반드시 앞면과 뒷면이 나뉘어 나오므로, 결과가 명확하게 갈리게 됩니다. 이러한 특성에서 유래하여, 판단을 애매하게 하지 않고 분명하게 하는 상황을 '윷짝 가르듯 한다'라고 표현하게 되었습니다.

이 속담은 오래전부터 전통적으로 내려온 표현으로, 중요한 논쟁이나 판결을 할 때 단호하고 명확하게 결정을 내려야 한다는 뜻으로 사용되었습니다. 결정을 미루거나 애매하게 하면 혼란이 생길 수 있기 때문에, 윷놀이처럼 명확한 결정을 내리는 것이 중요하다는 교훈을 담고 있습니다.

이 속담은 현대 사회에서도 다양한 방식으로 적용됩니다. 회사에서 중요한 프로젝트를 진행할 때, 리더가 결정을 명확하게 내려야 팀원들이 혼란 없이 업무를 수행할 수 있습니다. 또한, 법적 판결에서도 판사가 법에 따라 명확한 증거를 바탕으로 판결을 내리는 것이 중요합니다. 만약 애매한 판결을 내리거나 지나치게 결정을 미룬다면, 사회적 혼란과 불신이 커질 수 있습니다. 따라서 법적 판단도 '윷짝 가르듯' 명확하게 내려야 합니다.

특히 경쟁이 치열한 현대 사회에서는 빠르고 정확한 결정을 내리는 능력이 성공을 좌우할 수 있습니다. 지나치게 고민만 하거나 결정을 미루면 기회를 놓칠 수 있기 때문입니다. 우리는 때때로 신중한 고민이 필요하지만, 결정해야 할 순간에는 과감하게 판단을 내리는 태도가 중요합니다. 결국, 명확한 결정과 실행력이 성공과 신뢰를 가져오는 중요한 요소임을 명심해야 합니다.

10

'철나자 노망든다'
— 깨달음을 얻을 즈음에는 이미 늦다

    사람은 살아가면서 많은 것을 배우고 경험합니다. 하지만 때로는 중요한 것을 깨닫고 철이 들었을 때는 이미 나이가 들어 실행하기 어려운 경우가 있습니다. 이를 잘 표현하는 속담이 바로 '철나자 노망든다'입니다. 이는 사람이 세상의 이치를 깨달았을 때는 이미 늙어버려 실천하기 어려운 상황을 뜻합니다.

    '철이 든다'는 것은 삶의 경험과 지혜를 쌓아가며 세상의 이치를 깨닫는 것을 의미합니다. 반면, '노망이 든다'는 나이가 들어 기억력이 흐려지고 판단력이 둔해지는 것을 뜻합니다. 즉, 철이 들고 세상을 제대로 이해할 때쯤이면 이미 늙어 제대로 활용할 시간이 부족해진다는 의미를 담고 있습니다.

    이 속담은 오랜 세월 동안 인간의 삶을 돌아보면서 자연스럽게 형성된 표현으로 보입니다. 과거에도 학문을 깊이 탐구하는 학자들이 많았지만, 젊을 때는 방황하고 늙어서야 학문의 깊이를 깨닫게 되는 경우가 많았습니다. 하지만 그때가 되면 정작 건강이 따라주지 않거나 활동할 기회가 줄어들어 후회하는 일이 많았기에 이런 속담이 생겨난 것으로 보입니다.

　이 속담은 현대 사회에서도 다양한 방식으로 적용됩니다. 예를 들어, 많은 사람들이 젊을 때는 돈을 함부로 쓰다가 나이가 들어서야 저축과 재테크의 중요성을 깨닫습니다. 하지만 그때가 되면 이미 시간이 부족하거나 경제적으로 어려움을 겪을 수도 있습니다. 또한, 건강 관리에서도 마찬가지입니다. 젊을 때는 몸을 혹사하고 건강을 소홀히 하다가 나이가 들어서야 운동과 건강 관리의 중요성을 깨닫는 경우가 많습니다. 하지만 그때가 되면 이미 몸이 약해져 젊었을 때처럼 활기찬 생활을 하기 어려울 수 있습니다.

　이 속담은 우리에게 중요한 것은 미리 깨닫고 준비하는 것이며, 나중에 후회하지 않도록 하는 것이 중요하다는 교훈을 줍니다. 배움, 재테크, 건강관리, 인간관계 등 인생의 중요한 요소들은 나중에 깨닫고 후회하기보다, 젊을 때부터 실천하는 것이 바람직합니다. 평생 배움이 중요하다는 것을 나이가 들어서 깨닫고 공부를 시작하는 것도 의미가 있지만, 젊었을 때부터 꾸준히 배우고 실천한다면 더 많은 기회를 누릴 수 있습니다. 또한, 인간관계에서도 나이가 들어 후회하기보다는 젊을 때부터 좋은 관계를 형성하고 유지하는 것이 중요합니다.

　우리는 종종 후회하며 '그때 이렇게 했어야 했는데'라고 생각하지만, 중요한 것은 후회가 아닌 실천입니다. 철이 들기 전에 미리 깨닫고 준비하는 삶의 자세가 필요하며, 그렇게 하면 더욱 의미 있고 후회 없는 인생을 살아갈 수 있습니다.

16장

북한에서 쓰이는 우리말

01 "일없다"는 정말 일 없는 말일까? – 남과 북, 하나의 말 두 가지 느낌
02 '날맥주와 생맥주' – 말맛이 다른 두 잔의 맥주 이야기
03 '가락지빵' – 도넛을 부르는 또 다른 이름
04 '하루살이 양말?' – 스타킹의 말맛이 남과 북을 갈랐다
05 '손기척'과 '노크' – 말소리에 담긴 남북한의 언어풍경
06 '송아지동무'와 '소꿉친구' – 말은 달라도 마음은 같아요
07 '사귀다', '엇갈리다?' – 말이 달라지는 순간의 이야기
08 '망시민'과 '네티즌' – 사이버 공간의 두 얼굴, 하나의 말
09 '손가락말'과 '수화' – 손이 대신 전하는 언어
10 '천일염'과 '별소금' – 말 속에 박힌 소금 한 알의 이야기

01

"일없다"는 정말 일 없는 말일까?
— 남과 북, 하나의 말 두 가지 느낌

"일없습네다."

북한 드라마를 보다 보면 이러한 말을 자주 들을 수 있습니다. 누군가 걱정하거나 미안해할 때, 상대는 환하게 웃으며 "일없습네다"라고 말합니다. "괜찮습니다" 대신 쓰이는 이 표현은 처음에는 낯설게 들리지만, 들을수록 꽤 정겹게 느껴집니다. 이 말은 우리에게도 낯선 단어는 아닙니다. 다만 남한과 북한에서 말의 분위기와 쓰임새가 조금 다를 뿐입니다.

남한에서 "일없다"는 주로 "할 일이 없다", "안 해도 된다", "쓸데없다"는 의미로 사용됩니다. 누군가가 무언가를 건네주거나 도와주려 할 때, "일없어요"라고 대답하면, 상대방은 "필요 없구나"라고 판단하고 물러서게 됩니다. 그래서 이 표현은 때때로 단호함이나 냉정함으로도 받아들여질 수 있습니다.

반면 북한에서는 "일없다"가 전혀 다른 의미로 쓰입니다. "괜찮습니다", "걱정하지 마십시오", "신경 쓰지 마세요"와 같은 배려와 위로의 말로 자리 잡고 있습니다. 실수했을 때, 늦게 도착했을 때, 또는 누군가가 자신을 걱정할 때, "일없습니다"라는 말은 다정하고 너그러운 마음을 표현하는 말로 사용됩니다. 즉, 남한에서의 "일없다"가 거절이나 무관함의 의미에 가깝다면, 북한에서는 관계를 부드럽게 만드는 정서적 표현으로 기능하는 것입니다.

이처럼 같은 말을 두고 이토록 다른 쓰임이 생긴 이유는 무엇일까요? '일'이라는 말은 본래 '사건'이나 '해야 할 일'을 뜻하며, '일없다'는 곧 "문제 될 일이 없다"는 뜻을 가집니다. 의미의 뿌리는 같지만, 분단 이후 다른 사회적 환경과 언어정책 속에서 각기 다른 말맛으로 발전한 것입니다.

실제로 북한에서는 누군가 "죄송합니다"라고 했을 때 "일없습니다"라고 응답하며 상대를 안심시킵니다. 또한 "요즘 일없지요?"라고 안부를 묻고, "예, 일없습니다"라고 대답하기도 합니다. 이처럼 '일없다'는 단순한 상태 설명을 넘어, 관계를 이어주는 다리가 됩니다.

반면 남한에서 같은 표현을 그대로 사용할 경우, 맥락에 따라 냉정하거나 무심하게 들릴 우려가 있습니다. 똑같은 단어라도 문화와 사회 분위기에 따라 말의 온도는 크게 달라지는 것입니다.

결국 "일없다"는 단어는 정말 '일' 없는 말이 아닙니다. 남과 북에서 각각 다른 정서적 무게와 사회적 기능을 가지며 살아 있는 말입니다. 언젠가 남북이 자유롭게 대화하는 날이 온다면, "일없습니다"라는 말 속에서도 서로 다른 따뜻함과 배려의 방식을 발견하며 웃을 수 있을 것입니다. 그날이 오기를 기다리며, 오늘 우리는 이 '일 있는' 단어 하나로 서로의 언어와 마음을 다시금 되새겨봅니다.

02

'날맥주'와 '생맥주'
― 말맛이 다른 두 잔의 맥주 이야기

　무더운 여름날, 친구들과 시원한 맥주 한 잔을 들이켜며 "캬~ 생맥주가 최고지!"라고 외치는 풍경은 이제 너무나 익숙한 장면입니다. 그런데 이 '생맥주'를 북한에서는 '날맥주'라고 부른다는 사실, 알고 계셨나요?
　맥주는 같지만, 그 이름은 다릅니다. 이 차이 하나만으로도 남북한 언어의 미묘하고도 재미있는 차이를 들여다볼 수 있죠.
　남한에서 '생맥주'는 열처리를 하지 않은 신선한 맥주, 흔히 병이나 캔이 아닌 맥주통에서 따라 바로 마시는 맥주를 의미합니다. 여기서 '생(生)'은 살아 있다는 뜻으로, 살균하지 않은, 자연 상태에 가까운 맥주라는 의미를 담고 있죠. '생선', '생야채', '생고기'처럼 '가공되지 않은 것'을 뜻할 때 자주 쓰이는 말입니다.
　반면, 북한에서는 같은 개념의 맥주를 '날맥주'라고 부릅니다. 여기서 '날'은 '날고기', '날계란'처럼 익히지 않은, 가공하지 않은 상태를 나타내는 고유어입니다. 즉, '생' 대신 순우리말 '날'을 써서 같은 의미를 표현한 것이지요. 이처럼 남한은 한자어 중심의 표현을, 북한은 토박이말 중심의 표현을 선택하면서 같은 대상을 다르게 부르고 있는 것입니다.

남한은 일상 언어 속에 한자어가 비교적 자유롭게 섞여 사용되며, '생맥주(生麥酒)'처럼 한자어+한자어 구조의 복합어도 자연스럽습니다. 반면 북한은 1960년대 이후부터 조선어 순화 정책을 통해 외래어와 한자어를 줄이고, 고유어 중심의 표현을 장려해 왔습니다. 그래서 '주차장'은 '차마당', '건달'은 '날총각' 등으로 사용하고 있는 것이죠. 이런 언어의 차이는 단어 선택뿐 아니라 정서와 말맛에서도 다르게 느껴집니다.

'생맥주'는 다소 기술적이고 가공된 느낌이 있다면, '날맥주'는 왠지 더 투박하고 구수하게 들립니다. 특히 '날'이라는 단어는 우리말 특유의 감각과 구어체 분위기를 풍기기에, 같은 맥주라도 듣는 느낌이 전혀 달라집니다.

재미있는 건, '날맥주'라는 단어가 생소하지만 낯설지만은 않다는 점입니다. 우리는 이미 '날고기', '날음식' 같은 표현에 익숙해 있기 때문에, '날맥주'라고 들어도 맥락을 통해 금세 의미를 유추할 수 있는 언어적 직관을 갖고 있습니다. 이것이 바로 남북이 공유하는 언어의 바탕, 즉 공통의 말뿌리 덕분입니다.

결국 '날맥주'와 '생맥주'는 같은 것을 다르게 부르는 말이지만, 그 안에는 말을 다듬는 방식, 지향하는 언어문화, 그리고 정서적 표현의 차이가 녹아 있습니다.

다음에 시원한 맥주 한 잔을 마실 때, 누군가 "날맥주 어때요?"라고 묻는다면, "같은 맥주라도 참 다르게 들리네요"라며 웃을 수 있겠지요. 말맛은 다르지만, 건배의 기쁨은 하나일 테니까요.

03

'가락지빵'
— 도넛을 부르는 또 다른 이름

    남한에서 흔히 '도넛'이라 부르는 그 동그란 빵, 북한에서는 이를 '가락지빵'이라고 부른다는 사실, 알고 계셨나요? 이 달콤하고 기름기 도는 빵 하나를 두고도 남과 북은 전혀 다른 단어를 씁니다. 하지만 조금만 들여다보면, 그 차이가 단순한 단어 선택을 넘어 말을 만드는 방식과 언어를 담는 철학까지도 보여주는 재미난 차이임을 알 수 있습니다.

    먼저 남한에서는 영어 'donut'에서 유래한 '도넛'이라는 말을 그대로 받아들여 씁니다. '도넛 가게', '도넛 먹고 싶다'처럼 완전히 생활 속에 녹아든 외래어지요. 남한은 다양한 외래어를 비교적 자유롭게 수용하고, 이를 자연스럽게 한국식 발음으로 바꿔 일상화하는 언어 환경을 가지고 있습니다.

    반면 북한은 외국어 대신 고유어 또는 한자어를 조합해 새로운 이름을 만들어내는 경향이 강합니다. 그래서 '도넛'도 영어 발음을 따르지 않고, 그 모양과 특성을 설명하는 방식으로 새 이름을 붙였습니다. 그 이름이 바로 '가락지빵'입니다. '가락지'는 손가락에 끼는 반지를 뜻하는 순우리말로, 도넛의 둥글고 가운데가 뻥 뚫린 모양을 떠올리면 아주 절묘하게 표현한 말입니다. 여기에 '빵'을 붙여 '가락지빵'이라 부르니, 도넛을 직접 보지 않아도 어떤 모양인지 짐작이 가는 언어적 직관이 담긴 말이지요. 국어학적으로 볼 때, 이는 형태에 기반을 둔 명명 방식으로 사물의 생김새를 중심으로 이름을 짓는 전형적인 조어 방식입니다.

재미있는 건, 우리가 '가락지빵'이라는 말을 들으면 다소 낯설지만, 그 의미는 금방 알아챌 수 있다는 점입니다. 이는 당연한 말이지만 남북한이 공통의 언어 기반을 공유하고 있다는 증거이기도 합니다. '가락지'라는 단어는 남한에서도 쓰이지만 일상에서는 거의 사라진 말이죠. 그런데 북한에서는 이 전통적인 단어를 살려 새롭게 활용하고 있는 셈입니다.

'가락지빵'이라는 표현은 또한 언어에 대한 창의적 접근과 감성적 명명의 멋을 보여줍니다. 어쩌면 "가락지빵"이라고 부르면, '도넛'보다 더 정겹고 입에 감기는 느낌도 들죠. 말 한마디에서 소리, 의미, 정서가 함께 어우러지는 우리말 특유의 말맛이 살아나는 장면입니다.

다음에 도넛을 한 입 베어물며 이렇게 말해보는 건 어떨까요?

"이 가락지빵, 정말 맛있다!"

말이 달라도 맛은 같고, 그 말 속에서 서로를 이해할 수 있다면, 언어가 다리가 될 수 있다는 걸 다시 느끼게 됩니다.

04

'하루살이 양말?'
— 스타킹의 말맛이 남과 북을 갈랐다

'하루살이 양말'이라는 말을 들으면 어떤 이미지가 떠오르시나요?

어쩐지 하루만 신을 수 있을 것 같은 얇디얇은 양말, 금세 올이 나가 버릴 것 같은 느낌, 바로 북한식 표현으로 '스타킹'을 가리키는 말입니다. 남한에서는 '스타킹'이 너무나도 익숙한 외래어지만, 북한에서는 이를 순우리말 느낌 가득한 '하루살이 양말'로 부르고 있죠. 단어 하나를 놓고도 남북한의 언어문화가 얼마나 다른지를 실감할 수 있는 재미난 사례입니다.

남한에서는 '스타킹(stocking)'이라는 영어 단어를 그대로 들여와 외래어로 사용합니다. 처음엔 생소했을지 몰라도, 지금은 '스타킹 신다', '스타킹이 나갔다'처럼 자연스럽게 우리말 문장 속에 들어가죠.

그런데 북한에서 쓰는 '하루살이 양말'은 참 재미있습니다. 먼저 '하루살이'는 보통 하루밖에 살지 못하는 곤충을 떠올리게 하는 말로, 아주 짧고 덧없다는 의미를 가집니다. 여기에 '양말'이 붙으면, 그 뜻은 곧 "하루 신으면 끝나는 얇고 약한 양말"이라는 이미지로 직결됩니다. 실제로 스타킹은 한 번만 신어도 쉽게 찢어질 수 있는, 매우 얇은 소재의 양말이기 때문에, 이 표현은 말 그대로의 기능과 특성을 아주 정확하게 짚어낸 셈입니다.

이런 명명 방식은 듣는 사람으로 하여금 단어를 처음 들어도 쉽게 유추할 수 있게 해주는 장점이 있습니다. '스타킹'이라는 외국어가 익숙하지 않은 사람도 '하루살이 양말'이라는 말을 들으면 바로 어떤 물건인지 짐작할 수 있겠지요.

반면, 남한에서 사용하는 '스타킹'은 의미를 알기 위해선 외래어에 대한 학습이 필요합니다. 일상에서 자주 쓰이기 때문에 이제는 별다른 인식 차이가 없지만, 초기엔 'stock(비축하다)'이라는 원래 뜻과 혼동하기도 했습니다.

남한에서는 언어의 본래 기능보다도 외래어의 세련된 어감을 받아들이는 흐름이 강한 반면, 북한은 용도의 본질에 집중한 이름 짓기를 택합니다. '하루살이 양말'이라는 이름에는 다소 투박하고 정감 있는, 생활 중심적 언어 감각이 깃들어 있습니다.

말 하나에 담긴 정서와 시선의 차이, 그리고 사회의 언어 정책이 만든 결과 — '스타킹'과 '하루살이 양말'은 같은 물건을 다른 이름으로 부르지만, 그 이름 속에 담긴 언어의 철학과 문화의 차이는 결코 가볍지 않습니다.

언젠가 남북이 다시 자유롭게 말을 섞을 수 있는 날,

"스타킹 하나 더 있어요?"

"아, 하루살이 양말 말입니까?"

라고 서로 웃으며 말할 수 있기를. 그 말끝에 걸리는 웃음이, 서로를 더 잘 이해하게 해줄지도 모릅니다.

05

'손기척'과 '노크'
― 말소리에 담긴 남북한의 언어풍경

 문을 "똑똑" 두드리지 않고 들어가면 안에 있던 사람들이 말합니다. "노크하고 들어와야지."
 남한에서는 너무도 익숙한 이 표현, '노크(knock)'는 영어를 그대로 받아들인 외래어입니다. 그런데 북한에서는 이 '노크'를 뭐라고 부를까요? 정답은 바로, '손기척'입니다. 말만 들어도 느낌이 다르지요. 영어에서 온 '노크'는 어쩐지 호텔 복도 같고, '손기척'은 할머니 댁 대청마루 같은 정감이 느껴지는 말입니다. '손기척'은 말 그대로 손으로 기척을 낸다는 뜻입니다.
 기척이란 '누군가 있다는 느낌이나 기운'을 말하는데, 여기에 '손'이 붙으니 자연스럽게 손으로 문을 두드려 존재를 알리는 행위를 표현하는 말이 됩니다. 이는 행동의 목적과 방식이 직접 드러나는 복합어로, 외국어에 의존하지 않고 기능 중심의 명명 방식을 택한 북한식 언어정책의 특징을 잘 보여줍니다. 남한에서 쓰이는 '노크'는 20세기 중후반 영어가 대중화되면서 자연스럽게 유입된 외래어입니다. 특히 호텔 문화, 사무실 문화가 확산되면서 "노크하고 들어가다"는 말이 예의범절의 기본처럼 자리 잡았죠. 처음엔 다소 이질적으로 느껴졌을 수도 있지만, 지금은 누구나 편하게 쓰는 일상어가 되었습니다.

'손기척'이라는 표현은 기능은 물론 정서적으로도 따뜻한 느낌을 줍니다. '노크'가 다소 중립적이거나 기계적인 느낌이라면, '손기척'은 존재를 알리되 조심스럽고 공손하게, 마치 기척을 내며 다가서는 사람의 마음까지 함께 전하는 듯한 표현입니다. 이처럼 같은 행위를 두고도 서로 다른 언어적 풍경이 만들어지는 것은, 언어가 단지 전달 수단이 아니라 문화와 세계관의 반영이라는 점을 보여줍니다.

실생활에서 이런 차이는 소소한 언어 오해로 이어지기도 합니다. 만약 남한 사람이 북한에 가서 "노크해도 돼요?"라고 말한다면, 상대는 잠시 '노크가 뭐지?' 하고 망설일 수 있겠지요. 반대로 북한 사람이 남한에 와서 "손기척 좀 하고 들어오세요"라고 하면, 다소 시적이거나 은유적인 표현처럼 들릴지도 모릅니다. 하지만 결국, '노크'도 '손기척'도 문을 두드려 누군가의 존재를 알리고, 안에 있는 사람에게 허락을 구하는 행위라는 점에서 같습니다.

문을 열기 전의 조심스러움, 배려, 기다림. 그 마음은 언어가 달라도 같지 않을까요?

언젠가 남과 북이 자유롭게 왕래하는 날이 온다면,

"노크할게요", "손기척 하라우"

서로의 표현에 웃으며 문을 열 수 있는 날도 곧 오기를 바랍니다. 말은 다르지만, 존중의 마음은 언제나 하나니까요.

06

'송아지동무'와 '소꿉친구'
― 말은 달라도 마음은 같아요

"얘, 우리 어릴 때 소꿉장난하던 거 기억나?"

이런 말을 들으면 누구나 한 번쯤 어린 시절의 소꿉친구가 떠오릅니다. 같이 흙장난을 하고, 밥 짓는 흉내를 내고, 이유 없이 좋았던 그 시절의 단짝 말이죠. 그런데 북한에서는 이 '소꿉친구'를 '송아지동무'라고 부른다는 사실, 알고 계셨나요?

'소꿉친구'는 남한에서 어릴 적 함께 놀며 자란 친구를 뜻하는 말로, '소꿉장난'에서 비롯된 표현입니다. 여기서 '소꿉'은 어린아이들이 어른 흉내를 내며 하는 '놀이 도구' 혹은 '그 놀이' 자체를 말합니다. 밥그릇, 냄비, 조그만 숟가락 같은 것들을 가지고 밥 짓고 먹는 흉내를 내던 그 놀이죠. 이런 놀이를 함께한 친구가 바로 '소꿉친구', 즉 마음의 유치원 동창쯤 되는 존재입니다.

반면, 북한에서는 이 같은 개념을 '송아지동무'라는 말로 표현합니다. 처음 들으면 '송아지랑 친구를 했나?' 싶기도 하지만, 그 속뜻을 알고 보면 정말 정겹고 재미난 표현이죠. 송아지처럼 순하고 어리고 천진난만한 시절, 그 시기를 함께한 친구를 뜻하는 말입니다.

이 두 단어는 같은 의미를 지니면서도, 말이 만들어진 방식에는 차이가 있습니다. 남한의 '소꿉친구'는 놀이 중심, 즉 행위 기반으로 친구 관계를 설명하고, 북한의 '송아지동무'는 상징 중심, 즉 이미지와 정서를 기반으로 이름을 붙였습니다.

'송아지동무'는 그런 북한의 딱딱한 체제 언어 속에서도 인간적인 따스함이 살아 있는 단어입니다. 또한, '동무'라는 단어도 남북한 간에 느낌이 다릅니다. 북한에서는 여전히 '친구'를 뜻하는 일상적 표현이지만, 남한에서는 이제 거의 쓰이지 않거나, 북한식 말투로 인식되어 거리감이 느껴지기도 합니다. 하지만 '송아지동무'라는 표현을 들으면, 이 '동무'라는 말이 오히려 정겹고 소박하게 들리는 경험을 하게 됩니다.

실생활에서 이 단어는 어떻게 쓰일까요? 남한에서는 "그 애는 내 소꿉친구야"라고 말하며, 어릴 적부터 맺은 깊은 정을 담아 표현하고, 북한에서는 "그 애는 내 송아지동무야"라며 순수한 어린 시절의 동반자로 그 의미를 전합니다. 결국 이 두 단어는 말은 다르지만, 마음은 너무도 같은 표현입니다. 어릴 적의 순수함, 함께한 시간의 따뜻함, 그리고 그때의 친구가 아직도 마음속에 살아 있다는 것 — 그 마음을 '소꿉친구'라 부르든, '송아지동무'라 부르든, 그 감정만큼은 남과 북이 다르지 않겠지요.

언젠가 남북의 아이들이 함께 뛰놀며 말할 수 있는 날이 온다면, "우리 송아지동무 할래?", "응, 난 네 소꿉친구 할게!"

그때는 서로의 말을 몰라도, 마음이 먼저 통하지 않을까요? 말은 다를 수 있어도, 마음은 언제나 친구니까요.

07

'사귀다', '엇갈리다?'
— 말이 달라지는 순간의 이야기

"우리 사귀는 사이야."

이 말을 들으면 남한에서는 보통 어떤 뜻으로 받아들일까요?

대부분은 "연애 중이다"라는 의미로 이해하겠죠. 친구가 아닌 연인 사이로 발전했다는 말.

그런데 같은 말을 북한에서 듣는다면, 전혀 다른 뜻으로 받아들여질 수 있습니다. 왜냐고요? 북한에서 '사귀다'는 '서로 엇갈려 지나가다'는 뜻이 있기 때문입니다. 남한에서 '사귀다'는 기본적으로 서로 친해지다, 또는 연인 관계를 맺다는 의미로 사용됩니다.

하지만 북한에서는 이 단어가 전혀 다른 의미로 쓰이니, 그 말 하나로 서운한 오해가 생길 수도 있는 것입니다. 북한에서의 '사귀다'는 '서로 어긋나서 지나치다', 즉 우연히 스치거나 마주쳤지만 교류 없이 엇갈리는 상황을 의미합니다.

예를 들어 "버스에서 그 사람을 사귀었는데 말도 못 걸었어"라는 말은, 남한에선 "사귀는 사이이면서 왜 말을 못 했지?"라고 이상하게 들릴 수 있지만, 북한식 표현이라면 "그 사람과 마주치긴 했지만, 말은 못 하고 지나쳤다"는 뜻이 됩니다. 정확히는, 길에서 스쳐 지나가거나 교차하며 지나친다는 뜻이죠.

이처럼 남북한은 같은 단어를 서로 정반대의 의미로 쓰는 경우가 드물지만, '사귀다'는 그 소수의 예로 꼽을 만합니다. 이는 단어의 의미가 전이되는 현상으로, 같은 어근을 공유하는 단어가 사회적 환경과 문화적 사용의 차이에 따라 각기 다른 의미로 발전해 온 결과로 볼 수 있습니다.

남한에서는 '사귀다'의 의미가 '교류하다 → 친해지다 → 연애하다'로 점점 관계의 밀착성을 강조하는 방향으로 발전해 왔습니다. 반면 북한에서는 물리적 움직임, 특히 '지나다니다', '엇갈리다'의 공간적 의미로 정착된 것이죠. 이 차이는 단어를 어떻게 사용하느냐에 따라 사람 사이의 감정과 상황까지 전혀 다르게 해석될 수 있음을 보여줍니다.

실생활에서 이런 차이는 오해로 이어질 수도 있습니다. 남한 청년이 북한 친구에게 "우리 이제 사귀자"고 말했다가, 북한 친구가 "엇, 언제 우리가 엇갈렸지?" 하고 당황할 수도 있겠지요.

그러므로 '사귀다'라는 말 하나에 관계의 시작과 끝, 혹은 존재조차 없을 수도 있는 스침의 순간까지 담긴 셈입니다. 언젠가 남과 북이 다시 자유롭게 말할 수 있게 된다면,

"우리 사귀자"는 말 한마디에 두 가지 해석이 뒤섞일 수도 있지만, 그 오해 속에서 피어나는 웃음은 또 다른 이해로 이어질지 모릅니다. 말은 다르게 쓰여도, 좋은 관계를 맺고 싶은 마음은 결국 같으니까요. 말 한마디에도 길이 있고, 그 길에서 엇갈릴 수도, 이어질 수도 있는 게 바로 언어의 묘미 아닐까요?

08

'망시민'과 '네티즌'
— 사이버 공간의 두 얼굴, 하나의 말

   누구나 스마트폰 하나쯤은 들고 다니는 시대. 댓글도 달고, 사진도 올리고, 실시간 소통까지 가능하니, 우리는 어느새 하나의 새로운 사회 속에서 살아가고 있습니다. 남한에서는 이런 사람들을 흔히 '네티즌(Netizen)'이라 부르죠. 인터넷(Net)과 시민(Citizen)을 결합한 말로, 사이버 공간에 존재하는 시민이라는 의미입니다.

   그런데 북한에서는 이 '네티즌'을 뭐라고 부를까요? 정답은 바로, '망시민(網市民)'입니다.

   처음 들으면 어쩐지 낯설고 고전적인 느낌이 드는 '망시민'은, 사실 매우 직관적이고 논리적인 단어입니다. '망(網)'은 인터넷 네트워크를 뜻하고, '시민(市民)'은 사회 구성원으로서의 사람을 의미하니, 남한의 '네티즌'과 정확히 같은 뜻인 셈이죠. 하지만 단어가 만들어지는 방식은 완전히 다릅니다.

   남한은 외래어에 개방적인 언어 문화를 가지고 있어, 영어에서 유래한 '네티즌'을 거의 그대로 차용했습니다. 말하기도 쉽고, 글로벌한 느낌도 있으니 자연스럽게 대중에게 퍼져 나갔죠. "요즘 네티즌들 반응

어때?" "네티즌 수사대가 움직였다"처럼 '네티즌'은 단순한 인터넷 사용자 그 이상으로, 집단 여론과 감시자, 혹은 참여자로서의 정체성까지 갖게 되었습니다.

북한에서는 '망시민'을 단순한 사용자라기보다, 인터넷 공간에서 책임 있게 활동하는 시민으로 바라보는 경향이 강합니다. 즉, 인터넷에서도 사회주의적 시민 정신을 가져야 한다는 윤리적 기대치가 깔려 있는 셈이죠. 그래서 '망시민답지 못하다'는 표현은 단순한 비매너가 아니라, 사회적 책임을 저버렸다는 질책이 되기도 합니다. 이와 달리 남한의 '네티즌'은 긍정적인 의미와 부정적인 의미를 동시에 지닌 단어입니다. 익명성을 기반으로 한 자유로운 소통, 때로는 집단지성의 놀라운 힘을 보여주기도 하지만, 한편으로는 악성 댓글, 허위 정보 유포 등의 문제로 인터넷 문화의 양면성을 드러내는 존재이기도 하죠.

이처럼 '망시민'과 '네티즌'은 같은 공간에서 살아가는 사람들을 가리키지만, 단어가 만들어지는 방식, 담고 있는 가치관, 기대하는 역할까지 서로 다릅니다. 남한은 표현의 자유와 개성을 중시하며 '열린 참여자'로서의 네티즌, 북한은 공동체 의식을 강조하며 '책임 있는 시민'으로서의 망시민을 그려내고 있는 셈입니다.

언젠가 남북한의 '망시민'과 '네티즌'이 하나의 공간에서 소통하며 댓글을 달고, 서로의 글에 공감하며, 함께 웃고 토론하는 날이 온다면 ─ 그때는 이름이 달라도 마음은 같은 디지털 시민으로 손을 맞잡을 수 있지 않을까요? 결국, 사이버 공간도 사람 사는 세상이니까요.

09

'손가락말'과 '수화'
─손이 대신 전하는 언어

　말을 하지 않고도 손으로 마음을 전할 수 있는 방법, 바로 '수화(手話)'입니다. 남한에서는 '수화'라고 하면 대부분 청각장애인을 위한 손짓 언어를 떠올리죠. 하지만 북한에서는 이 수화를 뭐라고 부를까요? 그 정겨운 이름은 바로 '손가락말'입니다.
　처음 들으면 어린이들의 장난 같기도 한 이 단어는, 사실 매우 직관적이고 따뜻한 표현입니다. '손가락'으로 '말'을 한다니, 그 이미지가 눈앞에 선하게 그려지죠. 바로 이 점에서 남북한 언어의 차이, 그리고 그 안에 담긴 말에 대한 철학의 차이가 드러납니다.
　남한에서는 '수화'라는 말을 한자로 씁니다. '손 수(手)'에 '말씀 화(話)'를 써서, 말 그대로 손으로 하는 말이라는 뜻입니다. 어감이 공식적이고 다소 학술적인 느낌이 강하죠. 그래서 "수화 통역사", "수화 교육", "수화를 배우다" 등 제도와 직업, 교육 영역에서 자주 사용됩니다.
　반면 북한의 '손가락말'은 고유어로 이뤄진 단어로, 뜻을 몰라도 쉽게 의미를 짐작할 수 있는 언어 구조입니다. 아이에게 "손가락말 할 줄 아니?"라고 물으면, 설명하지 않아도 '손으로 하는 말'이라는 걸 금세 이해할 수 있을 정도입니다.

흥미로운 점은 '손가락말'이라는 표현이 주는 정서적 거리감입니다. '수화'는 다소 공식적이고 제도화된 느낌이지만, '손가락말'은 훨씬 더 인간적이고 따뜻하게 다가오는 표현입니다. 마치 말이 통하지 않아도 손을 뻗어 마음을 전하려는 자연스러운 몸짓처럼 느껴지죠.

물론 이 표현은 다소 단순화된 측면도 있습니다. 실제로 수화는 단지 손가락만이 아니라 손의 모양, 위치, 움직임은 물론 표정, 시선 등 전신을 사용하는 시각 언어이기 때문입니다. 그럼에도 불구하고 '손가락말'이라는 표현은 수화를 일상 언어로 품으려는 따뜻한 시도로 볼 수 있습니다.

이처럼 '수화'와 '손가락말'은 같은 것을 가리키지만, 단어에 담긴 정서, 그리고 실생활에서의 쓰임새까지도 다르게 드러납니다. 하지만 결국 이 두 단어가 가리키는 것은 같습니다. 말이 닿지 않는 자리에, 손이 대신 말을 전한다는 것. 언젠가 남과 북이 마주 앉아 서로의 손가락말을 배워주는 날이 온다면,

"이건 '사랑'이란 뜻이야." "우리가 쓰는 용어는 다르지만, 마음은 같구나."

그 손짓 하나하나에, 말보다 더 많은 이야기가 오갈지도 모르겠습니다. 말이 없어도, 소리가 없어도, 진심은 손끝으로도 전해질 수 있다는 것. 그걸 보여주는 아름다운 언어 — 남쪽의 '수화'든, 북쪽의 '손가락말'이든, 그건 결국 우리 모두의 두 번째 언어일지도 모릅니다.

10

'천일염'과 '별소금'
— 말 속에 박힌 소금 한 알의 이야기

    음식에서 빠질 수 없는 존재, 바로 소금입니다. 그중에서도 바닷물을 햇빛과 바람에 말려 얻는 천연 소금인 '천일염(天日鹽)'은 건강식품으로도 주목받고 있죠. 남한에서는 이 소금을 '천일염'이라고 부르지만, 북한에서는 '별소금'이라고 합니다. 소금 하나에도 남과 북의 언어 맛이 이렇게 다를 수 있다니, 참 흥미롭지요?

    먼저 남한의 '천일염'이라는 말부터 살펴볼까요? '천(天)'은 하늘, '일(日)'은 햇빛, '염(鹽)'은 소금을 뜻하는 한자어입니다. 즉, '하늘과 햇빛으로 만든 소금'이라는 의미로, 바닷물을 자연의 힘으로 증발시켜 얻는 소금을 일컫는 과학적이고 설명적인 명칭입니다. 한자어 특유의 격식을 갖춘 이름이라, 제품 포장지나 식품 성분표에서도 자주 보게 되는 표현이죠.

    반면 북한에서는 이 천일염을 '별소금'이라고 부릅니다. 처음 들으면 '별처럼 반짝이는 소금인가?' 싶을 수도 있지만, 여기서 '별'은 단순히 '하늘의 별'을 뜻하는 게 아니라, '특별하다'는 뜻의 순우리말입니다. 즉, '보통 소금과는 다른 특별한 소금'이라는 의미에서 '별소금'이라는 이름이 붙은 것이죠. 국어학적 관점으로 보면, '천일염'은 한자어 조합형 복합어, '별소금'은 고유어 중심의 의미 강조형 명사입니다.

남한이 한자어의 정밀한 설명 방식에 기대는 반면, 북한은 정서적, 직관적 의미를 살려 새로운 말을 만드는 경향을 보여줍니다. 또한 '별소금'이라는 말은 어감부터가 참 정겹습니다. 딱딱하고 기술적인 느낌의 '천일염'과 달리, '별소금'은 소금이 귀하고 특별하게 느껴지는 단어죠. 마치 어머니가 장독대 앞에서 소금 한 줌을 집어 들며 "이건 별소금이니 꼭 아껴 써야 해"라고 하실 것 같은, 그런 생활 언어의 따뜻함이 스며 있습니다.

재미있는 상상을 해볼까요? 남한 사람이 북한 시장에 가서 "천일염 있습니까?"라고 묻는다면, 북한 상인은 잠시 멈칫하다가 "아, 별소금 말입니까?" 하고 대답할지도 모릅니다. 반대로 북한 사람이 남한에서 "별소금 좀 있나요?" 하고 물으면, 상인은 "별난 소금이요? 무슨 소금이요?"라고 되묻겠지요. 하지만 잠시만 대화를 이어가면 서로 금세 이해하게 될 것입니다. 말은 다르지만, 소금처럼 삶을 간직한 말은 그 의미가 통하니까요. 언젠가 남북한이 함께 소금을 나누며

"이건 천일염이에요."

"아, 우리 말로는 별소금이지요."

그렇게 웃으며 서로의 말을 배우는 날이 온다면, 소금처럼 깊고 짭짤한 대화가 오갈 수 있겠죠. 그때까지, 우리는 말 한 알 한 알에 담긴 맛과 마음을 곱씹어 보는 연습을 계속하면 됩니다. '천일염'이든 '별소금'이든, 결국 삶을 더 맛있게 만들어 주는 건 같으니까요.

마무리

사라져가는 아름다운 우리말을 되새기며

　언어는 단순히 말을 전달하는 수단이 아니라, 한 민족의 정체성과 감성을 고스란히 담고 있는 그릇입니다. 그리고 그 안에는 시간의 흐름, 삶의 방식, 관계의 온기, 세계를 바라보는 시선까지 함께 담겨 있습니다. 이 책을 통해 우리는 그동안 무심코 지나쳐 온 우리말 하나하나 속에 얼마나 깊고 풍성한 이야기가 깃들어 있었는지를 다시금 느낄 수 있었습니다.

　그러나 오늘날 우리는 빠르게 변화하는 시대 속에서 많은 아름다운 말들을 점점 잊고 살아가고 있습니다. 디지털 언어의 영향, 외래어의 범람, 그리고 신조어의 급속한 확산 속에서 오랫동안 써 오던 토박이말들이 점차 자리를 잃고 있습니다.

　물론 언어는 시대에 따라 자연스럽게 변화하는 것이며, 새로운 말의 등장은 피할 수 없는 흐름입니다. 하지만 그 변화 속에서 본디 우리가 지켜야 할 말, 다시 되살려 써야 할 말들이 분명 존재합니다. 말은 단지 단어의 형태만이 아니라, 그 속에 담긴 생각과 문화, 가치까지 함께 지켜내는 것이기 때문입니다. 언어가 바뀌면 사고의 틀도 달라지고, 우리가 바라보는 세계의 모습도 달라지게 됩니다.

언어는 지키는 자의 것이 아니라, 쓰는 자의 것입니다. 우리가 우리말을 쓰는 만큼, 그 말은 살아 숨 쉬게 됩니다. 그리하여 어떤 말은 다시 우리의 입에 오르고, 또 어떤 말은 세대를 넘어 새롭게 꽃을 피울 수 있습니다. 『우리말 이야기』가 바로 그러한 출발점이 되기를 바랍니다. 이 책을 통해 독자 한 분 한 분이 우리말의 다채로움과 깊이를 느끼고, 나아가 그 소중함을 다음 세대와 함께 나누는 전파자가 되어 주신다면, 그것만으로도 이 책의 의미는 충분할 것입니다.

이제 우리는 '사라져가는 말'이 아니라, '되살아나는 말'을 만들어 가야 합니다. 그것은 단지 언어를 지키는 일이 아니라, 우리가 누구인지, 어떻게 살아왔는지를 지켜내는 일이며, 앞으로 어떤 세상을 만들어 갈지를 함께 고민하는 문화적 실천입니다.

부디 이 책을 덮는 순간, 독자 여러분의 마음속에 하나쯤은 '잊고 지냈던 우리말'이 따뜻하게 살아나기를 바랍니다. 그리고 그 말들이 여러분의 일상 속 대화와 글, 기억 속 풍경들 속에서 다시금 살아 움직이기를 바랍니다. 말은 결국, 우리가 어떤 마음으로 세상을 바라보고 살아가는지를 보여주는 거울이니까요.

우리말은 곧, 우리입니다. 그 말을 살리는 일이야말로, 우리를 지키는 가장 따뜻한 방식입니다.

우리말 이야기

초판 발행 2025년 5월 14일

지은이 임용빈
펴낸이 방성열
펴낸곳 다산글방

출판등록 제313-2003-00328호
주소 서울특별시 마포구 동교로 36
전화 02-338-3630
팩스 02-338-3690
이메일 dasanpublish@daum.net
　　　　　iebookblog@naver.com
홈페이지 www.iebook.co.kr

ⓒ 임용빈, 2025, Printed in Korea
ISBN 979-11-6078-354-4 03710

* 이 책은 저작권법에 의해 보호받는 저작물이며, 저자와 출판사의 서면 허락 없이
  내용의 전부 또는 일부를 인용하거나 발췌하는 것을 금합니다.
* 제본, 인쇄가 잘못되거나 파손된 책은 구입하신 곳에서 교환해 드립니다.
* 책값은 뒤표지에 있습니다.